THE DEVELOPMENT OF
SERVICE INDUSTRY ON THE VALUE CHAIN:
A Study on the Opening Strategies of
"Belt & Road" Coastal Provinces and Cities

价值链上
服务业的发展
——"一带一路"沿海省市开放性战略研究

钟惠芸 ◎ 著

中国财经出版传媒集团
经济科学出版社
Economic Science Press

图书在版编目（CIP）数据

价值链上服务业的发展："一带一路"沿海省市开放性
战略研究/钟惠芸著.—北京：经济科学出版社，2020.4
ISBN 978 - 7 - 5218 - 1479 - 8

Ⅰ.①价…　Ⅱ.①钟…　Ⅲ.①服务贸易－研究－中国
Ⅳ.①F752.68

中国版本图书馆 CIP 数据核字（2020）第 065070 号

责任编辑：张立莉
责任校对：蒋子明
责任印制：邱　天

价值链上服务业的发展："一带一路"沿海省市开放性战略研究
钟惠芸　著
经济科学出版社出版、发行　新华书店经销
社址：北京市海淀区阜成路甲 28 号　邮编：100142
总编部电话：010 - 88191217　发行部电话：010 - 88191522
网址：www.esp.com.cn
电子邮件：esp@esp.com.cn
天猫网店：经济科学出版社旗舰店
网址：http://jjkxcbs.tmall.com
固安华明印业有限公司印装
710×1000　16 开　13.75 印张　250000 字
2020 年 8 月第 1 版　2020 年 8 月第 1 次印刷
ISBN 978 - 7 - 5218 - 1479 - 8　定价：89.00 元
（图书出现印装问题，本社负责调换。电话：010 - 88191510）
（版权所有　侵权必究　打击盗版　举报热线：010 - 88191661
QQ：2242791300　营销中心电话：010 - 88191537
电子邮箱：dbts@esp.com.cn）

前　言

  全球价值链的兴起与蓬勃发展是 21 世纪国际贸易的典型特征。随着改革开放的不断推进，中国已成为全球价值链的重要参与者和践行者，同时也是经济全球化的贡献者和受益者。在全球价值链深入发展的背景下，全球服务业表现出与以前明显不同的特征，服务业日益呈现出"碎片化"和"分散化"的趋势，并且服务业在全球价值链中的作用日益凸显。服务业已经成为拉动我国经济增长的新动力，吸纳就业的主要渠道。党的十九大报告强调指出，要"促进我国产业迈向全球价值链中高端"，其中，扩大服务业对外开放被理论和实践部门一致认为是打破中国制造"低端锁定"，向全球价值链高端攀升和高质量发展的重要战略举措。

  2013 年 10 月，中国国家主席习近平同志提出"一带一路"倡议。"一带一路"是我国为沿线国家和地区打造的国际合作新平台，为世界共同发展增添新动力，更是为服务贸易发展提供的新平台。"建立健全服务贸易促进体系，大力发展现代服务贸易"是"一带一路"建设的合作重点。目前我国已形成了 18 个自贸试验区（FTZs）的"新雁阵"模式，自贸试验区采取诸多措施大力推进投资和贸易便利化，这为我国服务贸易发展提供了前所未有的良好条件。2016 年，国务院批准《服务贸易创新发展试点方案》，在上海、天津、海南等 15 个省份开展服务贸易创新发展试点。在试点经验的基础上，自 2018 年 7 月 1 日起，国务院发布《关于同意深化服务贸易创新试点的批复》，在北京等 17 个地区深化服务贸易发展。同时，我国出台了一系列促进服务出口的重大举措，加大了对重点新兴服务出口的支持和引导，极大地激发了服务出口潜力。例如，服务贸易发展"十三五"规划、《服务贸易出口重点领域指导目录》等。在这一系列举措下，我国服务市场进一步扩大开放，服务业蓬勃发展，服务贸易发展的基础更加坚实。

当前国际形势复杂，全球经济仍处于长周期低速增长区间，经济全球化发展进程遭遇严峻挑战，贸易保护主义、单边主义上升，各国政府更迭、金融动荡等不利因素仍将持续。对此，中国应以加强"一带一路"建设为新契机，加快推进开放型经济体制改革，消除服务贸易壁垒，与"一带一路"沿线国家和地区携手，进一步促进服务业的开放和服务贸易自由化，构建发达国家与发展中国家双轮驱动的全球服务市场布局，提升中国在全球价值链的分工地位，增强资本技术密集型产业的国际竞争力，打造互利共赢的国际环境，推进形成人类命运共同体。

在全球价值链深入发展的背景下，中国如何在全球价值链视角下推动服务业对外开放，显得尤为重要。本书围绕中国服务业在全球价值链上的位置，全球价值链下中国服务贸易国际竞争力及其影响因素，全球价值链提升与中国发展方式转变，中国开放型经济新体制与扩大服务业对外开放，"一带一路"倡议下中国服务外包与全球价值链攀升，中国自贸区与"一带一路"倡议的对接，加快"一带一路"沿海省市服务业发展的对策等问题进行深入探讨，本书的完成希望能对中国进一步推进开放型经济体制改革，高质量发展中国服务贸易以及打造"一带一路"的"中国服务"品牌等当下中国比较迫切的问题带来一定的理论价值和现实指导意义。

目　　录

▌第一章▐

绪　　论

第一节　研究的必要性及意义

改革开放 40 年来，中国开放型经济发展成就斐然，特别是对外贸易的高速增长和利用外资规模的急剧扩大，带动了经济发展的腾飞。之前，我国对外开放的产业主要是工业制造业产品的进出口和吸引外资等，目前这些领域正处于转型升级阶段，对我国全面开放经济新格局的影响逐步降低。随着我国经济发展和产业结构的调整，服务业在我国经济发展中的重要性不断增强，其产值和就业在经济中的比重也逐步增大，对整体经济增长速度和增长质量的影响越来越大。2013 年，我国第三产业规模首次超过第二产业，成为中国经济发展的一个重要转折点。2015 年，第三产业增加值比重达到 50.5%，首次突破了 50%，成为推动国民经济发展的主要动力。2018 年，中国服务业增加值达到 47 万亿元，占国内生产总值的比重上升到52.2%，服务业对经济增长的贡献率达到 59.7%，已经成为名副其实的第一大产业和经济增长的主要驱动力。①

目前，全球国际贸易规则重构的焦点集中在服务业领域。根据世界贸易组织（WTO）的统计，全球范围内大概有 290 项特惠贸易安排，其中接近一半包含了服务贸易的内容。在"多哈回合"谈判受阻以后，占全球服务贸易约 70%、年度贸易规模达到 4 万亿美元的 12 个 WTO 成员方开始进

---

① 资料来源：联合国贸易和发展会议，网址：https：//uncted.org/en/pages/Home.aspx。

行服务贸易协定谈判，即 TISA 谈判。此外，包括跨太平洋伙伴关系协议（TPP）、区域全面经济伙伴关系协议（RCEP）以及其他双边的、多边的和目前正在谈的一些前沿的贸易协定中，都涉及服务贸易的开放。随着区域合作的加速推进，服务领域的合作交流将进一步加强。

2017 年 10 月 18 日，习近平总书记在党的十九大报告中明确指出：要"推动形成全面开放新格局，大幅度放宽市场准入，扩大服务业对外开放"。2018 年 12 月 19 日，中央经济工作会议再次提出要"加快服务业发展，扩大服务业对外开放，推动先进制造业和现代服务业深度融合"。在服务业对外开放的大政策下，北京、上海、广州、天津等诸多城市加快了服务业对外开放步伐，出台了一系列新举措。北京市深化服务业扩大开放综合试点，与自贸试验区建设，内地与香港、澳门服务业基本自由化一起，共同构成了多层次、宽领域、高水平的服务业对外开放的格局。

服务业对外开放已经成为我国改革开放持续深化的重要标志，是继续扩大开放的关键抓手，更是推动中国产业迈向价值链中高端的重要动力，进而实现我国经济高质量发展。"服务业稳，则就业稳。就业稳，则经济稳。"服务业开放程度的提升会增强第一、第二、第三产业的高度融合，战略性新兴产业会随着服务业的提升获得更好的产业发展环境，国民经济的成长空间更广阔、增长韧性更足、发展势头更猛，中国经济发展的持续性、开放性和前瞻性等优势将显现出来。

当前，中国已经成为世界第二大经济体，然而，由于改革开放之初特定发展阶段要素禀赋的制约，中国参与经济全球化，只能采取以"低端嵌入"的方式融入国际分工体系，这种发展模式在特定阶段无疑具有合理性，在促进"量"性增长中发挥了巨大作用，但同时也存在不平衡、不协调和不可持续问题。服务业对外开放既是经济全球化发展下提升我国国际地位的重要途径，也是打破中国制造"低端锁定"的重要方式，是中国顺应全球大势，更好地融入并向全球价值链高端跃升的必由之路。

全球价值链的兴起与蓬勃发展是 21 世纪国际贸易的典型特征。随着改革开放的不断推进，中国已成为全球价值链的重要参与者和践行者。随着近年来对全球价值链核算理论和方法的发展，世界各国逐步意识到传统总值贸易统计方法极大地低估了服务业在国际贸易中的作用，从全球价值链视角才能更加精准地刻画出服务贸易在全球贸易中的作用和地位。根据增加值贸易数据库（TiVA）的测算，服务业大致占到全球出口贸易的 50%。服务业不仅在全球价值链分工体系和国际贸易中发挥着重要作用，而且在协调价值链活动和增加制造产品的附加值方面，也同样发挥着重要的作用。服务业在全球价值链分工体系中发挥着"连接剂"和"润滑剂"的作用。价值链起始阶段的研发、设计和工程活动，和价值链末端的营销、分销和售后服务都是重要的服务活动。若这些内置服务活动一旦外包，就变成了服务业中间投入。作为中间投入的服务与货物的贸易一样可以提高资本和劳动的跨行业和跨境的配置效率，进而提高生产率。

近年来，经济全球化发展进程遭遇严峻挑战，贸易保护主义、单边主义有所上升，逆全球化思潮涌动，世界各国之间的贸易摩擦也显著增多，尤其是 2018 年以来，中美贸易摩擦不断升级，已经成为影响全球经济发展的不稳定因素。2013 年 10 月，中国国家主席习近平提出"一带一路"倡议。随后，国家发改委、外交部和商务部联合发布的《推动共建丝绸之路经济带和 21 世纪海上丝绸之路的愿景与行动》强调，要建立健全服务贸易促进体系，提升服务贸易竞争力，以便优化中国对外贸易结构，在更宽更广的贸易领域挖掘更多新的贸易增长点，促进中国对外贸易平衡发展。加快服务贸易的发展，已成为"一带一路"倡议的重点之一。因此，以"一带一路"倡议全面实施为契机，以服务业开放为举措，发展更高层次的开放型经济，是我国适应经济全球化新趋势、引领高质量发展和向全球价值链高端跃升的现实需要，本书的研究具有深刻的时代意义。

第二节　国内外相关文献述评

一、全球价值链的理论研究

20 世纪后半叶以来，尤其是最近几十年，国际分工格局出现重大转型，全球价值链分工模式已经成为经济全球化与国际分工的新常态（Baldwin & Lopez – Gonzalez, 2013；Mattoo et al.，2013）。

价值链（value chains，VC）理论的研究源于迈克尔·波特 1985 年的开创性研究，他在《竞争优势》一书中首次提出了价值链的概念，认为每一个企业的生产经营都是由设计、研发、制造、物流、营销等各个环节组成的紧密集合体，每个生产环节创造的价值各不相同，由此构成创造价值链条的动态过程。波特（Porter，1985）所指的价值链主要是针对垂直一体化的公司，强调单个企业的竞争优势。后来，随着国际外包业务的开展，价值链概念从单个垂直一体化企业拓展至不同企业之间而形成价值体系，即价值增加链（value-added chain）。同年，科古特（Kogut，1985）通过经验研究认为，价值增加链是分散在不同地区的企业将资本、劳动、原材料以及技术等生产要素集合成产品生产、流通和销售的价值增值过程，单个企业处于价值增加链中的某个增值环节。

两位先驱人物之后，为了研究全球范围内企业之间的合作关系，格里芬和科尔泽涅维茨（Gereffi & Korzeniewicz，1994）在价值链和价值增加链的基础上，提出了全球商品链（global commodity chain，GCC）这一新的概念。格里芬和科尔泽涅维茨（Gereffi & Korzeniewicz，1994）认为全球商品链是发挥全球资本主义产业网络优越性的动力，是研究全球产业网络的一种新工具。全球不同的企业在由产品的设计、生产和营销等行为组成的价值链中开展合作。格里芬和科尔泽涅维茨（Gereffi & Korzeniewicz，1994）还区分了两类全球商品链：采购者驱动型（buyer-driven）和生产者驱动型（producer-driven）。采购者驱动型商品链是指大型零售商、经销商和品牌制造商在散布于全球的生产网络（特别是奉行出口导向的发展中国家）的建立和协调中起核心作用的组织形式；生产者驱动型商品链是指大的跨国制造商在生产网络的建立和调节中起核心作用的垂直分工体系。

在整个20世纪90年代，格里芬（Gereffi）等人的理论没有摆脱商品这一概念的局限，且没有突出强调在价值链上运营的企业在价值创造和价值获取方面的重要性。进入21世纪后，以格里芬（Gereffi）、开普林斯基（Kaplinsky）和阿尔恩特（Arndt）为代表的学者对全球商品链概念进行了进一步的发展。格里芬和开普林斯基（Gereffi & Kaplinsky，2001）在《价值链的价值》一文中分析了全球范围内产业联系以及产业升级问题时，在全球商品链基础上提出了全球价值链（global value chain，GVC）概念。全球价值链理论弥补了价值链和商品链研究的局限性，突出在整个产业链中不同环节的价值创造和分配问题。阿尔恩特和凯尔科斯（Arndt & Kierzkowski, 2001) 指出，全球价值链上各个价值环节通过跨国生产网络组织的片段化生产和空间转移串联在一起。开普林斯基和莫里斯（Kaplinsky & Morris, 2001）认为，全球价值链是各项行为从概念到产品的完整的实现过程，包括几个基本环节：技术研发与设计环节、生产环节、销售环节和售后服务环节。他们指出，全球价值链上并不是每一个环节都创造价值，价值链上的战略环节才是最重要的环节。因此，一旦厂商抓住了战略价值环节，也就控制了该产业的全球价值链，而不同产业的全球价值链拥有不同的战略环节。

图 1-1 表明了这些环节所产生的附加价值以及在全球价值链中所处的地位。一般而言，研发、设计以及营销、售后服务环节具有高投入、高回报的特点，创造的附加值较高，因此，通常被定义为价值链的"高端"；而生产环节比较简单，对技术的要求不高，创造的附加值也较低，因此，通常被定义为价值链的"低端"。相应的，处于价值链低端的企业通常会从事劳动密集的加工组装、委托组装（original equipment assembling, OEA）或委托加工（original entrusted manufacture, OEM）等低附加值环节；而占据价值链高端的企业则占据着技术密集或资本密集型行业，从事高附加值的产品研发、设计、品牌运作及营销管理等环节。

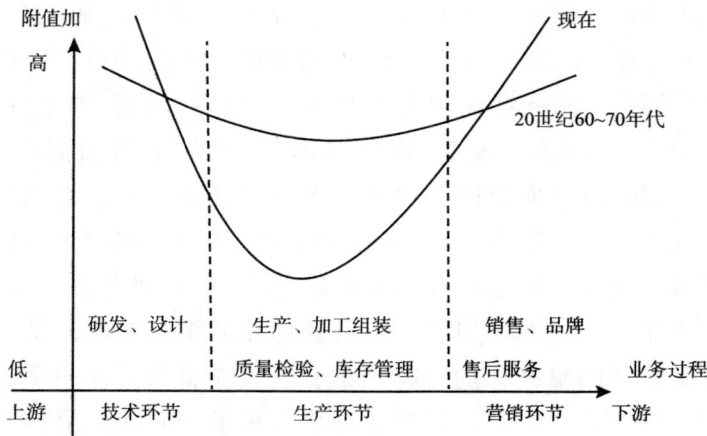

图 1-1　全球价值链下的微笑曲线

资料来源：本书作者根据施振荣"微笑曲线"绘制。

在全球价值链的背景下，增加值贸易成为国际贸易的典型特征，一国出口产品的价值既可能来源于国内要素，也可能来源于国外要素。如果一国出口产品中含有较大比例的国外价值，那么显然海关统计的货物出口贸易额会夸大一国出口所创造的真实价值。因此，传统总值贸易（trade statistics in gross terms）统计方式的海关统计数据难以真正反映一国国际贸易与分工情况，造成"所见非所得"的问题。

目前，关于全球价值链下增加值贸易的度量主要有三种方法。

一是零部件或中间产品贸易法。通过海关统计的零部件或者中间产品的商品编码对应贸易数据来核算国外价值，例如，吴和叶芝（Ng & Yeats，1999），莫尔纳尔等（Molnar et al.，2007），盛斌、马涛（2008），唐海燕、张会清（2009）等。

二是加工贸易法。通过海关统计数据中的加工贸易间接度量增加值贸易，例如，戈尔格（Gorg，2000），埃格（Egger，2001），勒穆瓦纳等（Lemoine et al.，2004），张秋菊、朱钟棣（2008），胡昭玲、张芯（2008）等。但无论是贸易商品编码方法还是加工贸易统计，都没有脱离总值贸易统计方式的范畴。

三是通过投入产出表进行分析，例如，哈默斯等（Hummels et al.，2001），约翰逊和诺格尔（Johnson & Noguera，2012），库普曼等（Koopman et al.，2014）和王直等（Zhi Wang et al.，2013，2017a，2017b）。

哈默斯等（Hummels et al.，2001）利用投入产出法首次提出了系统测度垂直专业化的量化指标（简称 HIY 方法），这一方法得到了广泛的引用。约翰逊和诺格尔（Johnson & Noguera，2012）提出了增加值出口（VAX）的正式定义，即国内增加值最终被外国吸收的部分，并对各国增加值贸易进行了实证分析。库普曼等（Koopman et al.，2014）提出了一国总出口的分解法，将出口分解为具有不同经济含义的四部分：被外国吸收的增加值，返回国内的增加值，国外增加值，纯重复计算的中间贸易品部分；并进一步根据出口品价值的最终去向，将其细分至九个部分。王直等（Zhi Wang et al.，2013，2017a，2017b）扩展了库普曼等的分解法，提出对多个层面（包括国家/部门层面、双边层面、双边/部门层面）的总贸易流量的分解法（简称 WWZ 或 WWYZ 方法），建立了从官方贸易总值统计到贸易增加值统计（以增加值为标准的国民经济核算统计体系）的一套完整核算法则，成为目前测算贸易增加值的核心方法。陈雯、李强（2014）和乔小勇、王耕、李泽怡（2017）等利用类似的方法和数据库对我国制造业和服务业出口做了价值核算分析。

早期限于数据的可获得性，哈默斯等仅利用单国投入产出表来研究，只能针对单个国家的问题进行分析，不能准确地展示出多个国家的情况，而且往往时间并不连续。这些问题的解决都需要依靠国际投入产出模型进行分析。欧盟资助的世界投入产出数据库（WIOD）、世贸组织（WTO）与经合组织（OECD）、全球贸易分析项目（GTAP）等国际组织和学术机构组织先后开展了深入研究，推出了国际投入产出表数据库，这些表在反映国家或地区数目、包括的产业部门数、时间跨度以及加工贸易等方面各具有不同的特征，它们的不断建立与完善为深入研究增加值贸易提供了越来越坚实的数据基础，强有力地促进了全球价值链下增加值贸易的研究工作。

二、服务业开放的理论研究

（一）服务业开放与经济增长

国外学者关于服务贸易自由化研究较早，早期研究主要集中于金融、电信和商务服务开放与经济增长的关系。弗朗索瓦和埃申巴赫（Francois & Eschenbach，2002）研究发现，金融服务业开放程度越高，竞争力越强，对经济增长越有利。沃利（Whalley，2003）认为，投资和储蓄带来的增长可能是服务开放能促进经济增长的原因之一。圭列里、马吉和梅利达尼（Guerrieri，Maggi & Melidani，2005）通过对商务服务的分析，得出商务服务贸易扩大开放能带动一国的经济增长。马图、拉辛德朗和苏布拉曼尼亚（Mattoo，Rathindran & Subramanian，2006）研究发现，金融或电信服务开放的国家，其平均增长率比其他国家高1.5%。服务开放所带来的资本流入效应对经济增长的正面影响是不容置疑的。苏哈基安（Soukhakian，2007）以日本为研究对象，认为贸易开放、金融开放和经济增长存在长期相关关系。安和麦基宾（Ang & Mckibbin，2007）分析了马来西亚1960~2001年的数据并指出金融开放对经济增长有积极作用。汗和卡耶姆（Khan & Qayyum，2007）在对巴基斯坦数据分析时，发现贸易开放和金融开放是巴基斯坦经济增长的核心因素。蒂亚戈等（Thiago et al.，2015）采用广义矩估计法分析，认为金融开放只对高度民主国家的经济增长有正向作用。

除考虑服务细分行业，部分学者也从服务业整体的角度进行了研究。迪和汉斯洛（Dee & Hanslow，1999，2002）对全球服务贸易自由化可能带来的红利作出了预估，认为全球服务贸易自由化带来的红利将不亚于货物贸易自由化，预计可逾千亿美元；服务贸易全面开放后，将给全球经济带来0.46%的增长，贸易壁垒越高的国家获利越多。迪尔德（Deard，2001）指出，相关服务部门的开放在推进货物贸易更上一层楼的同时也有助于整体经济的发展。马库森（Markusen，2005）基于一般均衡模型（CGE）分析，认为服务贸易的开放是一国经济福利增加的重要来源。库利和萨维德斯（Khoury & Savvides，2006）基于对不同收入层次国家的门槛回归分析发现，服务贸易开放明显促进了低收入国家的经济增长，但该作用在高收入国家上并不显著。赫克曼（Hoekman，2006）考察了1990~2004年间处于不同发展阶段的国家数据发现，面临转型期的国家，其服务开放与经济增长之间呈正相关。达什（Dash，2013）运用格兰杰因果检验得到，服务业自由化可长期促进经济增长，而服务业进出口与经济增长互为因果关系。蒂亚戈等（Thiago et al.，2015）从政治角度出发，运用广义矩估计法分析了有关国家的金融开放与经济增长数据，其结论显示金融开放只对高度民主国家的经济有积极影响。石士钧（2012）的研究表明，我国服务业FDI与经济增长之间有长期稳定的协整关系。张斌涛、杨凤鸣（2015）认为，在服务业开放推动经济增长的效应上，制度质量起到了重要的作用。陈丽娴、魏作磊（2016）对经济增长质量指标采用主成分分析法构建，并运用中国2005~2013年省份面板数据进行静态面板估计和动态面板估计。研究结果显示，服务业开放主要是通过产业结构升级、技术转移和就业增加效应优化经济增长质量。

（二）服务业开放的其他效应

关于服务业开放可能带来的其他效应，本书基于国内外文献主要从技术、生产率和就业等方面进行了梳理。

弗朗索瓦和沃尔兹（Francois & Woerz，2007）对1994~2004年OECD国家货物与服务贸易面板数据分析发现，服务业对外开放程度的增加会显著提升技术密集型制造部门的生产技术水平和竞争优势。罗蒂宁和尤卡（Ruotinen & Jukka，2008）通过研究发现，外国资本在服务行业的投资会产生技术外溢效应。比斯托（Bustos，2011）的经验研究表明，国家的服务出口的战略不仅提高了贸易一体化的收入，与此同时还带动了国内企业的技术升级创新。盖新哲（2015）用中间投入品自由化的理论阐述了服务业对外开放对于制造业的影响，认为包含更先进技术的进口的中间服务投入能够对本国中间服务投入形成代替，通过技术辐射效应产生更高的经济利益。王欠欠、夏杰长（2019）基于最新全球投入产出表构建更加细化的服务业全球价值链参与度和位置指数，并实证分析了服务业全球价值链嵌入位置提升所带来的自身技术创新和产业升级对制造业生产分割和全要素生产率的潜在效益。姚战琪（2019）通过使用中介效应检验法，系统考察了中国服务业开放对中国出口技术复杂度和贸易竞争力的影响，发现中国服务业对外开放有助于提升贸易竞争力，也能促进我国出口技术复杂度。

杜根、拉哈尔贾和瓦雷拉（Duggan，Rahardja & Varela，2013）的研究表明，印度尼西亚服务产业 FDI 的开放对制造业全要素生产率呈显著正相关关系。周念利、田默和林珊的（2016）研究表明，服务业开放能够对北京市现代制造业企业的劳动生产率产生提升拉动作用，其中商业服务业开放对北京市现代制造业企业劳动生产率的提升最为显著。李杨、闫蕾和章添香（2018）的研究表明，生产性服务业开放是制造业企业提高生产效率的重要途径，不同服务行业开放对制造业企业生产效率的提高会存在一定的差异。陈明、魏作磊（2018）利用 2004~2014 年生产性服务细分行业的平衡面板数据对理论推演进行了实证检验，结果表明，生产性服务业开放对中国制造业生产率存在正向影响，同时，生产性服务细分行业开放影响制造业生产率的差异性明显。陈明、韦琦和邝明源（2019）从生产服务业引进来和走出去的角度分析了生产服务业开放对产业生产率的影响机理，进而基于灰色系统理论模型和增长核算框架，分析自 2004 年以来生产服务业开放对三次产业产出增长的贡献。结果表明，生产服务业及其细分行业开放对服务业的贡献率最大，对工业的贡献率次之，对农业的贡献率最低。

周申、廖伟兵（2006）基于投入产出分析法对我国服务贸易的就业效应进行了探究，其结论表明，1997～2000年我国服务出口就业促进效应和服务进口就业替代效应出现下滑，2001～2004年呈现稳步提升，服务贸易的净就业效应大体上仍较弱。赵成柏（2009）通过实证分析得出，我国的服务进口和出口与就业人数之间存在着长期的均衡，无论进口或出口都促进了就业人数的增长，但总体来看，其进口促进效应小于出口促进效应。张斌涛（2017）认为，服务业开放带来的就业人口增加和就业质量提高等效应有利于促进产业结构的升级，最终达到增加经济增长率的效果。李杨、蔡卓哲、邱亮亮（2017）利用中国各省份的面板数据，对中国服务业FDI就业效应的区域差异进行了研究，结果表明，从全国看，现阶段中国服务业FDI对就业具有显著的促进作用。孙湘湘、周小亮（2019）利用2005～2013年全国29个省份的面板数据实证检验服务业开放对就业的影响效应，研究结果表明，发挥服务业对外开放的就业效应是我国加快经济转型升级、缓解就业压力的重要途径。

三、服务业与全球价值链升级研究

近年来，不少学者将服务业尤其是生产性服务业置于全球价值链中分析。在生产性服务业与制造业全球价值链攀升的关系上，江静、刘志彪（2007）通过对长三角地区2000～2007年的行业面板数据实证分析，认为生产性服务业发展与制造业的价值链攀升呈正相关。程大中（2008）发现，生产性服务业与制造业的互动发展将提高资源配置效率，促进企业竞争力和创新力，进而提高企业价值链分工地位。刘明杰等（2010）把生产性服务业嵌入制造业价值链的方式分为关系型嵌入和结构型嵌入，两种方式分别获得潜在规模经济和专业化效应，促进制造业升级同样也促进了生产性服务业升级。王宝平等（2014）认为，生产性服务业成为全球价值链生产区段的"粘合剂"，加速了全球价值链各个环节中的价值创造。郑休休、赵忠秀（2018）基于WIOD2013所涉及的40个经济体在1995～2011年期间的投入产出数据，研究了全球价值链视角下生产性服务中间投入对制造业出口最终品和中间品的影响，结果表明，生产性服务中间投入对制造业最终品出口增加值率的提高具有显著的正向影响。

也有学者注意到，在以制造业为主的全球价值链外的全球服务价值链也在逐步形成，张珺（2010）在考察全球产业转移的现状后，认为全球产业转移的主要内容正在向以知识密集为特点的服务业过渡，这种产业转移的新趋势正在改变着全球产业布局，提出发展中国家可通过融入全球服务生产网络实现生产性服务业的快速提升。原小能（2012）认为，服务业国际直接投资（FDI）的增加和国际服务外包的迅速扩张导致了全球服务链的形成，同时指出了贸易和投资壁垒下降促使跨国生产性服务业企业扩张，服务链逐渐从以制造业为主的全球价值链中分化出来。张红霞（2018）指出，服务不仅是连接价值链各环节的"粘合剂"，本身也在被拆分为不同的独立交易"任务"，并形成全球服务价值链，同时服务价值链的发展对贸易规则提出了更高的要求。

同时，越来越多的学者开始关注服务业开放与全球价值链的关系。浦承嵩等（2010）指出，服务业开放通过辐射效应把经济动力与创新成果传导到广大腹地，发挥区域链升级的联动性，带动周边经济结构转型升级。周大鹏（2015）认为，进口服务中间品能显著促进中国出口复杂度的提升，同时生产性服务品进口技术复杂度显著促进了中国攀升全球价值链。戴翔（2015）认为，跨国公司通过FDI形式对部分服务流程和环节进行跨国再配置的过程中，会有利于发展中国家进入新兴服务部门等价值链的高端环节获得比较优势，进而对出口复杂度具有提升效应。来有为、陈红娜（2017）指出，外商投资存在前向关联效应和后向关联效应，若考察外商投资的上游嵌入程度、下游嵌入程度对东道国总产出或劳动生产率的影响，就会发现外商投资在东道国劳动密集型的产业不但存在后向关联效应，而且存在显著的前向关联效应。陈明、魏作磊（2018）利用2004～2015年服务业开放的平衡面板数据证明，服务业FDI和服务业对外直接投资通过技术外溢和逆向技术外溢、互补和资源再配置效应等对中国制造业打破"低端锁定"产生了正向的影响。孙湘湘、周小亮（2018）考察了服务业开放与制造业价值链攀升效率的关系，结果表明，服务业开放带来的知识、技术等在提高制造业价值链攀升效率和推动经济高质量发展上发挥了关键作用。

第三节 研究的主要内容、研究方法、主要创新点及不足

一、研究的主要内容

本书以"一带一路"倡议全面实施为契机，围绕服务业开放这一主题，深入探讨了中国服务业在全球价值链上的角色和竞争力，从全球价值链攀升的视角对开放型经济新体制下沿海省市的发展战略进行了理论分析和实证研究。

第一章为绪论部分。提出本书所要研究的主要问题，并对国内外的相关研究成果进行了总结，在此基础上针对本书的主要内容、研究方法、主要创新点和不足进行了说明。

第二章通过借鉴安特拉等（Antras et al.，2012）和法利（Fally，2012；2013）构建的行业上游度指数，同时运用世界投入产出数据库（WIOD）对中国服务业整体及各分行业在全球价值链上的角色进行了研究。行业上游度指数用来测算一国某行业产品在达到最终需求或最终消费之前还需要经历的生产阶段的数量。上游度指数越大，意味着该行业更加专业化于生产和提供中间产品，该行业在全球价值链的分工地位就越高。上游度指数越小，意味着该行业更加专业化于全球价值链的下游部分，产品多为最终产品，被直接用作最终消费。研究结果表明，2000 年以来，中国服务业整体行业的上游度指数呈现出上升的变迁趋势，但依然低于农业、狩猎、林业以及渔业的上游度指数和制造业上游度指数。与美国、英国、德国、日本、法国五个服务贸易强国以及巴西、印度和俄罗斯三个金砖国家的服务业上游度指数相比，中国服务业上游度指数值最大，处于相对领先地位。

第三章围绕全球价值链下中国服务贸易的发展现状、国际竞争力及其影响因素展开研究。近年来，中国服务贸易取得了较快发展，贸易规模迅速扩大，但存在服务贸易逆差持续增加、服务贸易结构不合理等问题。本章运用显性比较优势指数、贸易竞争力指数计算了中国服务贸易整体以及劳动密集型、资本密集型和知识技术密集型分部门的国际竞争力，并分析

了我国与欧美发达国家、欧洲国家服务贸易竞争力存在的差距。随着中国经济结构的转型升级，服务业规模不断扩大，日益成为社会经济持续发展和转型升级的强劲引擎，服务贸易在全球价值链分工体系中发挥着越来越重要的作用。本章对全球价值链下影响一国服务贸易竞争力的重要因素以及如何推动我国服务贸易发展、提升服务贸易竞争力进行了深入挖掘。

第四章对全球价值链提升与中国发展方式转变进行了研究。其内容主要有：首先，对制造业服务化的含义、边界和发展动因进行分析；其次，从制造业运输服务化、电信服务化、金融服务化、分销服务化的视角探讨制造业服务化对价值链升级的影响；再次，分析制造业服务化促进价值链升级的内在机理，在此基础上，提出推动我国制造业服务化的对策思路；最后，对全球服务价值链的内涵和发展进行了分析。

第五章围绕中国开放型经济新体制与扩大服务业对外开放进行了研究。其内容主要有：首先，对中国开放型经济发展面临的新形势进行分析，并界定中国开放型经济新体制的内涵以及与外向型经济的不同；其次，探讨开放型经济新体制与扩大服务业对外开放的关系、中国服务业对外开放的总体特征，并使用服务贸易限制性指数（STRI）和服务业 FDI 限制指数计算中国和其他国家服务业 22 部门的开放度，服务贸易指数越高，表明该国服务贸易政策友好度越高，服务业 FDI 限制指数越大，表明该国服务业 FDI 开放度越低；最后，提出"一带一路"背景下中国扩大服务业对外开放的对策建议。

第六章对"一带一路"倡议下中国服务外包与全球价值链攀升进行了研究。其内容主要有：首先，分析了服务外包的含义、服务外包的发展趋势以及作为基于互联网信息技术产生的新兴业态，服务外包如何推动一国全球价值链地位提升；其次，分析了中国服务外包发展的主要特点，并着重分析中国承接"一带一路"沿线国家和地区服务外包的现状以及发展趋势；最后，借鉴印度服务外包产业发展对中国的启示，对"一带一路"倡议下促进中国服务外包发展的政策建议进行了探讨。

第七章对中国自贸区与"一带一路"倡议对接融合进行了研究。其内容主要有：首先，在分析"一带一路"和自贸区建设现状的基础上，探讨中国自贸区战略与"一带一路"建设的协同性问题，指出自贸区在贸易便利化、投资自由化、金融国际化等方面的先行先试，对"一带一路"倡议的落实形成了有力的支撑；其次，对中国自贸区与"一带一路"建设对接的途径进行了分析，指出自贸区可通过构建高标准贸易规则、推动跨境金融改革等举措深度对接"一带一路"；最后，在对中国自贸区对接"一带一路"建设的现状与问题进行探讨的基础上提出自贸区对接"一带一路"建设的对策。

第八章以上海、广东、天津和福建等自贸区为例，对"一带一路"沿海省市加快服务业发展的对策进行了研究。其内容主要有：分析负面清单管理模式的发展与应用，重点探讨上海自贸区"负面清单"管理模式下上海服务业的开放；分析广东自贸区金融创新的区位优势以及"一带一路"背景下广东自贸区金融创新的现状，并对广东自贸区金融创新提出政策思考；分析天津自贸区融资租赁业务发展现状和发展优势，并提出促进天津自贸区融资租赁业发展的对策建议；以福建自贸区和台湾自经区现代服务业先行先试对接为突破口，着力研究福建自贸区和台湾自经区现代服务业对接的可能性、对接意义、对接路径和具体产业选择，继而提出两区现代服务业对接合作的政策建议。

二、研究的主要方法

本书坚持理论分析与实证分析相结合、定性分析和定量分析相结合、历史分析与逻辑演绎相联系等的研究方法，多视角、多层次地对价值链上中国服务业的发展进行理论探讨、证据考察和政策设计研究。

（一）文献分析

本书围绕服务业开放这一主题，从全球价值链攀升的视角对开放型经济新体制下"一带一路"沿海省份的发展战略进行理论分析和实证研究。因此，搜索与之相关的文献，然后从研究任务的角度评价所收集资料的适用性，保留那些能全面和深刻阐明所要研究问题的有关资料。只有这样才能全面掌握所要研究问题的情况，准确把握研究方向，在继承前人已有成果的基础上，实事求是，力求创新和突破。

（二）理论分析

本书主要以国际贸易、服务贸易和产业经济学等学科知识为工具，通过对制造业服务化、全球服务价值链的内涵、中国开放型经济新体制的内涵及其与扩大服务业对外开放的关系、服务外包与全球价值链攀升的关系进行详细梳理，层层推进地将开放型经济新体制下"一带一路"沿海省市的发展战略进行了深入的阐述。

（三）实证分析

通过构建行业上游度指数，同时运用世界投入产出数据库来测算中国服务业整体及各分行业在全球价值链中的位置，并将中国服务业的上游度指数与服务贸易强国以及其他金砖国家进行比较；通过使用显性比较优势指数、贸易竞争力指数来测度中国服务贸易整体及分部门国际竞争力并与其他服务贸易强国进行比较；根据 OECD 数据库的服务贸易限制性指数（STRI）和 FDI 限制指数来计算中国和其他国家服务业各部门的对外开放程度。

三、主要创新点

与已有文献相比，本书可能的创新之处有以下两方面。

（一）研究视角相对新颖

已有关于服务业开放问题研究的文献，主要集中于服务业开放的经济增长效应、技术进步效应、全要素生产率和就业效应等方面，鲜有文献分析服务业开放如何影响价值链升级，更缺乏对"一带一路"沿海省市服务业开放问题的深入分析。

（二）研究内容的创新

本书围绕服务业开放这一主题，通过测算中国服务业在价值链上的位置和中国服务贸易的国际竞争力，同时对全球服务价值链的内涵，制造业服务化、服务外包与全球价值链攀升的关系，中国承接"一带一路"沿线国家服务外包的现状和问题、中国开放型经济新体制与外向型经济体制的差异，开放型经济新体制下如何扩大服务业对外开放、中国自贸区与"一带一路"倡议对接融合等问题进行详细梳理，从全球价值链攀升的视角层层推进地将开放型经济新体制下"一带一路"沿海省市的发展战略进行了深入的阐述。

四、不足之处

改革开放 40 年以来，中国经济逐步进入追求高质量发展的新常态，客观上要求更高层次的开放型经济。降低服务贸易壁垒，适度开放服务业，是实现产业转型升级和价值链攀升的必由途径。如何更好地测算服务业对外开放的程度，并将增加值贸易纳入服务业对外开放的分析中，需要进一步深入研究。

第二章

中国服务业在全球价值链上的位置：基于行业上游度视角的研究

第一节 "亚洲工厂"生产分割、上游度和增加值

一、"亚洲工厂"生产分割现象

随着产品内分工形式的兴起，以生产分割（production fragmentation）为特征的全球价值链（global value chains，GVC）逐渐成为全球贸易发展的主导因素。在这一背景下，东亚生产网络显著扩张，区域内贸易规模迅速增长，奇迹般地成为世界制造业中心之一，并被学界称"亚洲工厂"现象。由于地理上的邻接性，中国参与国际分工的重心不断向东亚生产网络倾斜，通过承接日本、韩国等东亚经济体的产业转移和发展加工贸易逐渐融入东亚生产网络。在全球价值链下，生产的不同阶段分割在不同的国家和地区，一国出口的最终商品中包含了大量的中间产品，这些中间产品或是由别国制造出口，或是由本国出口别国、经别国加工再进口到本国，在这种背景下，传统的总值贸易不能真实反映一国的贸易利益，增加值贸易逐渐成为理论界的研究热点。

由于全球价值链的不同链节体现出不同的价值增值，因此，一国融入全球价值链的路径选择及其在价值链中所处的位置将直接决定其获利能力。《纽约时报》（2006）指出："一个芭比娃娃售价20美元，但是中国仅能从

中得到 35 美分。"中国在芭比娃娃的生产中获利很小和中国在全球价值链上的嵌入位置有关系吗？"亚洲工厂"尤其是中国制造业和服务业在全球价值链上究竟处于怎样的位置，是专业化于生产的上游环节还是下游环节？在全球价值链上的嵌入位置能否反映增加值在出口产品生产中的份额？

国内外学者对特定行业全球价值链嵌入位置进行了有益探索，也已取得丰硕成果，如库普曼（Koopman，2014），马风涛（2015），鞠建东、余心玎（2014），但是鲜有文献将全球价值链嵌入位置与增值能力结合起来进行研究。鲍德温和斯派德（Baldwin & Spiders，2010）基于嵌入位置与增值能力双视角探讨了不同行业全球价值链的融入路径与演进模式。王岚等（2015）借鉴全球价值链布局理论，通过构建全球价值链融入路径的分析框架，系统探讨了两者动态关联特征。为了厘清上述问题，本章对"亚洲工厂"生产分割现象进行了统计分析，进而尝试运用安特拉斯等（Antras et al.，2012）构建的行业上游度指数对"亚洲工厂"各国（地区）在全球价值链上的位置进行了刻画，并通过绘制散点图来描绘各国（地区）18 个制造业分行业出口产品生产中增加值的份额和行业上游度指数的关系，以期明确我国各行业融入全球价值链路径的变迁、这种嵌入位置的改变将对我国各行业增值能力产生怎样的影响及构建以中国为主导的东亚生产网络与全球价值链的重要性与紧迫性。

图 2-1 测算了 1995~2011 年（分别是 1995 年、2000 年、2005 年、2008 年、2009 年、2010 年和 2011 年）"亚洲工厂"8 个国家总出口中国外增加值的份额。这 8 个国家包括 3 个亚洲大国（中国、日本、韩国）、5 个东南亚国家（新加坡、马来西亚、印度尼西亚、泰国和菲律宾）。至 2011 年，新加坡总出口中国外增加值的份额在"亚洲工厂"中最高，为 41.81%；韩国第二，为 41.7%；中国为第五。总出口中国外增加值的份额为 32.16%，位居马来西亚（40.62%）和泰国（38.99%）之后；总出口中国外增加值份额最低的是印度尼西亚，为 11.97%；第二低的是日本，为 14.68%；第三低的是菲律宾，为 23.58%。这在一定程度上说明了"亚洲工厂"各国（地区）参与国际生产分工的地位和作用不同，从全球价值链中获取的利益也有所差异：中国的出口中真正由本国创造的价值增值偏低，中国从出口中获得的利益不多，每 1 美元出口中获利 0.6784 美元，而印度尼西亚和日本从出口商品中获得的增加值利益较多，印度尼西亚每 1 美元

出口中获利 0.8803 美元，日本每 1 美元出口中获利 0.8532 美元。

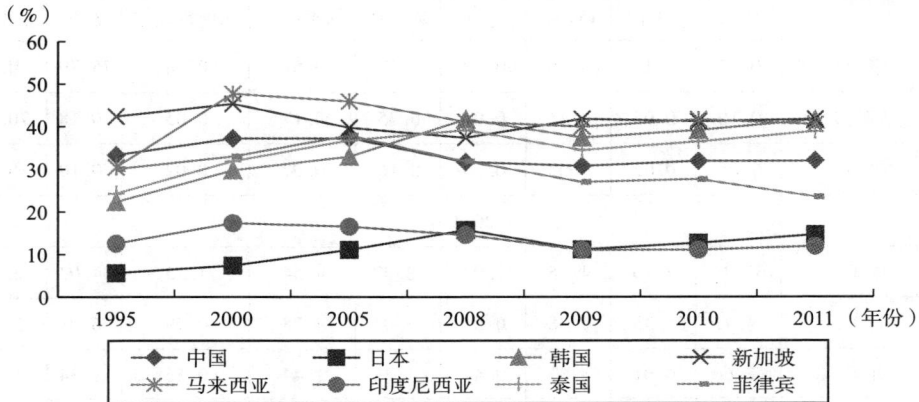

图 2 - 1　1990 ~ 2011 年"亚洲工厂"总出口中国外增加值份额

资料来源：OECD. Stat.

接下来我们将 1995 年和 2011 年"亚洲工厂"国家增加值根据地理来源（包括美国）进行分解，如表 2 - 1 所示，表中横向国家表示出口国，纵向国家表示出口国增加值的地理来源国。

表 2 - 1　　　　　　　　　　"亚洲工厂"国家增加值的地理来源　　　　　　　　　单位：%

来源国	出口国								
	中国	日本	韩国	印度	新加坡	马来西亚	印度尼西亚	泰国	菲律宾
1995 年									
中国	66.65	0.22	0.74	0.13	0.64	0.58	0.25	0.51	0.40
日本	7.89	94.38	5.69	0.66	9.56	7.53	2.56	6.29	8.76
韩国	2.97	0.32	77.69	0.23	1.87	1.33	0.83	0.98	1.94
印度	0.14	0.05	0.15	90.66	0.41	0.29	0.12	0.25	0.12
新加坡	0.47	0.11	0.29	0.14	57.69	1.67	0.49	0.87	0.93
马来西亚	0.45	0.13	0.36	0.12	2.67	69.59	0.29	0.80	0.53
印度尼西亚	0.58	0.22	0.68	0.12	1.20	0.71	87.48	0.35	0.58

续表

来源国	出口国								
	中国	日本	韩国	印度	新加坡	马来西亚	印度尼西亚	泰国	菲律宾
泰国	0.43	0.11	0.16	0.10	1.13	0.82	0.18	75.79	0.54
菲律宾	0.10	0.05	0.14	0.02	0.35	0.17	0.05	0.18	70.19
美国	0.05	0.02	0.03	0.00	0.16	0.07	0.02	0.10	0.15
2011 年									
中国	67.89	2.16	4.75	2.03	3.07	4.54	1.25	4.03	2.41
日本	4.73	85.35	4.98	0.61	3.02	4.78	0.99	6.01	2.51
韩国	2.66	0.61	58.37	0.44	1.22	1.44	0.56	1.34	1.16
印度	0.65	0.17	0.75	76.01	2.14	1.10	0.40	0.95	0.50
新加坡	0.60	0.17	0.54	0.39	58.27	2.50	0.50	1.11	0.87
马来西亚	0.79	0.35	0.62	0.36	1.30	59.42	0.61	1.36	0.63
印度尼西亚	0.65	0.65	1.54	0.63	1.70	2.38	88.02	1.37	1.09
泰国	0.53	0.23	0.31	0.22	0.68	1.36	0.38	61.05	0.55
菲律宾	0.32	0.12	0.24	0.13	0.37	0.37	0.08	0.41	76.47
美国	0.17	0.10	0.25	0.05	0.16	0.58	0.10	0.31	0.15

资料来源：OECD. Stat。

我们发现，1995～2011 年，在"亚洲工厂"8 个国家的增加值地理来源中，有 4 个国家的出口产品生产中国外增加值的份额出现了较大幅度的上升，例如，1995 年日本出口产品生产中国外增加值的份额为 5.62%，至 2011 年上升为 14.65%；韩国出口产品生产中国外增加值的份额为 22.31%，至 2011 年上升为 41.63%；马来西亚出口产品生产中国外增加值的份额为 30.41%，至 2011 年上升为 40.58%，泰国出口产品生产中国外增加值的份额为 24.1%，至 2011 年上升为 38.95%。这些均表明自 1995 年以来，生产分割在全球有快速扩散的趋势。

我们还发现，1995～2011 年，中国作为增加值来源国的地位出现了较大程度的上升。在 1995 年，中国在其他国家出口产品增加值构成中所占份额都很低，均低于1%。至 2011 年，中国在其他"亚洲工厂"国家出口产品增加值构成中所占份额均出现上升，在日本出口产品增加值构成中所占份额上升为 2.16%，在韩国出口产品增加值构成中所占份额上升为 4.75%，在新加坡的出口产品增加值构成中所占份额上升为 3.07%，在马来西亚的出口产品增加值构成中所占份额上升为 4.54%，在印度尼西亚的出口产品增加值构成中所占份额上升为 1.25%，在泰国的出口产品增加值构成中所占份额上升为 4.03%，在菲律宾的出口产品增加值构成中所占份额上升为 2.41%。

此外值得注意的是，除中国外，美国和日本在各国 1995～2011 年出口产品增加值构成中也一直是重要的来源国。例如，在中国 2011 年出口产品国外增加值的构成中，日本所占份额最高，美国第二；在韩国 2011 年出口产品国外增加值的构成中，日本所占份额最高，中国第二，美国第三；在新加坡 2011 年出口产品国外增加值的构成中，美国所占份额最高，中国第二，日本第三；在马来西亚 2011 年出口产品国外增加值的构成中，日本所占份额最高，中国第二，美国第三；在印度尼西亚 2011 年出口产品国外增加值的构成中，日本所占份额最高，中国第二，美国第三；在泰国 2011 年出口产品国外增加值的构成中，日本所占份额最高，中国第二，美国第三；在菲律宾 2011 年出口产品国外增加值的构成中，日本所占份额最高，中国、美国并列第二。

二、"亚洲工厂"上游度和增加值

我们将根据安特拉斯等（Antras et al.，2012）构建的行业上游度指标来测算"亚洲工厂"国家（地区）在全球价值链上的位置。行业上游度指数用来测算一国某行业产出最终使用和中间使用的比率。假定行业 i 的总产出可以分为最终使用如消费品和中间使用如沿着生产线销售到其他行业的产品两部分，总产出记为 Y_i，最终使用的部分记为 F_i，因此，行业 i 的产出可以表示为：

$$Y_i = F_i + \sum_{j=1}^{N} d_{ij} Y_j \qquad (2-1)$$

其中，d_{ij} 表示为了生产 1 美元行业 j 的产出所需要投入的行业 i 产品的价值，N 表示行业的数目。如果我们用右边的 $F_i + \sum_{j=1}^{N} d_{ij} Y_i$ 重复替代产出，得到：

$$Y_i = F_i + \sum_{j=1}^{N} d_{ij} F_j + \sum_{j=1}^{N} \sum_{k=1}^{N} d_{ik} d_{kj} F_j + \sum_{j=1}^{N} \sum_{k=1}^{N} \sum_{l=1}^{N} d_{il} d_{lk} d_{kj} F_j + \cdots$$

$$(2-2)$$

因此，一个行业的产出等于它最终使用的销售数量和最终使用之前销售到所有其他行业的中间投入品的数量。假定每个行业之间的距离是 1，上游度可以表示为：

$$U_i = 1 \cdot \frac{F_i}{Y_i} + 2 \cdot \frac{\sum_{j=1}^{N} d_{ij} F_j}{Y_i} + 3 \cdot \frac{\sum_{j=1}^{N} \sum_{k=1}^{N} d_{ik} d_{kj} F_j}{Y_i}$$

$$+ 4 \cdot \frac{\sum_{j=1}^{N} \sum_{k=1}^{N} \sum_{l=1}^{N} d_{il} d_{lk} d_{kj} F_j}{Y_i} + \cdots \qquad (2-3)$$

很显然，如果行业 i 的产出主要用于充当其他行业的中间投入品，该行业的上游度指数较大，且该行业处于相对上游的阶段。如果行业 i 的产品被直接用作最终消费品，该行业的上游度指数较小，且该行业处于相对下游的阶段。安特拉斯等（Antras et al.，2012）指出上游度的矩阵形式为：

$$U = [I - B]^{-1} \mu \qquad (2-4)$$

其中，U 表示各行业上游度指数组成的列向量，B 表示以 $b_{ij} = \frac{d_{ij} Y_j}{Y_i}$ 为第 (i, j) 项元素的投入产出系数矩阵，μ 为单位列向量。

依据行业上游度的矩阵表达式，我们对"亚洲工厂"国家（地区）18 个制造业分行业[①] 2011 年的行业上游度指数进行了测算，测算结果如表 2-2 所示。

---

① 这18个制造业分行业为采掘业，食品、饮料制造及烟草加工业，纺织品、皮革、鞋类，木材、木制品，纸、纸制品印刷出版业，石油加工及核燃料加工业，化学工业，橡胶和塑料制品业，非金属矿物制品业，金属冶炼及压延加工业，金属制品业，普通、专用设备制造业，办公用品及计算机制造业，电气机械及器材制造业，汽车、拖车，运输设备和其他制造，电、气、水供应。

表 2 - 2　　　　　　　　　　　2011 年"亚洲工厂"行业上游度指数

行业	上游度							
	中国	日本	韩国	新加坡	马来西亚	印度尼西亚	泰国	菲律宾
采掘业	1.000	9.912	2.013	1.625	1.565	1.596	2.070	1.751
食品、饮料制造及烟草加工业	1.000	1.128	1.214	1.190	1.635	1.150	1.193	1.064
纺织品、皮革、鞋类	1.002	1.225	1.348	1.062	1.447	1.439	1.630	1.214
木材、木制品	1.001	1.565	2.037	1.294	1.189	1.210	1.406	1.085
纸、纸制品印刷出版业	1.006	1.795	1.717	1.190	1.236	1.427	1.182	1.442
石油加工及核燃料加工业	1.000	1.584	1.713	1.404	1.467	1.259	1.265	1.425
化学工业	1.001	1.889	2.116	1.550	1.640	1.462	1.271	1.430
橡胶和塑料制品业	1.003	1.812	2.065	1.333	1.833	1.169	1.376	1.426
非金属矿物制品业	1.001	1.473	1.930	1.121	1.519	1.042	1.327	1.231
金属冶炼及压延加工业	1.001	2.480	2.673	1.483	1.185	1.057	1.474	2.034
金属制品业	1.005	1.578	1.858	1.419	2.176	1.099	1.382	1.467
普通、专用设备制造业	1.001	1.232	1.498	1.356	1.181	1.362	1.508	1.069
办公用品及计算机制造业	1.005	1.285	1.551	1.479	1.124	1.208	1.171	1.831
电气机械及器材制造业	1.002	1.555	1.782	1.400	1.206	1.352	1.411	1.019
汽车、拖车	1.000	1.673	1.578	1.114	1.490	1.241	1.247	1.063
运输设备	1.002	1.065	1.165	1.237	1.196	1.367	1.003	1.003
其他制造	1.003	1.561	1.478	1.152	1.111	1.202	1.415	1.245
电、气、水供应	1.000	1.475	1.997	1.922	1.894	1.471	1.653	1.336

资料来源：OECD. Stat.

从测算结果来看，"亚洲工厂"中国上游度指数最大的行业是纸、纸制品印刷出版业，上游度指数最小的行业有 5 个，分别是采掘业，食品、饮料制造及烟草加工业，石油加工及核燃料加工业，汽车、拖车和电、气、水供应；日本上游度指数最大的行业是采掘业和金属冶炼及压延加工业，上游度指数最小的行业是运输设备和食品、饮料制造及烟草加工业；韩国上游度指数最大的行业是金属冶炼及压延加工业和木材、木制品，上游度指数最小的行业与日本一样，是运输设备和食品、饮料制造及烟草加工业；新加坡上游度指数最大的行业是电、气、水供应和采掘业，上游度指数最小的行业是纺织品、皮革、鞋类和汽车、拖车；马来西亚上游度指数最大的行业是金属制品业和电、气、水供应，上游度指数最小的行业是其他制造和办公用品及计算机制造业；印度尼西亚上游度指数最大的行业和新加坡一样，是采掘业和电、气、水供应，上游度指数最小的行业是非金属矿物制品业和金属冶炼及压延加工业；泰国上游度指数最大的行业与新加坡、印度尼西亚一样，是采掘业和电、气、水供应，上游度指数最小的行业是运输设备和办公用品；菲律宾上游度指数最大的行业是金属冶炼及压延加工业和办公用品及计算机制造业，上游度指数最小的行业是运输设备和电气机械及器材制造业。

从上游度的总平均值来看，中国的行业上游度指数平均值最小，为1.002，18个制造业分行业上游度均小于其他"亚洲工厂"国家，处于全球价值链的相对下游阶段。而日本的行业上游度指数平均值最大，为2.016；韩国的行业上游度指数平均值第二，为1.763；马来西亚第三，为1.550；泰国第四，为1.388；新加坡第五，为1.352；菲律宾第六，为1.341；印度尼西亚第七，为1.284。

接下来我们利用OECD数据库统计了"亚洲工厂"国家18个制造业分行业2011年出口产品生产中增加值的份额，并将各国出口产品生产中增加值的份额和行业上游度指数的关系描绘如图2-2所示。

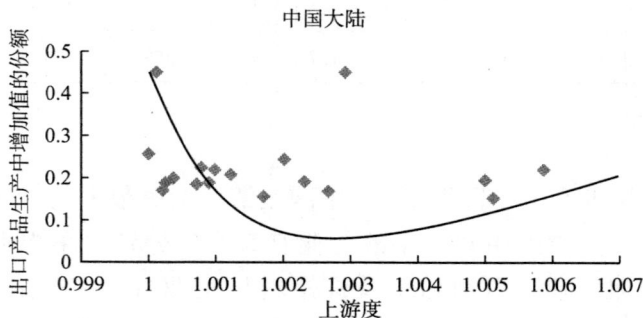

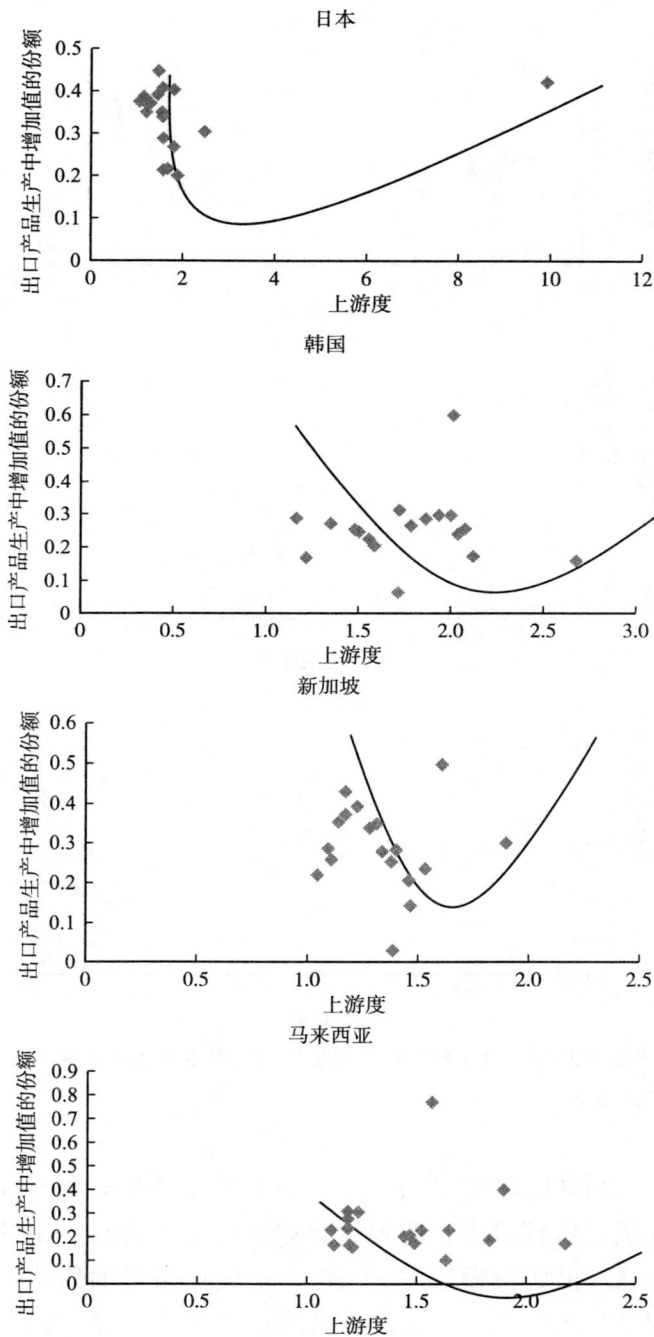

日本

韩国

新加坡

马来西亚

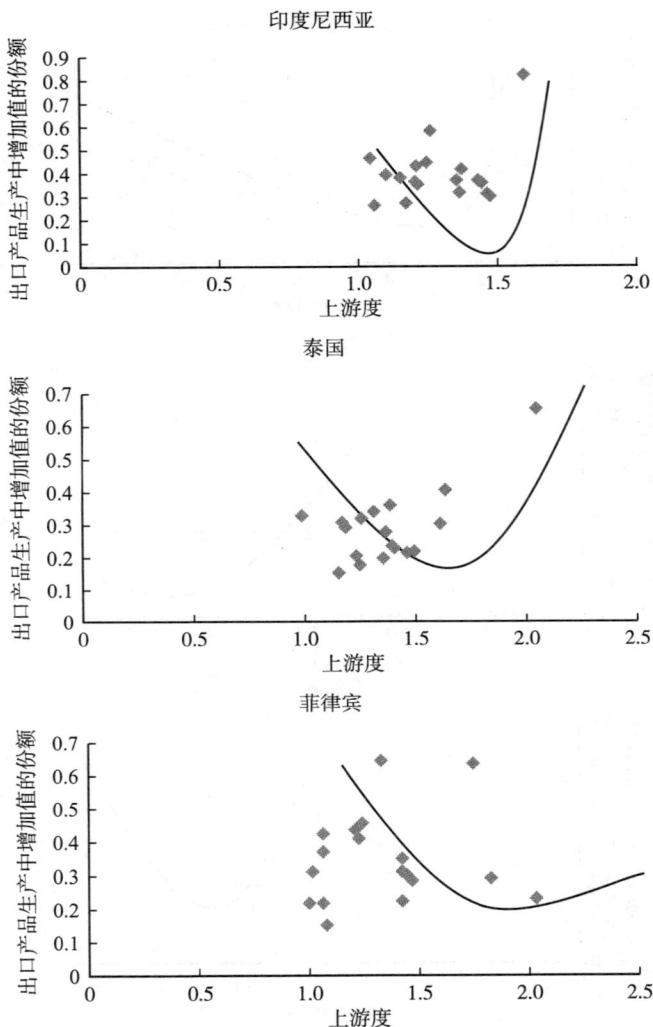

图 2 - 2 "亚洲工厂" 2011 年行业上游度指数和出口产品生产中增加值的份额

资料来源：OECD. Stat.

从图 2 - 2 我们可以看出，处在全球价值链中部位置的行业，其出口产品生产中增加值的份额最小，而处于全球价值链上游和下游的行业，其出口产品生产中增加值的份额较大。出口产品生产中增加值的份额和行业上游度指数之间呈现出的 "U" 型关系我们也称之为 "微笑曲线"。图 2 - 3 和图 2 - 4 表明出口产品生产中增加值的份额与行业上游度指数之间的 "微笑曲线"在全球价值链参与度较深的电气机械及器材制造业和汽车、拖车行业依然成立。

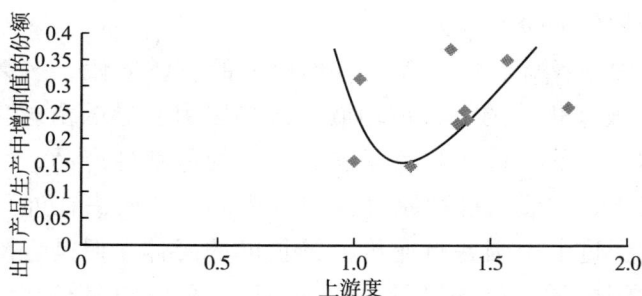

图 2 - 3 "亚洲工厂"电气机械及器材制造业的"微笑曲线"

资料来源：OECD. Stat.

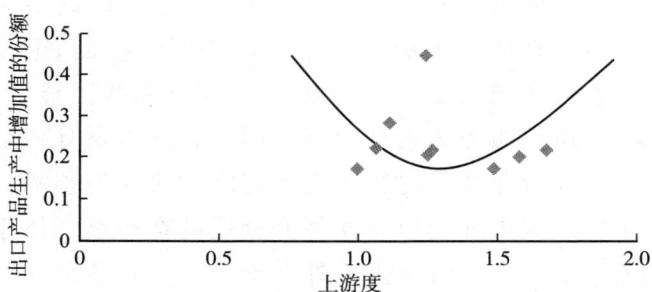

图 2 - 4 "亚洲工厂"汽车、拖车行业的"微笑曲线"

资料来源：OECD. Stat.

三、结论与建议

自 1995 年以来，"亚洲工厂"生产分割在全球有快速扩散的趋势，尤其是中国和日本。本节运用安特拉斯等（Antras et al.，2012）构建的行业上游度指数对"亚洲工厂"在全球价值链上的位置进行刻画，从上游度的总平均值来看，中国的行业上游度指数最小，为 1.002，18 个制造业分行业上游度均小于其他"亚洲工厂"国家，处于全球价值链的相对下游阶段，而日本的行业上游度指数最大，为 2.016。从"亚洲工厂"各国 18 个制造业分行业出口产品生产中增加值的份额和行业上游度指数的散点图来看，出口产品生产中增加值的份额和行业上游度指数之间呈现出"U"型关系，我们也称之为"微笑曲线"，即处在全球价值链中部位置的行业，出口产品生产中增加值的份额最小，而处于全球价值链上游和下游的行业，其出口产品生产中增加值的份额较大。

现阶段，中国各行业均处于全球价值链的下游阶段，多数企业作为单一链节通过"被俘获"的方式被动嵌入发达国家主导的全球生产网络。中国主要从韩国、东盟、日本和欧盟进口大量的零部件产品，然后将最终品主要出口到美国、欧盟，这种原材料和组装销售"两头在外"的贸易形式在一定程度上促进了中国各行业价值链长度的延伸，但是也限制了中国从价值链上获得国内增加值的数量。虽然中国总值出口额位居世界第一，但有接近1/3的进口国外中间品包含在总值出口额中，以国内增加值衡量的出口实际利益并不多。

中国要提升出口部门在全球价值链尤其是东亚生产网络的地位，合理规避俘获效应，变被动俘获为积极构建可采取以下途径：第一，积极加大人力资本投入，改善我国的要素禀赋结构。"微笑曲线"显示，产品设计、研发和售后服务、增值服务等附加值高的两头，都需要有高素质、高层次人才支撑，应鼓励各行业加强对行业人才需求的研究与预测，形成以高层次人才带动、中低层次人才得以不断提升素质的在职培训体系。第二，提升利用外资的质量和水平，继续鼓励外资流入，尤其是研发导向型的外资进入中国，引导外资把高附加值含量的生产环节布局在国内，鼓励国内企业与外资高新技术企业对接，着力形成高新技术产业链。第三，加强中国跨国公司与发达国家研发机构的合作，通过建立各种研发中心，使中国跨国公司掌握核心技术，并凭借主导地位实现全球价值链的重构。第四，发展服务业出口。我国服务业出口增加值中包含的高技能劳动报酬份额远高于制造业，积极发展服务业产品出口，渐进地放宽服务业的外资准入，破除民营资金进入服务业的障碍，扩大服务贸易规模，对于我国实现从全球价值链低端向高端升级具有重要意义。

第二节 中国服务业整体行业上游度指数的测算及比较

21 世纪是全球价值链（GVC）蓬勃发展的世纪，各国的发展都离不开全球价值链的支撑。全球价值链的兴起和发展极大地改变了全球商品和服务生产的组织形式，生产过程高度碎片化，分散在多个国家进行，中间商品与中间服务沿着价值链不断的流转，多次重复跨越一国国界，这导致了以商品和服务总值为统计口径的传统贸易统计体系高估了各个国家，尤其是处在价值链下游国家的出口规模。在这种背景下，以增加值为统计口径的增加值贸易消除了总值贸易（gross trade）在新型国际分工体系下的统计幻象，通过剔除出口中的国外价值增值，增加值贸易还原了各经济体在全球价值链中的地位和贸易利得。

服务业是全球价值链的黏合剂，紧紧围绕全球价值链的每一个环节提供中间服务，既有在企业上游提供的研发、设计服务，又有中下游的营销、运输、售后等配套服务，服务业是全球价值链的重要纽带，将特定产品生产企业分散的生产空间连接起来。无论是服务价值链还是服务业发挥重要作用的商品价值链，价值链的参与度和价值链的攀升都依赖于有竞争力的服务业，服务业在全球价值链分工中所处的地位越来越成为衡量一国国际竞争力的重要指标。

本章拟借鉴安特拉斯等（Antras et al. , 2012）和法利（Fally, 2012, 2013）构建行业上游度（upstreamness）指数，运用世界投入产出数据库（world input-output database，WIOD）来测算中国服务业整体及各分行业在全球生产价值链中的位置。在跨太平洋伙伴关系协议（TPP）推动亚太价值链重塑的过程中，本章的研究对于中国对接高标准国际规则，促进中国服务业价值链向上游移动，推进中国服务业进一步融入全球价值链具有重要的理论价值与现实指导意义。

2013 年，WIOD 数据库发布了 1995～2011 年 27 个 EU 国家以及其他 13 个世界主要国家包括中国的投入产出关系，全球的投入产出关系形成了一个有机统一的整体，各国不同行业之间的投入产出关系可被观测。为了考察中国服务业整体行业参与全球价值链分工的程度，本章根据以上方法，基于 WIOD 数据库，测算了 2000～2011 年中国服务业整体行业的上游度指数，同时与制造业、农业、狩猎、林业以及渔业的上游度指数进行横向比较，测算及比较结果如图 2－5 所示。从图 2－5 中可以看出，2000 年以来，中国服务业整体行业的上游度指数与制造业，农业、狩猎、林业以及渔业的上游度指数都呈现出上升的变迁趋势，这表明中国无论是服务业，制造业还是农业、狩猎、林业以及渔业参与全球价值链的程度都在不断的深化。2000 年以来，中国农业、狩猎、林业以及渔业上游化的趋势最为明显，从 2000 年的 2.618262 上升为 2011 年的 3.772898，增速最快，高达 44.10%；制造业上游度指数从 2000 年的 3.336221 上升为 2011 年的 4.277714，增速为 28.22%；服务业上游度指数从 2000 年的 2.083361 上升为 2011 年的 2.314520，增速最慢，仅为 11.10%。到 2011 年，中国服务业整体行业的上游度指数为 2.314520，低于农业、狩猎、林业以及渔业的上游度指数 3.772898 和制造业上游度指数 4.277714。

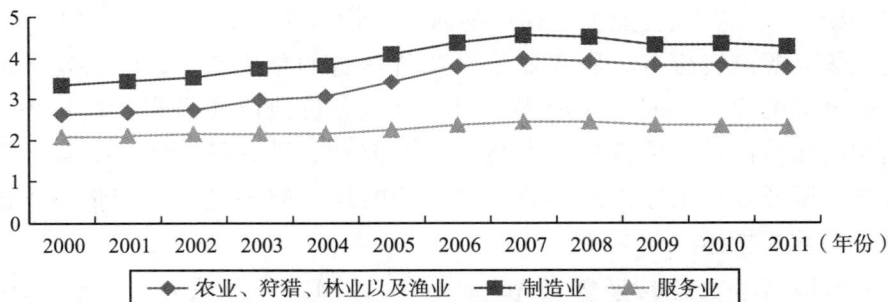

图 2－5　2000～2011 年中国服务业整体行业的上游度指数

资料来源：WIOD 数据库。

为了详尽地了解中国服务业在全球价值链的位置，接下来本章选取 2011 年世界服务贸易总额前六名的美国、英国、德国、中国、日本、法国以及其他金砖国家——巴西、印度和俄罗斯共九个国家，来测算每个国家 2000～2011 年服务业整体行业的上游度指数变化趋势，测算及比较结果如图 2－6 所示。

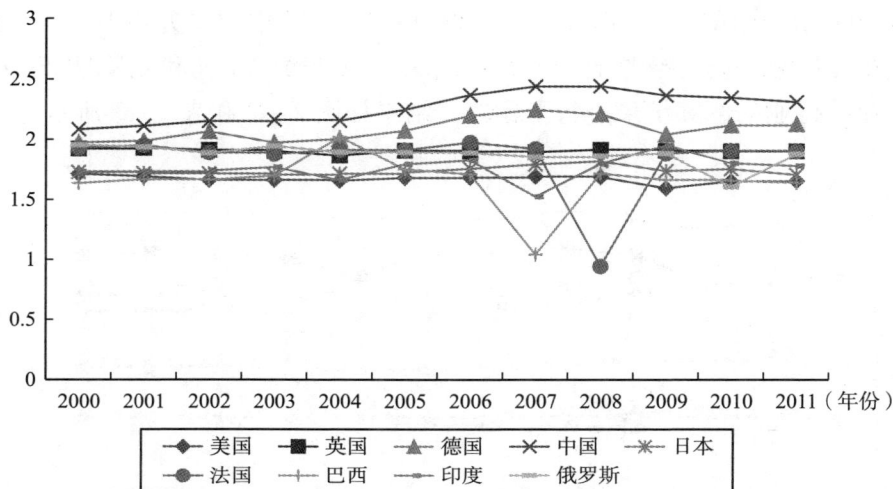

图 2-6　2000~2011 年九国服务业整体行业的上游度指数变化趋势及比较

资料来源：WIOD 数据库。

　　从测算结果来看，截止到 2011 年，中国服务业整体行业的上游度指数最高，为 2.31452；德国服务业整体行业的上游度指数位居第二，2011 年为 2.129176；英国服务业整体行业的上游度指数位居第三，2011 年为 1.905398；法国服务业整体行业的上游度指数位居第四，2011 年为 1.903765；俄罗斯服务业整体行业的上游度指数位居第五，2011 年为 1.881283；印度服务业整体行业的上游度指数位居第六，2011 年为 1.782931；日本服务业整体行业的上游度指数位居第七，2011 年为 1.708558；美国服务业整体行业的上游度指数位居第八，2011 年为 1.657393；巴西服务业整体行业的上游度指数最小，2011 年为 1.643496。

第三节　中国服务业分行业上游度指数的测算及比较

一、中国服务业分行业上游度指数的测算及比较

　　为了更细致地描述中国服务业上游化的变迁趋势，接下来本章基于

WIOD 数据库中国投入产出表计算了 2000~2011 年中国服务业 18 个分行业的上游度指数，同时与其他三个金砖国家——巴西、印度和俄罗斯 2011 年服务业分行业的测算结果进行了比较，结果如图 2-7 和表 2-3 所示。

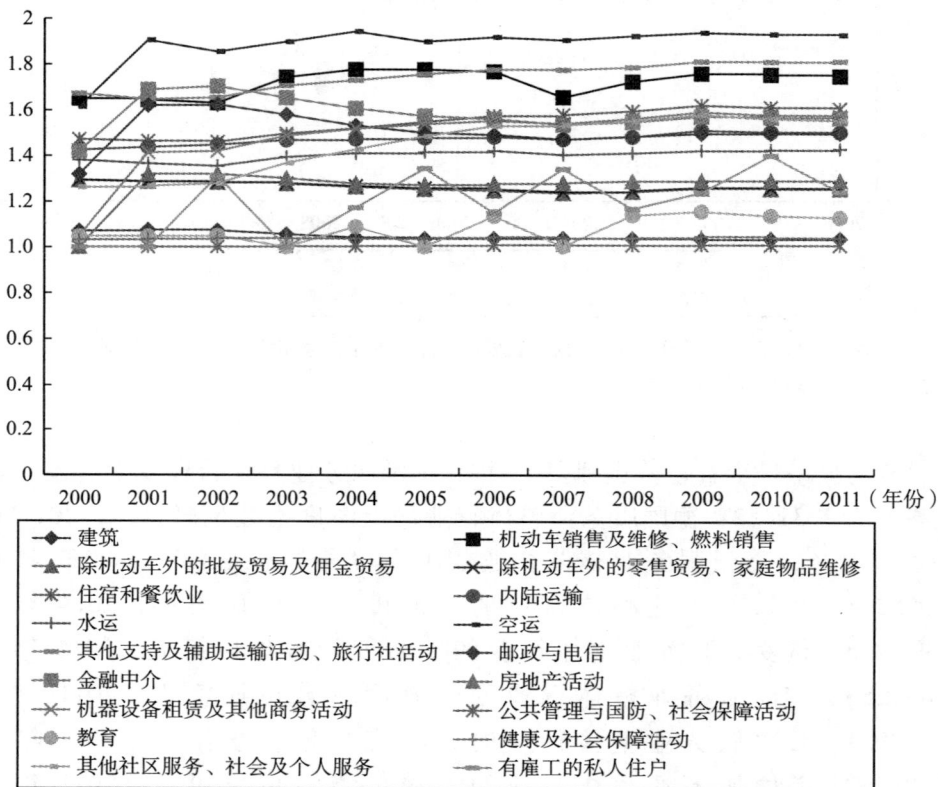

图 2-7　2000~2011 年中国服务业各分行业的上游度指数

资料来源：WIOD 数据库。

表 2-3　　　　　　　　　2011 年金砖四国服务业各分行业的上游度指数

代码	行业	巴西	俄罗斯	印度	中国
18	建筑	1.15937	1.09772	1.29750	1.03851
19	机动车销售及维修、燃料销售	1.28188	1.25551	2.91964	1.74881

续表

代码	行业	巴西	俄罗斯	印度	中国
20	除机动车外的批发贸易及佣金贸易	1.28063	1.23536	1.54206	1.25579
21	除机动车外的零售贸易、家庭物品维修	1.28229	1.25432	1.36282	1.26057
22	住宿和餐饮业	1.17609	1.33572	2.34577	1.60734
23	内陆运输	1.54612	1.41108	1.31620	1.50462
24	水运	1.54953	1.34137	1.64657	1.43084
25	空运	1.54887	1.39027	1.87624	1.92841
26	其他支持及辅助运输活动、旅行社活动	1.54956	1.38841	5.58105	1.81254
27	邮政与电信	1.58022	1.90454	2.77040	1.50064
28	金融中介	1.49120	1.21069	1.58774	1.56688
29	房地产活动	1.23189	1.47567	6.50859	1.29149
30	机器设备租赁及其他商务活动	1.56539	1.70730	1.35426	1.57541
31	公共管理与国防、社会保障活动	1.02077	1.21115	1.01491	1.00902
32	教育	1.01929	1.02142	1.01991	1.13124
33	健康及社会保障活动	1.00752	1.03216	8.28544	1.04088
34	其他社区服务、社会及个人服务	1.55061	1.47325	1.83638	1.55595
35	有雇工的私人住户	1	1	1	1.24304
	均值	1.32451	1.31922	2.51475	1.41678

资料来源：WIOD 数据库。

从测算结果来看，2000～2011 年，中国服务业分行业上游度指数平均值最高的是空运，为 1.88839。然后依次是其他支持及辅助运输活动、旅行社活动，上游度平均值为 1.74524；机动车销售及维修、燃料销售，上游度平均值为 1.71974；金融中介，上游度平均值为 1.58395；住宿和餐饮业，上游度平均值为 1.54667；邮政与电信，上游度平均值为 1.51072；机器设备租赁及其他商务活动，上游度平均值为 1.48618；其他社区服务、社会及个人服务，上游度平均值为 1.45102；内陆运输，上游度平均值为

1.47448;水运,上游度平均值为 1.40368。上游度指数较低的依次是房地产活动,上游度平均值为 1.26816;除机动车外的零售贸易、家庭物品维修,上游度平均值为 1.26625;除机动车外的批发贸易及佣金贸易,上游度平均值为 1.26292;有雇工的私人住户,上游度平均值为 1.19800;教育,上游度平均值为 1.07932;建筑,上游度平均值为 1.04896;健康及社会保障活动,上游度平均值为 1.048955。上游度指数最低的是公共管理与国防、社会保障活动,上游度平均值为 1.00682。

表 2-3 汇总了金砖四国服务业 18 个分行业的上游度指数测算结果,从中可以发现,四个国家内部各服务业分行业的上游度指数的差别较为明显,从而也说明了不同行业在国际分工体系中的地位有所差别。具体测算结果显示,巴西、俄罗斯、印度和中国 18 个服务业分行业的上游度指数分别位于 [1,1.58022]、[1,1.90454]、[1,8.28544] 及 [1.00902,1.92841] 的区间内,其中巴西、俄罗斯上游度指数最低者均为有雇工的私人住户,最高者均为邮政与电信;印度上游度指数最低者为有雇工的私人住户,最高者为健康及社会保障活动;中国上游度指数最低者为公共管理与国防、社会保障活动,最高者为空运。可见,巴西服务业分行业间上游度差异最小,产业相对集中度较大;而印度服务业分行业间上游度差异最大,产业上游度的跨度较大。

根据行业上游度指数数值的大小,笔者将行业上游度指数高于 1.5 的统称为相对上游行业（relatively upstream industry）,而上游度指数低于 1.5 的则统称为相对下游行业（relatively downstream industry）,这样的处理仅出于方便横、纵向比较的考虑,实际上行业处于分工体系中的上游或是下游,学术界在数值上并没有明确的界定。就 2011 年的测算结果来看,各个国家处于相对上、下游的行业数目不一。具体而言,在巴西 18 个行业的分工地位中,相对上游阶段的行业有 7 个,分别是内陆运输,水运,空运,其他支持及辅助运输活动、旅行社活动,邮政与电信,机器设备租赁及其他商务活动,其他社区服务、社会及个人服务。在俄罗斯 18 个行业的分工地位中,相对上游阶段的行业有 2 个,分别是邮政与电信、机器设备租赁及其他商务活动。在印度 18 个行业的分工地位中,相对上游阶段的行业有 11 个,分别是机动车销售及维修、燃料销售,除机动车外的批发贸易及佣金贸易,住宿和餐饮业,水运,空运,其他支持及辅助运输活动、旅行社活动，邮政与电信，金融中介，房地产活动，健康及社会保障活动，其他社区服务、社会及个人服务。在中国 18 个行业的分工地位中，相对上游阶段的行业有 9 个，分别是机动车销售及维修、燃料销售，住宿和餐饮业，内陆运输，空运，其他支持及辅助运输活动、旅行社活动，邮政与电信，金融中介，机器设备租赁及其他商务活动，其他社区服务、社会及个人服务。

二、结论与启示

通过上文的分析，我们发现，2000 年以来，中国服务业整体行业的上游度指数与制造业，农业、狩猎、林业以及渔业的上游度指数都呈现出上升的变迁趋势，但截止到 2011 年，中国服务业整体行业的上游度指数依然低于农业、狩猎、林业以及渔业的上游度指数和制造业上游度指数。研究同时发现，2000~2011 年，中国服务业上游度指数在 9 国（世界服务贸易总额前六名的美国、英国、德国、中国、日本、法国以及其他金砖国家——巴西、印度和俄罗斯）中最高，处于相对领先地位。研究还发现，在 18 个服务业分行业的分工地位中，中国处于相对上游阶段的行业有 9 个，巴西处于相对上游阶段的行业有 7 个，俄罗斯处于相对上游阶段的行业有 2 个，而印度发展强劲，处于相对上游阶段的行业有 11 个，中国的优势面临追兵，其中印度的不少行业紧跟中国，尤其在机动车销售及维修、燃料销售，住宿和餐饮业，其他支持及辅助运输活动、旅行社活动，邮政与电信，房地产活动，健康及社会保障活动方面都比中国有较大优势。

在全球价值链背景下，国际分工正从过去产业间完整产品的生产分工向产品内部的零部件生产、产品增值过程分工和产品生产环节分工等分工方式发展，国家和企业都成为全球价值链的参与者、行动者。当下全球服务贸易发展势头迅猛，一国的经济技术实力和竞争力越来越体现在服务业之上，因此，提高我国服务业在全球价值链分工中的地位刻不容缓。

首先，加大对新兴服务业的政策倾斜。中国机动车销售及维修、燃料销售，金融中介、机器设备租赁及其他商务活动等已经处于相对上游阶段，并有继续上升的趋势，这与我国"走出去"发展战略的实施以及跨国公司的迅速发展是密不可分的。但是，我国新兴服务贸易的开放程度还不够大，对商业存在、自然人流动等服务贸易形式的限制仍然比较多，未来我国政府应加大对这些新兴服务业的政策倾斜力度，采取简化手续、降低壁垒等措施扩大其开放程度，给予技术先进型服务企业更优惠的税收激励政策，从而继续保持这些新兴服务业全球价值链地位上升的优势，以它们的快速发展带动整个服务贸易体系的快速发展。

其次，实施服务行业投资差异化战略。我国政府把许多服务行业设为战略性产业，对与服务业相关的外商直接投资实施各种限制，这对我国服务贸易的发展及服务业国际分工地位的提高形成了重大障碍。实施服务行业投资差异化战略，合理引导外商直接投资流向住宿和餐饮业、内陆运输、空运、旅行社活动、邮政与电信等传统服务行业，充分发挥外商直接投资带来的技术溢出效应，在竞争和学习中实现技术升级和产业结构高级化，从而推动我国传统服务行业向价值链高端攀升。

最后，要加大科研经费投入，增强自主创新能力，提高知识技术密集型服务贸易的比重，实现服务企业内部结构升级。强化服务业各分行业比较优势的培育，实现服务业内部横向升级和交叉升级，以提升服务业在全球价值链的位置。

第三章

全球价值链下中国服务贸易
国际竞争力及其影响因素

第一节 中国服务贸易国际竞争力现状

随着信息通信技术的发展，跨国公司为降低生产成本重新布局产业链条，将大量低端生产环节外包到发展中国家，全球生产网络迅速崛起。服务业作为全球价值链中的重要环节以及制造业中间投入也发生了重要变化，服务贸易异军突起。制造业和服务业的深度融合带动了发展中国家生产性服务业的发展，大量服务增加值通过制造业间接出口。2015 年 5 月《中共中央国务院关于构建开放型经济新体制的若干意见》要求："提升服务贸易战略地位，着力扩大服务贸易规模，推进服务贸易便利化和自由化，提高货物贸易中的服务附加值，促进制造业与服务业、货物贸易与服务贸易协调发展"。服务业以及服务贸易的稳健发展将成为新一轮深化改革的关注重点，服务贸易的国际竞争力则是稳定外需和保证出口的关键问题。

一、中国服务贸易发展现状

近年来，中国服务贸易取得了较快发展，贸易规模迅速扩大。在改革开放初期，1982 年，服务贸易进出口总额仅有 45 亿美元，到 2018 年已经达到 7 919 亿美元，增长了 176 倍，年均增长率为 15.0%，如表 3 - 1 所示。我国服务进出口总额占对外贸易总额（货物和服务进出口之和）的比重逐年提高，2018 年已经达到了 17.1%；服务出口占比为 5.8%，服务进口占11.4%。至 2018 年，中国的服务进出口总额占世界服务进出口额的比重为6.9%，位列世界第二，其中服务出口居第五位，仅次于美国、英国、德国和法国，服务进口居第二位，仅次于美国。这与我国增加服务贸易创新发展试点、不断放宽服务市场准入、不断培育服务出口优势、不断完善促进体系有密切关系。

表 3-1　　　　　　　1982～2018 年中国服务贸易额一览　　　　单位：亿美元

年份	出口	进口	差额	总额	年份	出口	进口	差额	总额
1982	25	20	5	45	2001	333	393	-59	726
1983	25	20	5	45	2002	397	465	-68	863
1984	28	29	0	57	2003	468	553	-85	1 021
1985	31	25	5	56	2004	649	727	-78	1 376
1986	38	23	16	61	2005	785	840	-55	1 624
1987	44	25	20	69	2006	941	1 008	-68	1 949
1988	49	36	13	85	2007	1 254	1 291	-37	2 546
1989	46	39	7	85	2008	1 453	1 564	-111	3 017
1990	59	44	15	102	2009	1 226	1 460	-234	2 685
1991	70	41	29	111	2010	1 783	1 934	-151	3 717
1992	92	94	-2	187	2011	2 010	2 478	-468	4 489
1993	112	120	-8	232	2012	2 016	2 813	-797	4 829
1994	166	163	3	329	2013	2 070	3 306	-1 236	5 376
1995	191	252	-61	444	2014	2 191	4 329	-2 137	6 520
1996	206	226	-20	432	2015	2 186	4 355	-2 169	6 542
1997	246	280	-34	525	2016	2 095	4 521	-2 426	6 616
1998	239	267	-28	506	2017	2 281	4 676	-2 395	6 957
1999	262	316	-53	578	2018	2 668	5 250	-2 582	7 919
2000	304	360	-56	665					

资料来源：根据 UNCTAD 统计数据计算得出。

在我国服务贸易进出口额逐年增加的同时，问题也开始显现出来。

1. 服务贸易逆差持续增加。

从 1992 年开始，我国服务贸易进口额大于出口额，表明我国处于逆差地位，适当的贸易逆差可以使国外商品流入国内市场，促进国内产品与之良性竞争。但中国服务贸易的逆差自 1992 年出现以来，除 1994 年外，其余年份逆差额大体都呈逐年上升趋势。其中，1996～2007 年，中国服务贸易逆差额上升幅度较小，在 20 亿～100 亿美元的区间内波动；但 2007 年后尤其是 2013 年后则呈现出大幅增加态势，到 2018 年，服务贸易逆差额达到 2 582 亿美元。较大的贸易逆差使我国在服务贸易竞争中处于不利地位，不仅影响服务贸易的持续健康发展，也影响了国民经济的稳定。

具体到产业层面来看，运输、旅游、保险、专利特许使用费和个人、文化和娱乐服务始终处于逆差状态，且运输和旅游一直是逆差的主要来源，二者占到了 2018 年服务贸易逆差额的 88. 27%。运输行业虽然每年都是逆差，但逆差额基本保持稳定的上升状态，而旅游行业逆差上升速度十分明显，在 2009 年之前保持进出口顺差状态，2009 年逆差额为 40 亿美元，之后则呈现逆差额大幅增加的情况，2012 年超过运输行业，到了 2018 年旅游行业逆差额高达 2 374 亿美元，短短 10 年时间上升了 58. 35 倍，现在旅游服务已经是我国服务贸易最大的逆差来源。虽然我国旅游资源丰富，是旅游大国，但由于旅游行业结构的不合理，服务水平不高，相关法律法规不配套等问题，导致我国旅游服务贸易竞争力低下，出境旅游公民人数远超入境旅游人数。近些年来，我国现代服务业贸易领域呈现出一定的顺差，并有小幅上升的趋势，在一定程度上缓解了服务贸易整体长期逆差过大的局面。其中，2018 年，其他商业服务顺差额为 226 亿美元，通信、计算机和信息服务顺差额为 233 亿美元，建筑顺差额为 180 亿美元，金融服务顺差额为 14 亿美元，货物相关服务顺差额为 218 亿美元。如表 3 - 2 所示。

表 3-2　　　　　　　　　　中国服务贸易分行业情况一览　　　　　　　单位：亿美元

年份	运输			旅游			其他商业服务			通信、计算机和信息服务			建筑		
	出口	进口	差额	出口	进口	差额	出口	进口	差额	出口	进口	差额	出口	进口	差额
2005	154	285	-130	293	218	75	140	165	-24	23	22	1	26	16	10
2006	210	344	-134	339	243	96	166	206	-40	37	25	12	28	20	7
2007	313	433	-120	372	298	74	237	294	-57	55	33	22	54	29	25
2008	384	503	-119	408	362	47	212	360	-148	78	47	31	103	44	60
2009	236	466	-230	397	437	-40	171	212	-40	77	44	33	95	59	36
2010	342	633	-290	458	549	-91	—	—	—	105	41	64	145	51	94
2011	356	804	-449	485	726	-241	564	492	72	139	50	89	147	37	110
2012	389	859	-469	500	1 020	-519	510	424	87	162	55	108	122	36	86
2013	376	943	-567	517	1 286	-769	572	473	99	171	76	95	107	39	68
2014	382	962	-579	440	2 273	-1 833	689	407	282	202	107	94	154	49	105
2015	386	853	-467	450	2 498	-2 049	584	395	189	258	112	146	167	102	65
2016	338	806	-468	444	2 611	-2 167	579	434	145	265	126	140	127	83	44
2017	371	929	-558	388	2 548	-2 160	615	429	187	278	192	86	239	86	154
2018	423	1 083	-660	395	2 768	-2 374	699	473	226	471	238	233	266	86	180

年份	保险			金融			专利特许使用费			个人、文化和娱乐服务			货物相关服务		
	出口	进口	差额	出口	进口	差额	出口	进口	差额	出口	进口	差额	出口	进口	差额
2005	5	72	-67	1	2	0	2	53	-52	1	2	0	133	0	133
2006	6	88	-83	1	9	-7	2	66	-64	1	1	0	144	0	144
2007	9	107	-98	2	6	-3	3	82	-78	3	2	2	199	0	199
2008	14	127	-114	3	6	-3	6	103	-97	4	3	2	233	0	233
2009	16	113	-97	4	6	-3	4	111	-106	1	3	-2	216	1	215
2010	17	158	-140	13	14	-1	8	130	-122	1	4	-2	252	1	251
2011	30	197	-167	8	7	1	7	147	-140	1	4	-3	265	2	263
2012	33	206	-173	19	19	0	10	177	-167	1	6	-4	257	1	256
2013	40	221	-181	32	37	-5	9	210	-201	1	8	-6	233	1	232
2014	46	225	-179	45	49	-4	7	226	-219	2	9	-7	214	1	213
2015	50	88	-38	23	26	-3	11	220	-209	7	19	-12	240	15	226
2016	42	129	-88	32	20	12	12	240	-228	7	21	-14	237	22	215
2017	40	104	-64	37	16	21	48	286	-238	8	28	-20	240	24	215
2018	49	119	-70	35	21	14	56	356	-300	12	34	-22	246	28	218

资料来源：根据 UNCTAD 统计数据计算得出。

2. 服务贸易结构不合理。

从图 3 - 1 可以看出，旅游、运输和其他商业服务多年来一直是我国服务贸易出口的三大支柱，三个行业 2005 年总比重达 74.88%，2018 年总比重为 56.84%。旅游、运输是我国传统服务部门，旅游出口总体处于下降趋势，从 2005 年的 37.33% 下降至 2018 年的 14.79%；2005 年后，中国运输业快速发展，这与中国货物贸易出口的不断扩大有着密切关系，受金融危机影响，运输服务在 2008 年后有所波动，但基本保持在 17% 左右。虽然两者比重总体上呈现下降趋势，但在我国服务出口结构中仍占据较大份额，这表明我国在劳动、资源密集型服务部门仍具有一定的比较优势。其他商业服务从 2009 年后增长迅速，2018 年出口比重达 26.20%，是我国服务贸易出口结构中继运输、旅游等传统服务业后又一重要力量。2009 年后，货物贸易对服务贸易的拉动效应减弱，货物相关服务出口比重从 2009 年的 17.59% 逐渐下降至 2018 年的 9.22%。

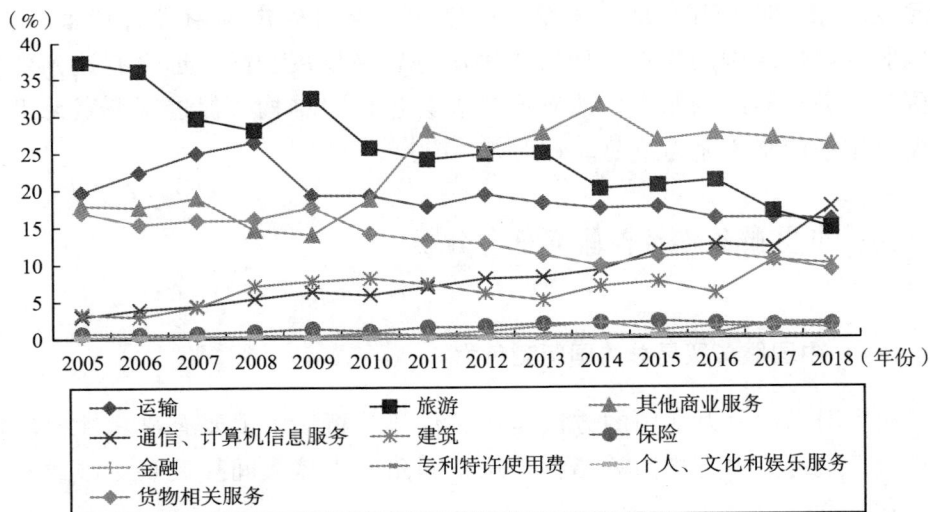

图 3 - 1　中国服务业各部门出口比重

资料来源：根据 UNCTAD 统计数据计算得出。

2009 年后，中国服务贸易出口结构渐趋优化，高附加值服务出口呈现快速增长趋势，成为服务贸易结构调整的重要推动力。通信、计算机信息服务和建筑等资本技术密集型行业快速发展，其中通信、计算机信息服务出口比重从 2005 年的 2.96% 上升至 2018 年的 17.64%，建筑出口比重从 2005 年的 3.30% 上升至 2018 年的 9.96%，说明我国服务贸易出口结构正由劳动资源密集型向资本技术密集型行业转型。保险、金融等资本密集型行业较 2005 年出口结构有明显改善，2018 年出口比重分别达到了 1.84% 和 1.30%，在 2008 年经济危机期间占比不降反增，说明这些行业潜力巨大；专利特许使用费等知识技术密集型行业在 2005 年占比仅为 0.20%，2018 年上升为 2.08%。这些现代服务业虽然在出口方面发展迅速，但在服务贸易进出口总额上仍然只占很小一部分，皆不足 5%，并且金融、专利特许使用费等行业在出口额前十的国家中，位列倒数。而世界第一的服务贸易强国美国，现代服务业（不包括运输、旅游、建筑）进出口额占服务贸易进出口总额的 60% 以上，即使是服务贸易总量不如中国的英法德等，该项占比也在 50% 以上。以上皆表明中国的服务贸易出口结构不合理，仍然偏向于低附加值的劳动和资源密集型传统行业，知识和技术密集型服务业产品在国际上吸引力不足，与发达国家在争夺海外市场中没有竞争优势。中国服务出口结构的失衡，使得中国服务贸易发展受限，远没有达到贸易大国的服务贸易结构水平。改善服务贸易进出口结构、促进服务贸易平衡发展对于中国来说尤为重要。

二、中国服务贸易国际竞争力分析

（一）中国服务贸易总体国际竞争力

测度国际竞争力常用的方法是比较优势分析法，主要有显示性比较优势指数、贸易竞争力指数等指标，从不同角度直接或间接反映一国或某行业的贸易竞争力。

1. 显示性比较优势指数。

显示性比较优势指数（RCA 指数）是 1976 年美国经济学家贝拉·巴拉萨（Bella Balassa）提出的用来衡量一个国家某种产品的出口额在该国出口总额中所占的比率与该类产品出口额在世界出口总额中所占比率的指标。RCA 指数能够有效衡量一国或地区产品或产业在国际市场上的竞争力，判定其出口竞争力，进而揭示其在国际贸易中的比较优势。具体公式为：

$$RCA_{ij} = \frac{\dfrac{x_{ij}}{X_{it}}}{\dfrac{X_{wj}}{X_{wt}}} \qquad (3-1)$$

其中，X_{ij} 表示该国某产品的出口额，X_{it} 表示该国的出口总额，X_{wj} 表示世界该产品的出口额，X_{wt} 表示世界全部产品的出口总额。若 RCA > 1，表明该国某产品或服务具有显性比较优势；RCA > 2.5，表明具有极强的国际竞争力；RCA 指数介于 2.5 ~ 1.25 之间，表明具有较强的国际竞争力；RCA 指数介于 1.25 ~ 0.8 之间，表明具有较弱的国际竞争力；RCA < 0.8，表明国际竞争力极弱。

根据世界贸易组织（WTO）的统计，本书选取了世界上主要服务贸易大国——美国、德国、英国、法国、爱尔兰、比利时、意大利、日本、印度和新加坡 10 个国家，计算其 2005 ~ 2017 年服务贸易整体 RCA 指数，与中国服务贸易 RCA 指数进行比较，分析中国与服务贸易较发达国家服务贸易竞争力的差距。

从表 3 - 3 可以看出，2005 ~ 2017 年 RCA 指数大于 1.25 的国家有英国、美国、法国、爱尔兰和印度，这些国家服务贸易国际竞争力较强，竞争优势明显。其中，2005 ~ 2009 年，英国的 RCA 指数最大，服务贸易竞争力排名第一，至 2010 年，爱尔兰的 RCA 指数超越了英国的 RCA 指数，位居第一。欧美发达国家中，德国的服务贸易竞争力最弱，2005 ~ 2017 年 RCA 指数均小于 0.8。比利时 RCA 指数 2005 年为 0.9932，之后逐步上升，至 2015 年为 1.3170，表明比利时服务贸易具有显性比较优势，但是 2016 年、2017 年 RCA 指数稍有下降，分别为 1.2165 和 1.1952。欧洲国家中，意大利服务贸易国际竞争力较弱，RCA 指数小于 1，但大于 0.8。印度的服务贸易竞争力较强，RCA 指数介于 1.5 ~ 1.8 之间。日本的服务贸易竞争力较弱，2005 ~ 2017 年 RCA 指数均小于 1，但是 RCA 指数呈现出上升趋势，从 2005 年的 0.7303 上升为 2017 年的 0.8991。新加坡服务贸易 RCA 指数上升趋势明显，从 2005 年的 0.7772 上升为 2017 年的 1.2469，竞争性逐渐增强。而 2005 ~ 2017 年中国的 RCA 指数与其他国家相比最小，小于 0.8，且 2005 ~ 2017 年有下降的趋势，RCA 指数由 2005 年的 0.4933 下降为 2017

年的 0. 3967，可见中国的服务贸易竞争力较弱，没有竞争优势，与欧美发达国家近年来 RCA 指数均大于 1 的比较优势地位相比存在较大差距。经济危机后我国 RCA 指数明显下降，再次说明我国服务贸易发展不稳定。我国在未来服务贸易竞争中还存在较大的提升空间，中国应抓住机遇迎接挑战，大力补齐服务贸易发展中的短板。

表 3 - 3 　　　　　　　中国服务贸易 RCA 指数及国际比较

年份	中国	美国	德国	英国	法国	爱尔兰	比利时	意大利	日本	印度	新加坡
2005	0.4933	1.4038	0.7125	1.8319	1.2473	1.6218	0.9932	0.9733	0.7303	1.6287	0.7772
2006	0.4716	1.4087	0.7230	1.8479	1.2540	1.7814	0.9913	0.9896	0.7400	1.7696	0.8580
2007	0.4833	1.4203	0.6880	2.0045	1.2785	1.7989	1.0143	0.9278	0.7293	1.7364	0.9233
2008	0.4822	1.4205	0.7266	1.9584	1.3370	1.9265	1.1618	0.8856	0.7764	1.7143	0.9907
2009	0.4344	1.4253	0.7583	1.8851	1.2873	1.7052	1.2206	0.8687	0.7972	1.5690	0.9739
2010	0.5172	1.4599	0.7500	1.9059	1.3683	1.9341	1.2780	0.9045	0.7438	1.6169	1.0257
2011	0.5076	1.4971	0.7551	1.9551	1.4557	2.1953	1.2448	0.9078	0.7673	1.5763	1.0858
2012	0.4641	1.4815	0.7762	1.9986	1.4774	2.2891	1.3087	0.9164	0.7510	1.6305	1.1364
2013	0.4260	1.4815	0.7752	2.0370	1.4729	2.3453	1.2888	0.8822	0.7896	1.5422	1.1752
2014	0.4082	1.4318	0.7687	1.9750	1.4677	2.1986	1.3169	0.8290	0.8702	1.4853	1.2007
2015	0.3967	1.4250	0.7400	1.8993	1.3499	1.6564	1.3170	0.7676	0.8880	1.5629	1.2331
2016	0.3971	1.4191	0.7327	1.8775	1.2974	1.7584	1.2165	0.7569	0.8959	1.5666	1.2633
2017	0.3967	1.4222	0.7449	1.8962	1.3215	1.9630	1.1952	0.7774	0.8991	1.6023	1.2469

资料来源：根据 UNCTAD 统计数据计算得出。

2. 贸易竞争力指数。

贸易竞争力指数（TC 指数）指一个国家或地区某产品进出口贸易的差额占进出口贸易总额的比重。由于该衡量指标既考虑了出口，又考虑了进口，因此，能够反映一国在国际市场竞争中是否有竞争优势。具体公式为：

$$TC_{ij} = \frac{X_{ij} - M_{ij}}{X_{ij} + M_{ij}} \qquad (3-2)$$

其中，X_{ij} 表示 i 国 j 产品的出口额，M_{ij} 表示 i 国 j 产品的进口额。TC 指数的取值范围为（-1，1），若一个行业 TC 指数小于 0，则该行业竞争优势小，说明该行业是净进口行业；若一个国家 TC 指数大于 0，说明竞争优势大，说明该行业是净出口行业。TC 指数越接近于 1，则竞争力越强；TC 指数越接近于 - 1，竞争力越弱。

由表 3 - 4 可知，我国服务贸易 TC 指数从 2005 年以来均为负数，表明我国服务贸易常年逆差，竞争力较弱，在贸易竞争中处于不利地位，服务产品还处于一个产品净输入阶段。其中，2005 ~ 2010 年 TC 指数稳定在 - 0.1 ~ 0 之间，而从 2011 年开始，我国服务业的 TC 指数有加速下滑之势，下降趋势十分明显，至 2016 年已下降至 - 0.3666，说明近几年来我国服务贸易的竞争优势不增反降，已经严重落后于世界标准水平。但是，2017 年中国服务贸易竞争力有所提高，TC 指数为 - 0.0339，高于德国、爱尔兰、日本、印度和新加坡五个服务贸易强国。

表 3 - 4　　　　　　　　中国服务贸易 TC 指数及国际比较

年份	中国	美国	德国	英国	法国	爱尔兰	比利时	意大利	日本	印度	新加坡
2005	- 0.0339	0.1033	- 0.1366	0.1522	0.0658	- 0.1301	0.0449	- 0.0147	- 0.1535	- 0.0750	- 0.0949
2006	- 0.0347	0.0997	- 0.1069	0.1740	0.0614	- 0.1046	0.0473	- 0.0188	- 0.1277	- 0.0396	- 0.0571
2007	- 0.0145	0.1345	- 0.1011	0.1945	0.0748	- 0.0949	0.0259	- 0.0460	- 0.1323	- 0.0252	- 0.0150
2008	- 0.0366	0.1314	- 0.0891	0.1735	0.0702	- 0.1164	0.0413	- 0.0631	- 0.1184	0.0933	- 0.0083
2009	- 0.0872	0.1400	- 0.0579	0.1838	0.0482	- 0.1143	0.0567	- 0.0594	- 0.1261	0.0711	- 0.0139
2010	- 0.0405	0.1584	- 0.0784	0.1898	0.0533	- 0.0881	0.0577	- 0.0568	- 0.1013	0.0092	- 0.0019
2011	- 0.1043	0.1805	- 0.0827	0.2233	0.0761	- 0.0556	0.0505	- 0.0374	- 0.1101	0.0502	0.0024
2012	- 0.1651	0.1844	- 0.0770	0.2328	0.0730	- 0.0380	0.0410	- 0.0007	- 0.1485	0.0567	- 0.0169
2013	- 0.2299	0.2068	- 0.0914	0.2405	0.0540	- 0.0034	0.0417	0.0026	- 0.1164	0.0807	- 0.0263
2014	- 0.3278	0.2136	- 0.0534	0.2417	0.0385	- 0.0283	0.0294	- 0.0059	- 0.0804	0.1010	- 0.0384
2015	- 0.3316	0.2100	- 0.0364	0.2328	0.0210	- 0.0955	0.0273	- 0.0149	- 0.0467	0.1169	- 0.0359
2016	- 0.3666	0.1971	- 0.0400	0.2319	0.0001	- 0.1382	0.0224	- 0.0149	- 0.0294	0.0958	- 0.0142
2017	- 0.0339	0.1033	- 0.1366	0.1522	0.0658	- 0.1301	0.0449	- 0.0147	- 0.1535	- 0.0750	- 0.0949

资料来源：根据 UNCTAD 统计数据计算得出。

在欧美国家中，TC 指数大于 0 的有美国、英国、法国和比利时，且英国的 TC 指数每年维持在 0.2 左右，均大于美国、法国和比利时的 TC 指数，表明英国服务业的国际竞争力在全世界最强。2011～2016 年，中国服务业 TC 指数小于竞争力较弱的德国、爱尔兰和意大利，也小于亚洲的日本、印度和新加坡，表明我国服务贸易竞争力与发达国家存在较大差距。相比亚洲国家，印度作为发展中国家的新兴经济体，其 TC 指数 2005 年开始呈现出快速增长态势，服务贸易国际竞争力逐渐增强。

（二）中国服务贸易分部门国际竞争力

1. 显示性比较优势指数。

表 3－5 显示了中国运输业的竞争力较弱，且 2005～2017 年间非常稳定，RCA 指数始终保持在 0.9 左右。旅游业 RCA 指数由 2005 年的 1.4221 下降为 2017 年的 0.6796，竞争力明显下降，说明中国旅游业传统竞争优势在削减。建筑业 RCA 指数由 2005 年的 1.9216 上升至 2017 年的 5.4181，表明该部门具有非常强的国际竞争力。保险、金融和专利特许使用费等资本、知识技术密集型行业虽然处于上升趋势，但 RCA 指数依然小于 1，不具有贸易竞争力。但是通信、计算机和信息服务，其他商业服务在我国发展迅速，至 2017 年 RCA 指数分别为 1.2332 和 1.2113，说明我国正向知识技术密集型行业转型升级。

表 3－5　　　　　　　中国服务贸易分部门 RCA 指数及国际比较

国家	年份	劳动密集型				资本密集型		知识技术密集型			其他
		运输	旅游	货物相关服务	建筑	保险	金融	专利特许使用费	通信、计算机和信息服务	其他商业服务	个人、文化和娱乐服务
中国	2005	0.9073	1.4221	5.0475	1.9216	0.2798	0.0225	0.0294	0.4246	0.9288	0.4037
	2011	0.8639	0.9906	3.8044	3.4928	0.6071	0.0481	0.0604	0.7927	1.3686	0.1139
	2017	0.9187	0.6796	2.9832	5.4181	0.7140	0.1869	0.2921	1.2332	1.2113	0.6026
美国	2005	0.6483	1.0317	0.6056	0.2089	0.8070	1.2926	2.9142	0.5934	0.8081	0.8493
	2011	0.6209	0.9876	0.7548	0.2354	0.9737	1.4186	3.2089	0.5324	0.8273	0.9137
	2017	0.6407	1.0782	0.9599	0.1181	0.9302	1.6198	2.2995	0.5477	0.8592	0.7140

续表

国家	年份	劳动密集型				资本密集型		知识技术密集型			其他
		运输	旅游	货物相关服务	建筑	保险	金融	专利特许使用费	通信、计算机和信息服务	其他商业服务	个人、文化和娱乐服务
德国	2005	1.0812	0.6958	1.4919	0.0000	0.8594	1.1969	0.5288	0.9948	1.3475	1.7440
	2011	1.2947	0.7091	1.1118	—	1.0544	1.3214	0.7785	1.2038	1.5318	0.9164
	2017	1.1474	0.5219	1.5303	0.3501	1.4953	0.9029	0.9226	1.2403	1.2954	1.9571
英国	2005	0.6803	0.5401	0.0533	0.2689	3.3056	2.8312	0.9525	0.8692	1.1982	4.1846
	2011	0.5651	0.5140	0.1701	0.3796	3.1716	3.3459	0.9165	0.7816	1.2358	3.0138
	2017	0.6232	0.5834	0.3970	0.4129	2.7074	2.5243	0.8315	0.7506	1.3238	2.5292
法国	2005	—	—	—	—	—	—	—	—	—	—
	2011	1.0150	0.9513	1.5677	0.7750	1.5222	0.3806	1.0609	0.7335	1.3411	1.9021
	2017	1.0182	0.9693	2.0147	1.1477	1.2639	0.5573	0.9222	0.7447	1.5418	3.5096
爱尔兰	2005	—	—	—	—	—	—	—	—	—	—
	2011	0.2782	0.1622	0.4429	0.0000	4.2458	1.2267	0.7656	4.7601	1.0024	0.6175
	2017	0.2759	0.1200	0.3863	0.0237	2.4110	1.0671	0.8121	4.2812	1.0058	0.2702
比利时	2005	—	—	—	—	—	—	—	—	—	—
	2011	1.2532	0.4962	1.7719	1.3940	0.7140	0.7618	0.3939	1.0177	1.4557	1.3807
	2017	1.2323	0.4185	1.1687	1.3084	0.5834	0.7542	0.4087	1.0743	1.6449	1.8243
意大利	2005	0.7518	1.4615	1.1639	0.1383	0.9259	0.4481	0.5137	1.0356	1.1865	0.6581
	2011	0.6825	1.6003	1.0960	0.0557	0.7841	0.5544	0.5974	0.8839	1.1521	0.5224
	2017	0.7682	1.5911	1.1863	0.2991	0.6848	0.6029	0.5463	0.8300	1.0143	0.4075
日本	2005	1.6188	0.4644	0.0910	4.1197	0.3400	0.6035	2.5321	0.2137	0.9548	0.2245
	2011	1.4451	0.3200	0.1215	3.7098	0.4761	0.3321	3.3703	0.1593	1.2734	0.2111
	2017	1.0421	0.7363	0.2537	2.8777	0.4780	0.6550	3.1616	0.2770	0.9953	1.0216
印度	2005	0.5782	0.5470	—	0.3854	0.7206	0.2660	0.0579	4.6297	1.8123	0.5038
	2011	0.6240	0.5253	0.0000	0.2886	0.7544	0.5133	0.0357	3.8968	1.3585	0.4641
	2017	0.5212	0.5942	0.0515	0.6415	0.5381	0.2812	0.0502	2.9944	1.4609	1.4425

续表

| 国家 | 年份 | 劳动密集型 | | | | 资本密集型 | | 知识技术密集型 | | | 其他 |
		运输	旅游	货物相关服务	建筑	保险	金融	专利特许使用费	通信、计算机和信息服务	其他商业服务	个人、文化和娱乐服务
新加坡	2005	1.9555	0.5094	1.8175	0.6783	1.1976	1.2040	0.1630	0.3230	1.0340	0.9178
	2011	1.7364	0.6136	1.7834	0.6129	1.3014	1.4410	0.2260	0.4734	0.9690	1.0561
	2017	1.6452	0.4788	1.0591	0.2405	1.5647	1.7445	0.6825	0.7835	1.2285	0.5876

资料来源：根据 UNCTAD 统计数据计算得出。

与欧美国家相比，2017 年中国在货物相关服务（RCA 指数为 2.9832）和建筑业（RCA 指数为 5.4181）的显性比较优势超过了绝大部分的欧美国家，而美国、德国、英国、法国、爱尔兰、比利时和意大利这些欧美国家在保险、金融和专利特许使用费上的显性比较优势超过中国，尤其是英国的保险（RCA 指数为 2.7074）和金融（RCA 指数为 2.5243）、美国的专利特许使用费（RCA 指数为 2.2995），其 RCA 指数远远领先于世界平均水平，具有较强的国际竞争力。可见，中国具有显性比较优势的服务行业主要表现为资本技术含量相对较低且附加值低的劳动密集型行业，而欧美国家的显性比较优势行业主要集中于技术含量较高且附加值大的知识技术密集型行业。中国的服务贸易发展不平衡，而美国、德国、英国、法国、爱尔兰和比利时在各个服务贸易分部门中均具有较强的竞争优势。

与亚洲国家相比，2017 年中国在货物相关服务和建筑业的显性比较优势也明显超过了日本、印度和新加坡。新加坡在保险与金融上具有较强的竞争力，RCA 指数分别为 1.5647 和 1.7445，超过亚洲其余国家。印度在通信、计算机和信息服务，其他商业服务商具有很强的竞争力，RCA 指数分别为 2.9944 和 1.4609，领先于世界平均水平，这与近年来印度的软件开发、计算机通信和服务外包的高速发展密切相关，从而推动了服务贸易竞争力的增强。

2. 贸易竞争力指数。

从表 3 - 6 的计算结果来看，中国货物相关服务、建筑、金融、通信、计算机和信息服务、其他商业服务的 TC 指数为正，表明这些服务业在国际市场上有一定的竞争力，尤其是货物相关服务和建筑 TC 指数分别高达 0.8149 和 0.3911。2005 ~ 2017 年，中国金融、通信、计算机和信息服务、其他商业服务的 TC 指数均呈现出上升趋势，这反映出我国服务贸易正不断向资本、知识技术密集型行业转型，这与中国近年来服务外包的大力发展和"干中学"、技术外溢的影响密切相关，并与中国其他商业服务的快速发展相适应。TC 指数为负值的有运输、旅游、保险、专利特许使用费，以及个人、文化和娱乐服务，说明这些服务部门贸易呈逆差，是中国近年来持续增长的服务贸易逆差的来源，且旅游是逆差最大的来源。值得注意的是，2005 ~ 2017 年，中国运输和旅游业的 TC 指数呈现出下降趋势，至 2017 年分别为 - 0.4294 和 - 0.7357，表明中国运输和旅游业的竞争优势在逐渐减弱，但是这些部门在我国出口比重中占据较大份额，充分说明中国以传统劳动、资源密集型服务为主的贸易模式较不合理，传统优势的下降直接导致了中国服务贸易国际竞争力的薄弱。在中国，专利特许使用费的竞争力相比较于其他服务业表现得很弱，TC 指数为 - 0.7143，最接近于 - 1，从侧面反映出该部门处于起步阶段，还有很大的上升空间。

表 3 - 6　　　　　　　中国服务贸易分部门 TC 指数及国际比较

国家	年份	劳动密集型				资本密集型		知识技术密集型			其他
		运输	旅游	货物相关服务	建筑	保险	金融	专利特许使用费	通信、计算机和信息服务	其他商业服务	个人、文化和娱乐服务
中国	2005	- 0.2969	0.1476	0.9994	0.2311	- 0.8582	- 0.0467	- 0.9425	0.0224	- 0.0793	- 0.0698
	2011	- 0.3868	- 0.1993	0.9858	0.5959	- 0.7348	0.0642	- 0.9038	0.4684	0.0678	- 0.5299
	2017	- 0.4294	- 0.7357	0.8149	0.4727	- 0.4402	0.3911	- 0.7143	0.1830	0.1790	- 0.5677
美国	2005	- 0.1795	0.1184	0.4332	0.0695	- 0.5829	0.5337	0.4886	- 0.0146	0.2370	0.3576
	2011	- 0.0096	0.2543	0.3324	0.0285	- 0.5729	0.6368	0.5473	- 0.0579	0.1540	0.1308
	2017	- 0.0691	0.2190	0.5204	0.0200	- 0.4747	0.5824	0.4291	0.0263	0.1987	0.0552
德国	2005	- 0.0993	- 0.4362	0.0534	0.0000	0.0271	0.3586	- 0.1128	- 0.0532	- 0.0685	- 0.4957
	2011	- 0.0904	- 0.3767	0.1786	—	0.3015	0.2627	0.1832	0.0258	- 0.0626	- 0.4401
	2017	- 0.0356	- 0.3820	0.0057	0.0637	0.2750	0.3386	0.2232	0.0518	- 0.0107	0.2628

续表

国家	年份	劳动密集型				资本密集型		知识技术密集型			其他
		运输	旅游	货物相关服务	建筑	保险	金融	专利特许使用费	通信、计算机和信息服务	其他商业服务	个人、文化和娱乐服务
英国	2005	0.0321	-0.3411	0.6643	0.0152	0.6300	0.6276	0.2074	0.2214	0.3079	0.2860
	2011	0.0787	-0.2430	0.6364	0.1311	0.7296	0.7010	0.2144	0.2264	0.2670	0.1450
	2017	0.1538	-0.1649	0.3757	0.1493	0.8187	0.5925	0.2681	0.2732	0.3494	0.0747
法国	2005	—	—	—	—	—	—	—	—	—	—
	2011	-0.0102	0.1024	0.3101	0.2036	0.2666	0.2534	0.1863	0.0277	0.0350	-0.0941
	2017	-0.0239	0.1885	0.0254	0.2226	-0.1382	0.2794	0.0516	-0.0053	0.0226	0.0858
爱尔兰	2005	—	—	—	—	—	—	—	—	—	—
	2011	0.4831	-0.2294	0.2839	0.0000	0.1473	0.2013	-0.7816	0.9113	-0.3940	0.2605
	2017	0.5218	-0.0782	-0.3658	-0.5936	0.1667	0.0722	-0.7478	0.8791	-0.3256	0.0533
比利时	2005	—	—	—	—	—	—	—	—	—	—
	2011	0.0998	-0.2353	0.5597	0.0918	-0.1015	0.1969	-0.0667	0.1427	0.0587	-0.1673
	2017	0.0354	-0.2475	0.2379	0.0179	0.0794	0.1204	-0.0160	0.1375	0.0246	0.0261
意大利	2005	-0.1786	0.2244	0.1516	0.6705	-0.2396	-0.2140	-0.2625	-0.0743	-0.0671	-0.3576
	2011	-0.2812	0.2003	0.1463	0.1023	-0.3417	-0.1075	-0.2419	-0.0718	-0.0569	-0.2923
	2017	-0.2497	0.2291	0.1452	0.6312	-0.3382	-0.2717	-0.0488	-0.0518	-0.0432	-0.5418
日本	2005	-0.0598	-0.5022	-0.8948	0.2041	-0.3793	0.3043	0.0925	-0.3356	-0.1553	-0.8402
	2011	-0.0853	-0.4255	-0.8815	0.1743	-0.6083	0.1026	0.2053	-0.4521	-0.0961	-0.7197
	2017	-0.0800	0.3040	-0.7263	0.1120	-0.4824	0.2173	0.3236	-0.4745	-0.2211	-0.0750
印度	2005	-0.6694	0.0955	—	-0.2703	-0.5924	0.1362	-0.5307	0.8391	0.1459	0.0286
	2011	-0.5333	0.1276	0.0000	-0.1495	-0.4127	-0.1408	-0.8061	0.8729	0.2107	-0.0007
	2017	-0.5414	0.1948	-0.2434	0.3025	-0.4378	-0.1276	-0.8161	0.7992	0.2563	-0.1879
新加坡	2005	-0.0216	-0.2372	0.8751	0.4538	-0.1880	0.6681	-0.8950	-0.0422	-0.0997	-0.2148
	2011	0.1226	-0.0887	0.8292	0.3334	-0.0795	0.6602	-0.8482	-0.0642	-0.1018	0.0838
	2017	-0.0404	-0.1094	0.8015	0.2300	0.0433	0.6321	-0.2996	-0.0655	-0.1599	0.1939

资料来源：根据 UNCTAD 统计数据计算得出。

在欧美国家中，2017 年，美国在货物相关服务、金融、专利特许使用费上的竞争力较强，TC 指数分别为 0.5204、0.5804、0.4291。德国、英国、法国和比利时在大部分服务业细分部门中表现出较为明显的比较优势。爱尔兰在运输、通信、计算机和信息服务上具有竞争优势，TC 指数分别为 0.5218 和 0.8791。意大利在建筑服务业上竞争优势明显，TC 指数为 0.6312。在亚洲国家中，印度通信、计算机和信息服务 TC 指数 2017 年高达 0.7992，领先于世界平均水平。新加坡货物相关服务和金融业 TC 指数 2017 年高达 0.8015 和 0.6321，这与新加坡发达的港口经济和金融业相适应。

第二节　中国服务贸易国际竞争力的影响因素

根据上述 RCA 指数和 TC 指数对服务贸易总体国际竞争力的分析，我们可以看到，中国服务贸易竞争力较弱，竞争优势较低，与欧美国家相比存在较大差距，与日本、印度和新加坡等国家的差距也逐渐增大。从分部门来看，各服务业国际竞争力差别较大。随着劳动力成本的上升，中国运输和旅游等传统服务部门的竞争优势正在逐步萎缩，但是这些部门在我国出口比重中占据较大份额，是我国服务贸易逆差重要的来源，尤其是旅游。中国在货物相关服务和建筑业的竞争优势超过了绝大部分的欧美国家和亚洲国家，在金融，通信、计算机和信息服务，其他商业服务等高附加值行业竞争优势日趋突出但规模较小，这将成为提升中国服务贸易国际竞争力的新兴力量，但中国在保险、专利特许使用费等资本、知识技术密集型中的行业国际竞争力处于明显劣势。

随着中国经济结构的转型升级，服务业规模不断扩大，日益成为社会经济持续发展和转型升级的强劲引擎，服务贸易在全球价值链分工体系中发挥着越来越重要的作用。另外，随着国际分工的深化，传统的产品分工已经转化成不同生产环节和要素的价值链分工，服务外包、中间品贸易成为大势所趋。一国的产业竞争力不仅取决于内生优势，更与该国产业参与价值链程度及其在价值链中的位置密切相关。因此，全球价值链下如何提升中国服务贸易的国际竞争力尤为重要。那么，影响一国服务贸易竞争力的重要因素主要有哪些？

一、高技术服务人才

波特将生产要素分为初级生产要素和高级生产要素两类，其中初级生产要素主要包括自然资源、气候、地理环境和非技能劳动力等，而高级生产要素主要包括现代化的信息技术设施、高级专业化人才、尖端的研究机构等。初级生产要素是一国既定的先天条件，不易发生改变，且随着现代科学技术的发展其重要性在不断下降，高级生产要素则需要通过长期投资和开发才能创造出来，已逐渐成为制约一国产业竞争力上升的关键因素。从价值链的角度来看，拥有高级要素投入的资本、技术知识密集型行业位于价值链的高端环节，它对服务升级作用日趋显著。随着中国劳动力成本的增加和东南亚国家的低价格竞争，中国劳动力成本低廉的优势不再明显，中国传统产业优势正在慢慢弱化。与欧美发达国家相比，中国高级人才缺乏，人力资本状况处于不利地位，人力资本的质量不高，知识技术水平低，直接导致中国在附加值高的保险、金融、专利特许使用费、通信、计算机和信息服务等资本知识密集型服务贸易中处于劣势地位。高技术服务人才的缺乏是抑制中国服务贸易发展的主要瓶颈，也阻碍了中国服务业在新兴服务领域的发展。

二、一国经济的发展水平

一国经济的发展水平与服务贸易的发展有着相辅相成的作用，经济发展水平高，可以对服务贸易的发展产生巨大的推动力，服务贸易发展到一定高度，也会反哺一国经济的发展，成为推动经济发展的重要因素之一。经济发展水平较高的国家往往伴有良好的市场运作环境，有着规范的市场秩序和完善的法律法规，良好的经济体系和规范的市场秩序能为服务贸易提供良好的发展环境，服务贸易才会呈现一片欣欣向荣的景象。在早期的GDP考核导向下，地方政府为达到短期经济增长和财税增收的发展目标，往往偏重能够通过投资带动规模化生产的工业部门，通过采用降低税收、扭曲劳动力或土地等要素价格等方式对制造业部门长期给予优惠待遇，从而容易造成一国资源配置的不平等和服务业发展缓慢。发展中国家，往往是粗放型经济增长方式，使得各地区或各部门之间没有形成合理的劳动分工，制造业和生产性服务业没有很好地实现分离，制造业部门的服务内置化现象较为严重，也间接影响了服务业要素的流动和分工聚集。这导致服务产品的生产和供应效率相对较低，最终不利于提升一国服务业在国际市场上的竞争力。

三、对外开放程度

作为全球经济的重要组成部分，中国的经济发展不可能离开世界经济而单独存在，同样，中国服务贸易的发展与国际服务贸易的发展也息息相关。对外开放后，国家间可以取长补短，并且通过借鉴国外服务贸易的发展历程，积极推动我国服务贸易的发展，同时，对外开放会进一步强化国际服务贸易与我国服务贸易的竞争关系，只有在竞争中才能取得更大的发展，而这些都需要建立在经济对外开放的基础上。

目前，中国服务业在对外开放方面处于相对落后的状态。根据 OECD 公布的 2018 年服务贸易限制指数显示，中国在绝大部分领域的服务贸易限制性指数均高于其他服务贸易大国，例如，会计、电影、电视广播、音像、电信、快递、商业银行和保险等，服务贸易限制性指数涉及的受限制最少的领域分别为设计、工程、公路运输、铁路运输和分销，如图 3-2 所示。从图 3-2 可以看出，与其他服务贸易大国相比，中国服务业对外开放水平较低，仍有较大的拓展空间。当服务贸易对外开放水平较低时，不利于中国具有供给优势的要素密集型服务需求的扩张，而这将会阻碍国内企业持续调整自身的投入产出组合；同时，开放程度低下也可能会阻碍国内服务企业使用种类更多、效率更高、质量更优的进口中间服务投入，此外，外来竞争的缺乏也不利于倒逼本土服务企业推进商业模式、管理模式的创新，动态地调整企业组织结构，使得中国服务供给难以向国际先进技术前沿靠近，无法生产更多可密集使用中国有供给优势且适应市场需要的服务，也无法促使中国静态的比较优势向动态的国际竞争优势的转变，从而阻碍了中国的要素禀赋和比较优势作用的发挥，进而不利于增加服务出口国际市场份额、优化贸易结构以及实现净出口扩大。

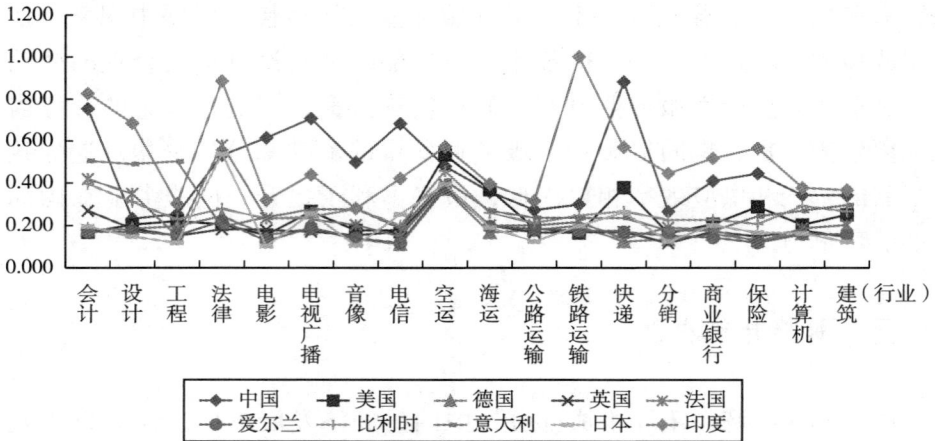

图3-2 2018年中国与其他服务贸易大国服务贸易限制指数比较

注：服务贸易限制指数的值介于0和1之间，1是指限制性最高。计算这些数值的依据是经合组织服务贸易限制性指数监管数据库，该数据库包含对34个经合组织成员以及巴西、中国、印度、印度尼西亚、俄罗斯和南非的监管信息。服务贸易限制性指数数据库根据最惠国原则对各项措施进行记录。不考虑优惠贸易协定。空运和公路运输仅涵盖商业机构（包括人员流动）。

资料来源：根据OECD数据库绘制。

在全球价值链服务化背景下，信息通信技术、金融和运输等国际服务成为协调跨国生产网络的关键中间投入品，封闭保护的服务业市场则会阻碍本国企业在全球价值链中地位的提高。而在全球服务业国际化进程中，我国的服务业起步晚，相比工业部门，服务部门的市场开放还远远不够，民营资本进入垄断性服务行业仍会面临较多的行政性限制，多样化经营主体充分竞争格局尚未形成，这无疑制约了行业整体生产效率和创新。对垄断服务行业竞争环节的价格管制现象仍较为突出，尚未形成与服务业市场开放相适应的市场决定价格的机制。

四、相关支撑产业联动效应

波特的"产业集聚"理论强调，相关支撑产业之间相互扶持、共谋发展，一个具有优势的产业必定是与国内其他相关强势产业一同崛起的。货物贸易的发展与运输、物流、计算机和信息服务、保险、金融等行业的发展和完善密不可分，而这些是构成服务贸易的重要内容，因此，以制造业为主的货物出口对服务贸易具有一定的带动作用。制造业是我国实体经济的一大支柱型产业，也是我国国民经济发展的重要组成部分。服务业作为我国经济发展的一大推动力，与制造业存在着相互竞争的关系，但也能相互促进发展，只有制造业为社会提供了足够多的商品，服务业才能健康的发展，同时服务业的快速发展也会增加消耗商品，促进制造业的发展，制造业和服务业互为支撑、密切相连，为中国经济的发展提供强大的推动力。但由于我国服务业发展水平较低，制造业与服务业相脱节，货物贸易与服务贸易发展较不平衡，货物贸易对服务贸易的联动效应还不明显，甚至服务业对我国货物贸易的发展还有制约作用。

从价值链的角度，生产性服务业属于高级要素投入，位于价值链的高端环节，它对制造业服务化的升级作用日趋显著。一方面，生产性服务业作为制造业的中间投入要素，其知识含量更高、创新能力更强、技术更密集，且直接作用于制造业的生产过程，加快促进产业结构升级；另一方面，生产性服务业作为上游产业，通过其内嵌的知识、技术、设计、管理等核心要素可以推进中国形成自我服务的产业链。生产性服务业中的海运、空运、公路运输和铁路运输服务越发达，越容易降低运输成本和生产交易成本，从而可以节省企业更多资金投入到产品研发创新中去；完善的金融服务、活跃的资本市场也有利于企业开展自主研发活动；信息服务业越发达，越有利于企业及时准确地获取市场动态信息，便利其根据市场需求强化营销渠道建设。生产性服务业通过参与设计研发、品牌营销等活动最终实现产业转型升级，从而推进我国服务业的快速发展。

第三节　提升中国服务贸易国际竞争力的启示

在全球服务经济国际分工新格局和制造业升级换代的推动下，全面促进服务业和服务贸易发展已成为引领中国经济新常态、实现中国经济中长期发展的主要驱动力。自2000年以来，中国服务贸易发展迅速，增加值出口结构逐步优化，国际竞争力不断增强，但国际比较的结果表明，中国服务贸易总体发展水平仍然较低。为推动服务贸易发展，提升服务贸易竞争力，政府需要重视以下问题。

一、抓住"一带一路"的发展机遇，提升服务贸易在国家发展大局中的地位

世界服务贸易大国皆为服务业占其主要经济地位的发达国家，因此，要顺应世界经济服务化的趋势，加大对服务业的重视程度，投入更多资源发展服务贸易。一个国家服务业的发展水平从根本上决定了该国服务贸易的发展水平，只有高质量的服务产品，才会有广阔的国际市场，吸引更多的进口。要把服务贸易作为我国新一轮改革开放的主要内容和参与国际经济合作中的主要领域，加强"一带一路"沿线国家服务贸易合作，避免"一带一路"中的服务贸易短板。"一带一路"沿线区域是国际服务贸易交流合作发展的良好平台，中国必须抓住这次机遇，在保险、专利特许使用费、个人、文化和娱乐服务等弱势行业上与沿线国家开放交流，吸取经验，同时，稳固货物相关服务、建筑、运输等劳动密集型传统服务的已有优势，扩大通信、计算机和信息服务，其他商业服务等出口，缩小服务贸易逆差，维持贸易进出口额的基本平衡，积极与沿线国家进行全方位、多层次、宽领域的服务贸易合作互动，从而根据国际市场需求优化进出口服务的产业结构，顺应世界格局实现优势发展。通过政治上的通融、政策上的便利、贸易上的自由，使"一带一路"沿线区域成为规范公正的经济合作平台，最终实现我国从贸易大国迈向贸易强国的伟大目标。

二、重视人力资本和科研的发展，促进服务贸易结构调整

在全球价值链背景下，推动服务企业借助全球生产网络培育新的竞争优势，从依靠要素的成本竞争力转向利用全球生产要素融合的价值链竞争力，促进本国服务业从劳动密集型向资本、知识技术密集型行业转型升级，推动服务贸易竞争力的提升。

第一，加强人力资本、研发创新等高级生产要素投入，提高服务质量。以劳动者素质为代表的人力资本水平是一个国家服务部门的劳动生产率和国际竞争力的决定因素。人力资本水平越高，相对效率越高，加工出来的贸易产品可以获取更大的利润，从而促进与其他产品的竞争。我国人口众

多，迫切需要改变数量优势为质量优势，对于劳动力的培养计划和人才建设应放在计划表的前列，多培养一些专门的技术型人才，提高劳动生产率，督促服务企业不断进行创新，唯有创新型企业才能满足当今多样化的需求市场。

第二，增强现代服务贸易部门实力，促进服务贸易结构调整。近年来，我国现代服务贸易部门发展迅速，通信、计算机和信息服务贸易和其他商业服务贸易的发展潜力较大，竞争优势的变化有利于我国服务贸易结构调整和增强服务贸易竞争力。当前需要大力培养现代服务业人才，加大教育和科研投入，改善现代服务业的基础设施状况，营造良好的现代服务业发展环境，促进通信、计算机和信息服务进一步发展，增强现代服务贸易部门实力，加快供给侧结构性改革，充分发挥技术在服务贸易和服务业发展中的动力作用，提高产品的出口附加值，加快贸易结构调整与优化。要加快技术密集型服务业发展，增强技术密集型服务业实力，促进高技术水平产品研发，加快技术研发成果转化，扩大服务贸易中技术产品出口，缩小服务贸易逆差，改善服务贸易发展不平衡现状。

三、促进服务业对外开放，合理引导外资流向

中国服务业发展较晚，与发达国家相比发展水平较低，甚至还不及一些发展中国家，贸易开放程度也较低，特别是新兴服务业。

第一，应做好管理与服务，通过服务业开放政策和产业扶持政策为服务业和服务贸易发展创造良好的市场环境，让更多的企业参与到国际竞争中。我国在一些服务行业尤其是新兴服务业对外开放力度不够，对于我国服务业的长期发展是非常不利的。政府及有关部门应切实加大这些行业的开放力度，在融入全球价值链过程中多层次、逐步推动服务业开放，渐进式消除服务贸易壁垒，稳健推行服务贸易创新试点，加快培育金融、保险和计算机信息服务等高附加值行业，改善我国服务贸易长期处于结构低端的现状，真正实现服务产业结构优化升级。抓住"一带一路"倡议的机遇，充分推动沿线国家建立双边自贸协定，促进与沿线国家在金融、教育、医疗等服务领域的开放与交流。充分发挥服务贸易创新试点城市及上海、广东、天津、福建四大自由贸易试验区在全球价值链重塑中的先导作用，争

取在试点城市推行服务业对外开放方面的先行先试，先行探索服务贸易跨越式发展的新路径；加大制度创新力度努力建设以服务业开放为先导的综合型自由贸易区，全面提高我国服务业参与全球资源配置的能力。

第二，大力承接服务贸易离岸外包，促进对外贸易增长方式的转变。服务贸易离岸外包在促进服务业开放度提高中具有重要作用，要鼓励服务外包企业大力承接服务贸易离岸外包，给予服务外包企业相应的政策和资金支持，完善服务外包的相关法律和制度，建立服务外包信息平台，促进国内服务外包产业发展，以服务外包为新的贸易增长突破点，增加高技术附加值产品出口，提高服务贸易出口质量，促进对外贸易增长方式的转变和服务贸易规模的扩大。

第三，合理引导外资流向。外商直接投资是促进服务业开放的重要因素。提升服务业对外开放程度，引入国外竞争机制，促进市场环境和国内市场要素现状的改善，提高资源配置效率，构建开放型经济新体制，扩大经济发展空间。要注重高附加值和高技术水平的新兴服务业发展，合理引导服务业外商直接投资流向，引导外资流向高附加值新兴产业，全面提升我国服务业的发展质量。例如，允许外国速递公司参与跨境贸易，提供从中国境外向国内的速递服务。在广播行业，允许外国和当地公司成立的契约式合资企业制作电视节目等。

四、充分发挥货物贸易对服务贸易的带动作用

长期以来，我国货物贸易保持着巨大的顺差，但服务贸易却长期维持逆差，货物贸易与服务贸易发展严重不平衡。货物贸易的发展离不开运输服务、金融服务、保险服务、通信服务以及计算机和信息服务等，但由于我国服务业发展水平较低，货物贸易对服务贸易的带动作用还不明显，甚至服务业对我国货物贸易的发展还有制约作用。为了促进我国的服务出口，必然要让货物贸易来带动服务贸易的发展。如果能够形成一种良性的互动效应，那么，货物贸易和服务贸易将出现相互促进的局面。一方面，充分借鉴促进货物贸易发展的宝贵经验，创建服务业发展的良好环境，加大对于服务业的投资力度，鼓励服务领域的技术创新，从而不断提高服务业的发展水平和国际竞争力。另一方面，要重视货物贸易结构的优化升级和贸

易商品技术含量的提升，并引导服务业和制造业的有机结合，不断提升制造业产品的增加值，从而充分发挥货物贸易对于服务贸易的促进作用。目前，中国虽然是货物贸易出口大国，但大多数企业提供的是中低端生产性服务，中高端服务的供应能力不足，使得一些生产性服务贸易被外包出去，抑制了货物贸易对生产性服务业发展的拉动效应。中国应加强对中高端生产性服务业的扶持，减少生产环节中间投入的外包，增强货物贸易出口对生产性服务贸易发展的联动关系，从而提高国际竞争力。

五、打造"中国服务"品牌

增加服务贸易附加值、提高服务质量、实现全球服务价值链的高端跃升是中国未来服务贸易的发展方向。要利用多种手段整体塑造中国服务的国际品牌形象，加强国际宣传推广，让世界各国消费者认识、了解中国服务。加强中国服务的标准化建设，以标准化提升中国服务的品牌知名度和美誉度。创立和发展"中国服务"品牌的评价体系和政策支持体系。

第四章

全球价值链提升与中国
发展方式转变

第一节　全球价值链中的制造业服务化

如今，服务在经济活动中的重要性毋庸置疑，服务业在很多国家的 GDP 中都占有较高的比例，同时，服务贸易也成为国际贸易中越来越重要的一部分。一件参与市场交易的商品有很大一部分是与服务有关的"无形价值"。服务可以像货物与一样，以不同的方式出现在产品生产周期中，它们可以作为中间投入参与货物生产，也可以作为直接产出进行消费。服务的全球碎片化日益明显，生产过程中服务的投入已成为全球价值链中重要的组成部分。服务在全球价值链中的重要性也随着对全球价值链核算方法的改进逐渐清晰。按照经合组织（OECD）和世界贸易组织（WTO）增加值贸易联合数据库（TiVA）统计，2017 年，全球贸易总出口中服务业增加值的占比为 46%，已经超过制造业增加值的占比 43%。中国商务部《全球价值链与中国贸易增加值核算研究报告（2014 年度）》也显示了服务贸易在全球价值链中发挥着重要作用。以 2012 年为例，我国每 1 000 美元服务出口拉动的国内增加值为 848 美元，比每 1 000 美元货物出口拉动的国内增加值高出 227 美元。由此可见，虽然目前中国服务出口占比低于货物出口，但单位服务出口中所含的国内增加值已经高于货物出口，对价值链的贡献不可小视。

当前，很多服务成为某一特定产品的全球价值链上不可或缺的中间投入品，它们主要分布于价值链的两端，生产制造环节的上游和下游环节。由于制造企业越来越多地使用中间服务，制造活动和服务活动之间的界限已经变得越来越模糊，从而货物的出口中也包含着服务的成分。随着服务在制造业生产流程和销售流程中使用的增加，这种服务嵌入制造业的现象被称为制造业的"服务化"。20世纪下半叶以来，众多西方发达国家经济重心从制造业向服务业转变，通过服务业的发展增强制造业的竞争力，努力实现从"工业型经济"向"服务型经济"的转变。当前，我国经济已由高速增长阶段转向高质量发展阶段，推进制造业服务化是推动高质量发展的题中应有之义。

一、制造业服务化的含义和发展动因

（一）制造业服务化的含义

范德默维和拉达（Vandermerwe & Rada，1988）首次提出制造业服务化概念，并将制造业服务化理解为企业围绕顾客需求，将包含物品、支持、自我服务和知识等的"包"提供给顾客。此后，制造业服务化迅速成为国内外研究的一个热点。赖斯金（Reiskin，1999）认为，为了适应经济服务化的趋势，制造商要逐渐从提供商转向服务供给商。伯格和莱斯特（Burger & Lester，1997）、斯扎拉韦茨（Szalavetz，2003）纷纷指出，制造业服务化或者说服务增强型制造业代表了先进制造业的发展方向和潮流。刘明宇、芮明杰（2009）认为，加快生产性服务业与制造业的动态互动，推动制造业服务化，是实现产业转型升级、向价值链两端延伸的有效路径。杨玲（2015）发现，OECD国家非常注重本国传统优势制造业发展，其在加快先进制造业发展过程中注重传统劳动密集型、资源密集型优势产业服务化转型以及资本密集型制造业产品和服务包的纵向服务化升级。刘斌等（2016）总结前人研究提出，制造业服务化是通过顾客的参与、服务要素的投入和供给，最终实现价值链中各利益相关者的价值增值。

从产业价值链角度来看，郭怀英（2013）把制造业服务化定义为服务在制造业价值链中所占比重不断提高、产品附加值不断提高的动态变化过程。刘继国、赵一婷（2006）立足于迈克尔·波特的价值链理论，拓展了斯扎拉韦茨（Szalavetz）对制造业服务化的二分法（内部服务和外部服务），将制造业服务化概括为投入服务化和产出服务化两层含义，并认为产出服务化是研究的重点。简兆权、伍卓深（2011）结合"微笑曲线"理论，提出制造业服务化包括沿着"微笑曲线"两端延伸的所有服务环节。

根据 WTO《2014 年世界贸易报告》，全球价值链可以分解为五个阶段，每个阶段生产性服务都以不同的形式存在。第一阶段为产品设计阶段，服务存在的形式是研发、工程服务、技术检测、设计服务、市场开发、通信以及计算机服务；第二阶段是制造环节，服务存在的形式是制造服务、管理咨询、交通服务、建筑物清理服务、通信、计算机服务；第三阶段为分销阶段，服务存在的形式是包装、出版印刷、运输服务、物流、仓储；第四阶段是销售，服务包括法律服务、会计服务、金融服务、广告、批发零售、贸易；第五阶段即售后服务阶段，包括的服务有金融服务、保险服务、租赁、维修、技术检验、信息服务。笔者认为，生产制造只是全球价值链的一个环节，而且增加值较低，容易被模仿，难以形成核心竞争力。而生产制造的上下游均属于服务范畴，增加值较高。推动制造业服务化，可以促进我国制造业企业向价值链上、下游延伸，提升我国制造业在全球价值链分工中的地位。

服务化是全球制造业价值链的主要增值点，是国际产业竞争的焦点，也是制造企业走向高端的战略必争领域。在新一轮工业革命中，面对新的产业格局，发达国家纷纷提出了相应的发展战略，重塑制造业竞争优势，如美国的"工业互联网"、德国的"工业4.0"，以及日本的"机器人战略"，均强调通过信息技术与制造业的高度融合以及智能化制造，实现生产型制造向服务型制造的转变，巴西、印度等新兴国家也先后出台政策抢占制造业中低端市场。面对制造业向发达国家"回流"和新兴国家"分流"的双向压力，2015 年国务院提出了"中国制造2025"，明确指出："要加快制造与服务的协同发展，推动商业模式创新和业态创新，促进生产型制造向服务型制造转变。"2015 年 6 月，李克强总理到工业和信息化部视察就如何落实好"中国制造2025"时明确指出，生产性服务业是制造业转型升级的重要支点，是中国装备走向世界的重要支撑，是产业价值链提升的必由之路。如图 4-1 所示。

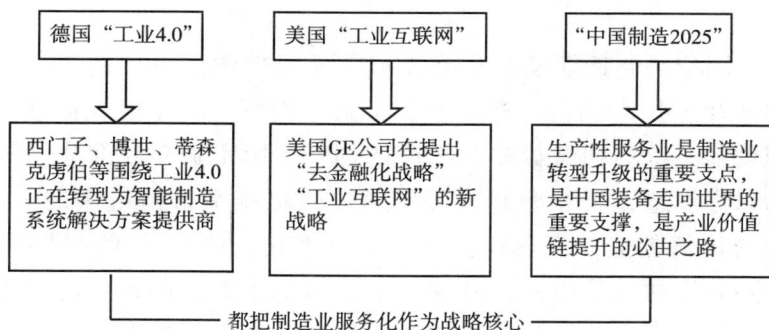

图 4-1 制造业服务化成战略核心

资料来源：连南杰. 制造业服务化提升产业价值链 [J]. 中国工业评论, 2015 (11).

制造业化服务本质是一种范围经济，这种范围经济来自企业资产的通用性。实践表明，制造业服务化转型的关键在于企业知识资产的稀缺性、不可模仿性和共享性，因此，只有那些拥有高质量的技术资源、人才资源、管理资源、品牌资源、渠道资源、客户资源，并持续推进组织流程创新、商业模式创新的企业才能成为制造业服务化的领先者。

（二）发展动因

制造业服务化包括投入服务化和产出服务化。投入服务化是指制造业中间投入从实物要素向服务要素逐渐转变的过程，是优化制造业投入要素和提升国际分工地位的重要手段。产出服务化是指制造业产品中服务比重越来越大，服务产品在制造业的全部产出中占据越来越重要的地位。制造业服务化是如何形成的？据分析，主要有下列因素。

1. 服务化战略是制造企业创造差异化优势的重要手段。

在传统的成本取向的制造业中，服务化战略是制造企业创造差异化优势的重要手段。由于服务是无形的，难以被模仿，客户的依赖度又较高，能够获得较长时期的差别化竞争优势，因此，制造业企业为了获取竞争优势，往往以加工制造环节为起点，向研发、营销、品牌、涂装等服务环节延伸。关注客户需求，拓展服务领域，提高服务能力，可以和竞争对手进行有效区分，提升制造企业在市场竞争中的攻防能力。

2. 服务型制造是加快转变发展方式、培育壮大经济发展新动能的重要举措。

服务型制造是制造业实现创新发展、质量效益型发展的集中体现。服务型制造涉及了技术创新、产品创新、服务创新、商业模式创新、管理创新、组织创新、市场创新等多个维度的创新。IBM 研究咨询公司将服务型制造称为软性制造，服务型制造可以通过强化制造价值链中的人力资本、知识资本的价值创造，实现经济增长的软性化，改变国民经济增长方式。近年来，随着原材料价格的上涨和人力成本的上升，制造业的成本越来越高，已经较低的利润空间再度被挤压，传统的加工制造业的发展空间越来越窄。另外，与服务业相比，传统制造业对能源、资源消耗强度高，环境污染严重，世界性的能源、资源短缺，加上各国对环保的日益重视，都迫使高消耗、高污染的制造企业向服务业进行转型发展。对于中国制造而言，发展服务型制造有利于打破困扰多年的低水平重复建设、低成本竞争导向和产能过剩的魔咒，引导市场向差异化、多元化、质量效益导向的发展模式转变，有利于实现中国制造向中国创造、中国速度向中国质量、中国产品向中国品牌三大战略转变。

3. 制造业内在价值链的延伸使得服务成为新的增值环节。

技术进步、分工深化和管理方式的变革引起对服务的中间需求的扩展。这种对服务的中间需求大部分与商品的生产、流通和消费信息的搜集、处理、加工和生产有关。因此，这种需求所带动的服务业的发展必将导致工业生产组织结构变革和分工的深化，一些服务环节将随着服务业效率的提高在专业化基础上从工业生产体系中分离出来，尤其是信息、咨询、策划、会计、法律、金融、物流、设计、广告等门类众多的现代服务。由此，制造业的价值链得以延伸。在国际分工深化和产业价值链延伸后，原先一个产品由一个企业进行的从产品研发和设计到售后服务全价值链活动的经营模式被打破，一些企业根据自身的长处，专门从事产业价值链中的某一环节，以赢得市场的竞争优势。也有一些制造企业看到制造业价值链延伸带来的服务相关业务拥有巨大的市场需求，从而对其进行深度开发，扩大利润来源。

4. 产业链价值重心向"微笑曲线"的两端转移，吸引制造企业向服务转型。

数字经济正深刻地影响着我们所处的时代，改变着我们现有的经济运行模式。"扁平化、去中心化"堪称一场革命。现代通信互联网技术的发展，极大地整合了全球资源、降低了交易成本，使得制造产业链各环节的全球优化配置逐步成为现实。作为制造企业，主动面对这一变革和趋势，从关注产品到关注服务、关注解决方案提供能力进行转变是时代发展与变革的需要，其重心从制造产品向创造价值转变，这个价值就来自服务，来源于客户的满意，而不仅仅是产品销售。从"微笑曲线"上来看，企业所创造的价值更多是来自研发、营销以及品牌和服务等价值链两端的生产性服务业。

5. 制造与服务高水平融合发展、协同互促将产生"1+1>2"的效应。

现代制造企业的制造与服务功能的日益融合使产业边界逐渐模糊，制造业和服务业的关系日趋紧密。从制造业发展看，其研发、设计、市场推广、物流、涂装等过程中的每一个环节都伴随着服务的需求，服务的投入不断增加。从服务业发展看，金融、风险投资、物流、制造技术等专业中介服务正加速向制造业的前期研发、中期设计、融资和后期信息反馈等全过程渗透。制造业越发达，对服务的市场需求越大，相关的生产性服务业就越发达；而生产性服务业发达，制造企业可以业务外包，从而更专注核心环节，发展服务型制造可以有效提升制造业对生产性服务业中间投入的需求，从而为生产性服务业发展带来广阔的增长空间；制造与服务的互动融合使得两者形成互为支撑、协同发展、互助共赢的效应。

6. 信息化的技术支撑。

在制造业服务化的演进过程中，以互联网、物联网、云计算等新一代信息技术为代表的信息化网络是不可或缺的基础条件，是收集、存储、传输、处理数据资源，提供服务价值的关键支撑，尤其是在核心技术服务化、业务单元服务化等高级模式中，信息化网络的作用就更加突出。信息化网络把服务向业务链的前端和后端延伸，扩大了服务范围，拓展了服务群体，并且能够快速获得用户的反馈信息，能够不断优化服务内容，持续改进服务质量，如即时服务、智能服务、差异化服务等。互联网使服务可以跨越时空，生产和消费之间的传统渠道逐渐被互联网替代。制造业服务化并不是"去制造业"，而是制造企业根据企业实际和行业发展环境增强自身竞争力的理性选择，其根本目标在于拓展企业价值链，提升产业附加值和品牌效益。

二、制造业服务化与全球价值链升级

（一）制造业服务化对价值链升级的影响

生产性服务业与制造业的融合主要有两种模式：一是互补式融合，生产性服务业以互补方式渗透到制造业的价值链，使制造业产品成为兼具制造和服务功能的新产品。在这种模式下，制造企业根据消费者的需求，在提供产品的同时，打包提供与产品相关的服务功能，从而比其他竞争者更有吸引力。二是延伸型融合，基于生产性服务业与制造业上下游产业的关联性特征，生产性服务业向制造业价值链上游技术研发、产品设计环节及下游产品广告、营销、售后等环节延伸。这种融合模式以客户需求为导向，拓宽了制造业业务辐射领域，增加的服务业务成为长期锁定客户的重要方式，增强了制造业企业市场的竞争力。制造业服务化通过生产性服务业与制造业的不断融合来优化资源配置，降低生产成本，提高企业生产效率，从而促进价值链升级。

从制造业运输服务化的视角，运输服务要素的投入可以加强企业与市场之间的联系，及时调整企业库存。阿罗和库尔兹（Arrow & Kurz，1970）等证实了交通运输作为企业生产投入的重要作用。从企业内部角度看，制造业运输服务化有利于企业有效地调整生产要素，减少出口交货的时间成本，降低出口风险和不确定性，提高生产率和产品附加值（Moreno et al.，2002；王永进等，2010）；从产业链角度看，制造业运输服务化可以加深企业间工艺流程的分工合作，优化供应链的空间布局，促进全球和区域性优势资源的有效整合，延伸产业链条和企业的"生产步长"，增加企业出口附加值。王永进和盛丹（2010）指出，制造业运输服务化可以节约出口交货时间成本，降低出口风险和成本，提升出口技术复杂度。

从电信服务化的视角，电子商务、"互联网＋"等服务要素投入有利于消除企业间的信息阻隔，提升价值链运作效率。制造业电信服务化的"价值链升级效应"可以从两个层面来理解：一是从企业角度，通过信息技术与制造技术的融合，将市场与厂商直接对接，降低了生产成本和营销成本，促进了企业利润的增加和国际分工地位的升级；二是从供应链的角度，供应链信息化有利于企业间信息共享和协同运作，消除各"节点"企业的信息阻隔，提升供应链的运作效率。

从金融服务化的视角，降低了企业融资成本，利用金融机构资源配置功能提高了制造业生产效率和全球价值链的分工地位。第一，与异质性贸易理论强调的类似，金融异质性是解释企业国际化行为的重要原因（吕越等，2015）。金融机构可以充分发挥"储蓄动员"功能，有效缓解企业的流动性约束，降低交易成本，提高企业的生产效率。第二，金融服务投入能够促进企业创新。金融机构通过为技术创新和研发投入提供所需要的资金支持，促进技术创新行为的长期化、稳定化和持续化。

从分销服务化的视角，制造业分销服务化是实现价值链升级和延伸的重要途径。分销服务存在的形式是包装、出版印刷、物流、仓储等，分销服务：一是可以有效缩短厂商与顾客之间的"距离"，增强其在产业链下游环节的参与程度，减少信息不对称而导致的生产盲目性，有效缩短出口企业和东道国的文化距离、制度距离和地理距离；二是改变了以产品为中心的生产模式，充分满足目标顾客的个性化需求，通过顾客体验式营销和参与式研发，为顾客提供"产品－服务"包的完整解决方案，最终实现目标顾客的锁定和产品价值增值（Correa et al.，2007）。

（二）制造业服务化促进价值链升级的内在机理

经济一体化和生产组织方式的变化使得服务逐渐成为提升当地及一国制造业附加值及全球市场竞争力的关键中间成分。制造业和服务业间的边界越来越模糊，之前从制造业价值链中分离出来的生产性服务，根据制造业价值链各环节的需求，在市场因素和产业关联的作用下，重新嵌入制造业相应环节中。生产性服务在与制造业价值链融合的过程中，向制造业价值链注入知识、技术等高等要素，提升了制造业生产效率和管理效率，带来了"$1+1>2$"的价值链整合效应，重构为新的更高附加值的产业价值链。

1. 制造业服务化优化资源的配置，促进制造业核心竞争力形成以及效率提升。

处在价值链低端的制造业，为了提升国际竞争力和分工地位，增加生产性服务要素投入，通过制造业投入服务化提高资源配置效率是一条重要渠道。从组织形式上看，制造业投入服务化深化的过程同时也是"服务外包"或"服务剥离"的共享经济过程，制造业企业将内嵌在产前、产中或产后的服务功能独立出来，转由外包给其他企业完成，而可以更专注于提升自身核心产品的技术水平和推进市场开发，并能从开放的国内外市场中以更低的成本购买专业化的研发设计等服务中间投入来提升其出口制成品的技术复杂度。出于专业化分工考虑，制造业企业将原本内置的服务部门剥离，外包给效率更高、成本更低的专业服务企业，专注于核心环节，大大提高了制造业内部资源配置效率（Amiti & Wei，2009）。

制造业发生服务化使得价值链的构成由企业的内部延伸到了企业外部。制造业的服务化使得制造业企业将不重要的价值环节外包给专门的服务性企业，集中优势在价值链的某一个区域，向着为客户制定个性化的解决方案的方向迈进，这就出现了不同的价值链分布格局，出现了不同的价值链区域构成的价值网。制造业企业在价值网的基础上，相关企业都能统一地进行沟通，通过数据库建立信息管理系统，通过互联网进行资源共享，通过电子商务进行经营运作。结合新兴技术的发展，企业在经营的各个环节进行服务化，提升了企业的生产率，增强了用户的满意度，增加了企业的竞争优势。随着制造业投入服务化的发展，运输、市场调研等服务要素投入可以通过加强企业与市场之间的联系，及时调整企业库存；电子商务、"互联网 +"等服务要素投入有利于消除企业间的信息阻隔，提升价值链运作效率；金融服务要素投入通过资金支持优化制造业要素结构，提高制造业企业的资源配置效率。企业资源配置效率的提高可以促进制造业技术的进步，提高制造业全球价值链地位。

2. 知识密集型生产性服务业提供的高级要素投入促使制造业创新能力提升。

生产性服务业是把知识资本和人力资本导入制造业中的飞轮，是制造业"聪明的脑袋"和"腾飞的翅膀"（刘志彪，2008）。知识、技术密集的生产性服务业，直接关系到制造业的要素投入结构和水平。研发设计服务要素可以提升制造业企业新产品开发能力，促进产品设计的高端化和综合化。科技成果转化服务通过整合现有资源，可以发挥企业创新主体功能，推进新技术、新产品以及新工艺的应用，加快创新成果产业化。大数据、云计算和物联网等信息技术服务要素推动了制造业的智能化和生产方式的创新发展，提升了企业全过程管理的数字化水平，极大地提高了企业的生产经营效率和技术创新能力。随着金融服务要素投入的增加，制造业企业面临的融资约束状况得到一定程度的缓解，能够以低廉的价格享受优质的金融服务，为企业进行技术创新活动提供资金支持，促进企业技术创新能力提升的稳定化和持续化。

制造业投入服务化有利于通过人力资本、知识技术等高级要素的溢出效应升华制造业的产品外延和服务内容，提升制造业的技术内涵和出口附加值。随着垂直专业化分工的深入，制造业生产过程的迂回程度日益提高，产业链不断延长，对知识资本等服务投入更为依赖，从而服务型资本品作为中间投入进入生产过程的深度和广度不断提高（顾乃华，2011）。制造业投入服务化尤其是知识资本密集型服务投入，可为制造业企业配置大量的现代知识要素，有利于向客户提供整体解决方案，并通过新思想和新技术变革优化现有服务流程，产生显著的技术扩散与知识溢出效应，推动制造业企业出口产品从低技术复杂度向高技术复杂度攀升，进而摆脱长期处于价值链低端而导致的价格竞争，提高自身在国际产业分工中的地位。

三、推动我国制造业服务化的对策思路

（一）加强顶层设计，树立制造业服务化发展理念

在我国制造业服务化推进过程中，一方面，要积极借鉴发达国家制造业服务化过程中的先进理念和经验；另一方面，结合我国国情，发挥后发优势，充分用好政府与市场这"两只手"，尤其是要发挥好政府在我国制造业服务化过程中的主导与引领作用。当前，我国生产性服务业发展仍存在结构矛盾和创新短板，其在价值链两端的作用没有得到充分发挥，导致了我国制造业在全球价值链的"低端锁定"。在未来，制造业价值链重构更应强调服务价值，增加制造业中生产性服务投入，促进制造业向研发、设计等高附加值环节升级，同时提高制造业产品服务含量，向品牌、营销及售后环节攀升，逐步逆转我国制造业长期以来处于价值链低端锁定的不利局面。

（二）培育技术品牌，为制造业服务化提供有力支撑

一方面，要不断深化体制机制改革，破除一切制约自主创新的思想障碍和制度藩篱，着眼于一批关系到当前我国经济社会发展的重大热点难点问题，在产业链、创新链、资金链等多个环节重点部署，加大投入，形成合力，力争在新材料、新能源、集成电路等领域有所突破，提升我国制造业的技术含量，为制造业服务化提供必要的技术支撑。另一方面，要引导企业走出盲目引进、简单代工误区，走自主品牌培育之路。要通过税收、金融、人才等一系列优惠政策，不断优化制造业服务化发展环境，对制造企业的科技创新、品牌建设工作予以引导和扶持，在全社会形成重品牌、重技术、尊重知识产权的氛围，为我国制造企业品牌建设保驾护航。

（三）打造制造业投入服务化的配套环境，为中国制造业全球价值链的攀升提供外部条件

首先，加强财税金融支持，重点加大对服务型制造关键共性技术、基础数据库和公共服务平台的支持；引导银行等金融机构创新产品和服务，大力发展供应链金融、项目融资担保服务，缓解企业转型的资金压力；鼓励社会资本参与制造企业服务创新，健全完善市场化收益，共享和风险共担机制。其次，依托重点人才工程，加大服务型制造人才培养和培训力度，重点培养和引进跨领域、复合型、创新型人才。再次，进一步加强知识产权的保护和管理，加大对研发设计等创新知识产权的保护力度，健全知识产权交易和中介服务体系，形成对制造业服务创新的正向激励。最后，加强服务型制造相关技术标准和服务标准建设，建立健全服务型制造相关统计调查制度，促进服务型制造健康、高质量规范发展。

（四）加快走出去步伐，增强中国制造的国际服务能力

首先，鼓励有条件的制造企业在发达国家设立研发机构，用好用足国内外的研发资源；鼓励有竞争力的制造企业在海外设立销售服务中心，大力拓展服务增值业务。其次，加大对国外制造企业品牌、技术、销售网络的并购支持力度，在品牌、技术融合方面给予相应的政策支持，进一步拓展我国制造企业产品和服务的市场空间。再次，加强制造业服务化的标准

化管理，提升服务的规范化、科学化，减少制造企业在服务提供过程中的不确定性，降低交易成本。最后，深入参与国际分工，大力发展制造业服务化外包业务，推动我国制造业服务化外包向高附加值领域拓展，不断提升我国制造业服务化的能力和水平。

第二节　全球服务价值链的内涵与发展

一、全球服务价值链的内涵

全球价值链理论最早由格里芬（Gereffi）提出，指在国际分工背景下，为创造并实现某种商品或服务的价值而连接生产、销售直至回收处理等全过程的跨企业网络组织，它包括所有参与生产销售活动的组织及其价值、利润的分配（Gereffi，2003）。

全球价值链的形成是经济全球化进程中的必然结果。贸易投资的自由化、便利化促进了国际分工的深化；信息技术的进步改变了企业的生产过程，使得信息在跨境协调生产过程中成本更低、更加便捷，推动了全球价值链的形成。全球价值链首先在制造业领域形成，随着经济全球化进程的推进，国际分工逐渐扩展到服务业领域，服务业的全球价值链也开始出现。

全球服务价值链指的是服务业的全球化分工，是以跨国公司为主导的、将服务分割为不同的生产任务、按照效益最大化原则分配到不同国家或地区而形成的服务业的全球性网络组织。服务业的全球化是近20年来出现的新现象和新课题。虽然制造业的全球化从19世纪初期就蓬勃发展，但服务的全球化是在20世纪70年代之后才开始加速。70年代初期，服务贸易约占全球出口总额的10%；1980年服务贸易占全球贸易总额的17.69%；2017年，服务贸易总额占全球贸易总额的16.44%。①

随着服务业全球分工的不断发展，服务价值链由国内延伸到国外，形成了全球服务价值链，即服务价值链中的需求分析、服务研发、流程设计、

---

① 资料来源：联合国贸易和发展会议，https：//unctad. org/en/Pages/Home. aspx。

模块分解、服务要素生产、服务生产与传递、售后服务等生产环节不再是局限于一个国家或区域内部，而是在全球范围内进行合理配置，如图 4 - 2 所示。如上游的需求分析、服务研发、流程设计、模块开发可以放到技术和知识储备雄厚的发达国家，下游的呼叫中心、系统维护等可以放到劳动力和土地成本较低的发展中国家，从而最大限度地降低服务生产和传递成本。

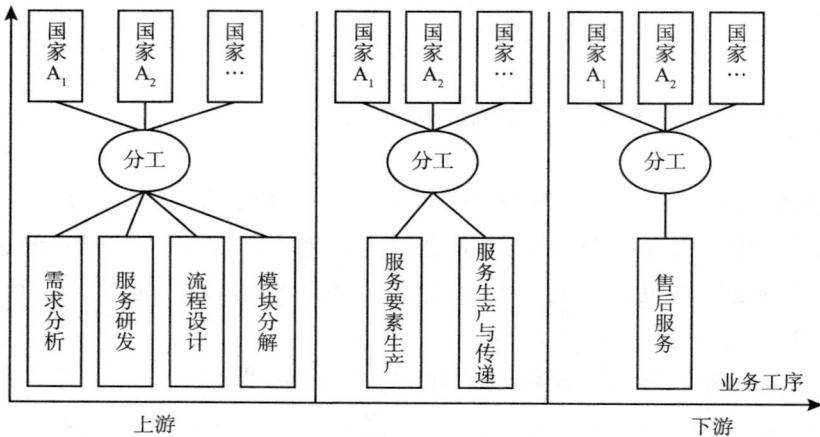

图 4 - 2　全球服务价值链

资料来源：原小能．全球服务价值链及中国服务业价值链的位置测度［J］．云南财经大学学报，2017（1）．

服务通过推动价值链发展和创建以服务为利益诉求的价值链，对全球经济再造和国际贸易投资模式转型起着重要作用。首先，服务是全球价值链发展不可或缺的推动者。通信、保险、金融、计算机和信息等服务，对全球价值链产生与发展起着关键推动作用，UNCTAD2009 年报告表明，1995 ~ 2000 年，这些在统计中被归为"其他商业服务"类别的服务，跨境贸易额占世界服务贸易总额的比重由 40% 上升至 53%，创造了世界服务贸易增长最快的纪录，为全球价值链发展做出了重要贡献。同时，服务本身也在被分解并作为贸易对象进行交易，追求规模化发展的服务型企业越来越多地将服务任务离岸外包，自身则更加专注于开发附加值更高的设计、研发、营销、品牌建设等业务活动。同时，跨境数字贸易赋予了服务在世界任何国家或地区的消费便利性，加快了纯服务型价值链发展。

二、全球服务价值链的发展

技术进步降低了交通和通信成本，随着技术的进步，服务业外商直接投资和国际服务外包加速发展，这不仅带来了全球服务贸易的迅速增加和服务资源配置的优化，也推动了全球服务价值链的形成。

（一）服务业外商直接投资增加

服务业外商直接投资的发展过程，也是跨国公司服务业价值链全球扩张的过程。服务业的全球扩张逻辑与制造业类似，都是通过对外直接投资来进行生产环节的全球布局，在追求成本控制、市场进入和技术获取的同时实现竞争力的提高。但是由于服务业存在无形性、生产与消费同时性、难以贮存性和异质性等特征，其提供的服务和产品不是有形的，也不是可以批量生产、计入存货进行销售的，这一特点不论在研发设计服务、市场营销服务等传统服务业，还是信息技术服务、融资租赁服务等新兴服务业中都能得到体现。服务企业的母公司通过对外直接投资，将生产环节派出至其他国家子公司，形成业务链条，价值增值过程也延伸至全球范围，而母公司和子公司之间的信息流转和资金流动的过程则与价值增值相结合，形成全球服务价值链。

（二）国际服务外包扩张

国际服务外包活动本身就是把服务活动的不同环节布局到不同国家和地区，因此，国际服务外包的大规模发展构成了服务业全球价值链的形成。国际服务外包作为一种新的服务贸易方式，允许企业将非核心业务与低端环节外包给其他国家，这就促进了国际间服务业分工的转移。在所有服务外包中，软件外包是出现最早、发展时间最长的一项生产性服务业内容之一，按照其工作流程，需求分析、系统架构设计、详细设计、软件编程与单项测试、集成与系统测试和运营维护等各个环节都可以进行切割，并根据接包国的比较优势来外包。如此一来，各个环节的离岸国际外包，都促进了该环节在东道国的产业布局，进而在世界范围内促进了该产业的价值链全球布局，从而促进了全球价值链的形成。

在全球服务外包价值链中，日、欧美等发达国家占据着主导地位，掌握着价值链的高端环节，是主要的发包方，提供了全球服务外包业务的绝大多数份额。美国占了全球市场的64%，欧洲占了18%，日本占了10%，其他国家不到10%（郑雄伟，2011）；从承接国来看，服务外包承接国数量增加很快，但是发展的层次不一样。澳大利亚、新西兰、爱尔兰、加拿大等发达国家服务外包行业比较成熟，承接的是相对高端的服务外包环节，印度作为传统的服务外包承接大国，正在从信息技术外包向业务流程外包和知识外包转型，中国、菲律宾、巴西、墨西哥等发展中国家服务外包发展迅速，但多处于服务价值链的低端环节。

第五章

中国开放型经济新体制
与扩大服务业对外开放

第一节　中国开放型经济新体制的内涵

一、中国开放型经济发展面临的新形势

改革开放 40 年来，中国开放型经济发展成就斐然，特别是对外贸易的高速增长和利用外资规模的急剧扩大，带动了经济发展的腾飞。然而，自 2008 年金融危机爆发后，全球经济发展进入到深度调整期，世界经济格局发生了巨大变化，随着国内外经济形势的演变，支撑传统对外开放模式的条件发生了显著变化，中国开放型经济发展不可避免地面临一系列新的挑战。

第一，全球价值链的兴起改变了国际竞争方式。全球价值链是生产、贸易、服务、投资的一体化综合体，在全球价值链分工条件下，传统的一国生产、全球销售模式已经转变为国际生产、全球销售新模式，国际分工格局从产业间向产业内、产品内深化发展，知识、管理等要素投入逐渐占据价值链高端，我国传统的竞争优势，如简单劳动、土地资源等要素在产品价值中的贡献降低。传统对外开放模式下的"奖出限入"政策和各种政府干预政策，在全球价值链分工条件下往往事与愿违，削弱了本国竞争力。

第二，新一代信息技术和新商业模式不断涌现。物联网、云计算、大

数据等新一代信息技术与制造业融合发展,推动制造业沿着数字化、网络化、智能化方向演进升级。服务在经济中的作用日渐提高,制造与服务环节日益融合,制造业"服务化"倾向十分明显。基于新一代信息技术支撑,外贸综合服务、供应链管理、跨境电子商务、数字贸易、"互联网+"等新型商业模式不断创新。

第三,国际经贸规则趋向高标准。加入 WTO 和融入多边贸易体系是中国开放型经济发展的里程碑事件,然而近年来,全球经济进入深度调整期,贸易保护主义、单边主义有所上升,逆全球化思潮涌动,经济全球化发展进程和多边贸易体制面临严峻挑战,各种区域贸易和投资安排却蓬勃发展,特别是以 TPP、TTIP 和 TiSA 为代表的巨型 FTAs 已经构筑了高标准贸易投资新规则的雏形,这些高标准的服务贸易新规则代表了未来国际服务贸易规则的发展方向,对中国开放型经济新体制的内容与方向提出了新的要求与压力。

第四,全球引资竞争更趋激烈。我国吸收外资增长放缓,东南亚、南亚、拉美等国家在吸收外资方面对中国构成了严重的后发性竞争优势。"十二五"期间,我国吸收外资年均增长 3.4%,低于全球 5% 的增速。与此同时,海外投资风险不断提高。我国大部分境外投资分布在亚非拉等地,风险相对比较高。

同时,近年来,我国各类生产要素成本进入集中上升期,特别是东部沿海地区劳动力、土地、自然资源等要素成本不断提高,中国对环境、劳工、安全等的规制成本也快速上升,资源、能源和环境等约束日益严峻,这使得建立在传统要素驱动基础之上的高速增长模式面临可持续难题,经济发展进入了由高速增长阶段转向高质量发展阶段的新时代,即我国经济必须从主要依靠增加物质资源消耗实现的粗放型高速增长,转变为主要依靠技术进步、改善管理和提高劳动者素质实现的集约型增长。

全球生产分工新体系、国际政治经济新格局和国内经济社会发展新问题客观上要求中国从顶层设计着手,重新定位与调整开放型经济发展的内涵,实现对外开放模式的转型升级,以对外开放的主动赢得经济发展和国际竞争的主动。

二、中国开放型经济新体制的内涵

中国开放型经济新体制鼓励创新、提高综合竞争力、改善治理水平和提高制度性话语权。在持续推进扩大开放过程中，各地以创新驱动为导向，以质量效益为核心，加速培育产业、区位、营商环境和规则标准等综合竞争优势，不断增强创新能力，实现全球价值链参与度与地位的攀升，促进产业转型升级。推动开放型经济从规模扩张向质量效益提升转变，从成本优势向以人才、资本、技术、标准、品牌、质量、服务为核心的综合竞争优势转变。

一方面，建立健全对市场进行集成性和系统性管理的一整套先进机制，包括政策透明度机制、产权与契约机制、行政许可与市场事中事后监管机制、国际规制融合机制、部门协作协同机制、争端解决机制、安全阀机制。另一方面，要大力推进多边和自贸区合作并参与全球经济治理，提高制度性话语权。一是加快构建周边自由贸易区。力争与所有毗邻国家和地区建立自由贸易区，不断深化经贸关系，形成"你中有我、我中有你"的密切局面。二是积极推进"一带一路"自由贸易区。结合周边自由贸易区建设并推进国际产能合作，积极同"一带一路"沿线国家商建自由贸易区，形成"一带一路"大市场。三是逐步形成全球自由贸易区网络。争取同大部分新兴经济体、发展中大国、主要区域经济集团和部分发达国家建立自由贸易区，构建金砖国家大市场、新兴经济体大市场和发展中国家大市场等。要把加快自由贸易区建设作为我国积极参与国际经贸规则制定、争取全球经济治理制度性权利的重要平台。

开放型经济是外向型经济的提高阶段，具体而言，相对外向型经济，开放型经济更加注重协调发展与均衡发展，主要表现在以下几个方面。

一是注重效益优先兼顾速度。正视金融危机后出口高增长时期基本结束的事实，降低出口增速考核指标，增加对高新技术产品、国际品牌产品以及服务贸易出口等结构、质量指标的考核，重点发展对实体经济有实际拉动作用的出口。

二是注重内需外需联动发展。内需与外需两者相互影响、相互促进。国内市场和生产的扩大，可以增强产业竞争力，为扩大出口创造条件；出口可以直接带动就业，提高居民收入，拉动国内投资和消费。在继续扩大出口和保持国际市场份额的基础上，积极发展进口贸易，鼓励企业通过进口稀缺资源品、先进技术设备和关键中间品带动全要素生产率的提升和产品质量的提高。

三是注重对内与对外开放并举，形成全方位开放新格局。过去我们注重对外开放，忽视对内开放，导致内外资处于不平衡的竞争环境。通过自主开放与对等开放，持续实施走出去战略和更加主动的自由贸易区战略，拓展开放型经济发展新空间；实施西部大开发、东北振兴、中部崛起、东部率先的区域发展总体战略；实施"一带一路"倡议，促进基础设施互联互通，扩大沿边开发开放，推动东西双向开放，内外联动、陆海统筹、东中西协调、内陆沿边互补的全方位开放新格局。

四是注重引进来与走出去并重，因类施策支持企业"走出去"。例如，对汽车、高端装备制造、高端材料等追赶型产业，可在融资和外汇上支持企业海外并购，拥有先进技术企业；对家电、高铁、造船等领先型产业，可设立科研基金，支持行业企业建立公用技术研发平台。在继续引进外资和提升外资质量（尤其是扩大高端制造业和服务业引资）的基础上，积极扩大对外投资，鼓励企业通过绿地投资、跨国并购、参股、国际产能合作等形式获取境外先进技术、商业诀窍、销售渠道、稀缺资源等高级要素，由此推动全球价值链地位的提升。

构建开放型经济新体制立足我国，是推动我国向世界开放和对内开放的制度安排，旨在进一步破除体制机制障碍，加快形成有利于保持传统优势和培育竞争新优势的制度安排，促使开放型经济提质增效、创新发展，推动我国从开放大国迈向开放强国。构建开放型经济新体制是我国发展高水平开放型经济所需要的体制机制。一是涉外体制机制，核心是建立市场配置资源新机制，让市场发挥决定性作用的同时更好发挥政府作用；二是国际规则体系，核心是构建以我国为主的产业分工体系、由我国主导的经贸合作模式及互利共赢的国际合作格局，提高我国在全球经济治理中的制度性话语权；三是国内营商环境，核心是推进政府行为法治化、经济行为市场化，形成经济运行管理新模式。

第二节　开放型经济新体制与扩大
服务业对外开放的关系

加入 WTO 以来，中国的对外开放呈现"贸易领先投资"和"制造领先服务"的特点。现阶段，中国服务业依然面临诸多问题，例如，竞争不足。党的十九大报告明确指出："要推动形成全面开放新格局，大幅度放宽市场准入，扩大服务业对外开放"，通过扩大服务业对外开放，有利于提高制造业生产率和竞争力，也有利于中国的制造业在全球价值链分工中向更高端攀升，实现"更高层次的开放"。近年来，全球经济进入深度调整期，贸易保护主义、单边主义有所上升，逆全球化思潮涌动，经济全球化发展进程遭遇严峻挑战。同时，我国经济发展也进入由高速增长阶段转向高质量发展阶段的新时代。为进一步参与全球经济治理，提升话语权，引领中国经济高质量发展，必须改变对外开放水平总体上不够高的现状，发展更高层次的开放型经济。这其中，扩大服务业开放是关键举措之一。

一、开放型经济新体制下扩大服务业对外开放是大势所趋

扩大服务业开放是顺应新趋势的必然要求。伴随全球经济结构的不断调整和优化升级，产业结构的软化趋势愈加明显。服务业局限在一国国内的传统格局被打破，全球价值链的拓展和深化正逐渐覆盖服务业领域。发展更高层次的开放型经济，首先就要顺应目前经济全球化发展大势，顺应全球产业结构和优化升级的大趋势，适应国际分工演变的新需要，这就要求我们必须扩大服务业开放。

服务业作为经济的组成部分，在现代经济中扮演越来越重要的角色。服务贸易在全球贸易中的地位在不断提升，是经济全球化的重要组成部分。过去五年，全球服务出口占总出口的比重平均每年提高了将近 1 个百分点，目前服务贸易占整个贸易的比重接近 1/4。此外，即使在商品贸易当中，服

务成分和服务要素，对于提升商品的竞争力、影响力也发挥着越来越重要的作用，成为产品增加价值的主要环节。据联合国统计，包括服务贸易和商品贸易在内，由服务成分产生的增加值占贸易额的比重将近 46%，是纯服务业占比的近两倍。服务要素的发展，使得服务业成为全球价值链的重要组成部分，在全球贸易中的作用也越来越重要。

目前，全球国际贸易规则重构的焦点集中在服务业领域。根据世界贸易组织（WTO）的统计，全球范围内大概有 290 项特惠贸易安排，其中接近一半包含了服务贸易的内容。在“多哈回合”谈判受阻以后，占全球服务贸易约 70%、年度贸易规模达到 4 万亿美元的 12 个 WTO 成员方开始进行服务贸易协定谈判，即 TISA 谈判。此外，包括跨太平洋伙伴关系协议（TPP）、区域全面经济伙伴关系协议（RCEP）以及其他双边的、多边的和目前正在谈的一些前沿的贸易协定中，国际服务业谈判和服务贸易投资的自由化、便利化是各国博弈争论的主要聚焦点。

中国服务业发展速度很快，但仍有很大的发展空间。从服务业规模上看，早在 1985 年，服务业占 GDP 产值的比重就超过了第一产业；到 2013年，服务业占 GDP 产值的比重超过了第二产业；到 2017 年底，服务业占GDP 产值的比重达到了历史新高的 52%。从就业人口来看，1994 年，服务业就业人口占比首先超过了第二产业；2011 年，服务业就业人口占比超过了第一产业。尽管服务业占 GDP 的比重高达 52%，服务业就业人口占比达到了 44%，但与发达经济体相比，这两个比重都至少有 20 个百分点以上的增长空间。[①]

另外，由于目前中国对于服务业的管制较严，中国服务业对于经济的积极作用还没有充分发挥。图 5-1 反映了 2017 年世界主要国家和地区服务业增加值占其 GDP 的比重。如图 5-1 所示，大部分经济体的服务业增加值已经超过 GDP 的一半，其中卢森堡、黎巴嫩、巴哈马、法国、新加坡、瑞士等国家的服务业增加值比重已经超过 70%。相比较而言，中国目前服务业增加值所占比重仍相对较小，为 51.63%。

---

① 资料来源：国家统计局，http://www.stats.gov.cn/。

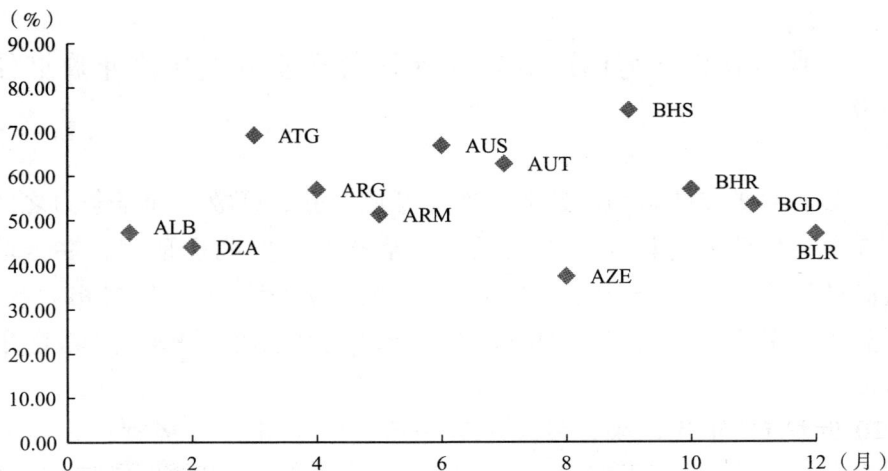

图 5 - 1　2017 年世界主要国家和地区服务业增加值占其 GDP 的比重

资料来源：世界银行。

　　目前，我国已经步入以服务业为主的开放新阶段，国内外服务业和服务贸易都进入了加速发展的新时期。从国内来看，2001 ~ 2015 年，服务贸易在绝大多数年份都保持两位数增长，15 年间增长了近 9 倍，高于货物贸易增长速度，且预计在"十三五"期间，仍保持 10% 以上的增长速度，远高于货物贸易增长速度。同时，2015 年，我国服务业实际使用外资占同期全国总量的 61.1%，约为制造业的 2 倍。① 从全球情况来看，也表现出了类似特征，在过去 15 年的时间里，全球服务贸易以高于全球 GDP 和货物贸易的速度增长。2005 ~ 2015 年，全球服务贸易规模翻了一番，全球服务贸易在大多数年份以高于 GDP 和货物贸易的速度增长，成为拉动全球经济增长和扩大就业的重要力量。到 2015 年，全球服务贸易占世界贸易比重已上升至 22.2%。服务业领域的外国直接投资已占全球对外直接投资总流量的 2/3。②

---

①　资料来源：中国服务贸易指南网，http：//trade inservices. mofom. gov. cn/。
②　资料来源：联合国贸易和发展会议，https：//unctad. org/en/pages/Home. aspx。

二、世界各国（地区）竞相打造以服务业为主导的开放型经济竞争优势

根据学术研究结论和制造业的实际开放经验，开放度和竞争力之间往往存在着比较明显的相互促进关系。改革开放的实践也证明，在全球价值链高度依存、高度分解的今天，哪个产业开放程度高，发展相对就快、国际竞争力就强；哪个产业开放程度低，发展就相对慢、国际竞争力就差。

20 世纪 60 年代以来，发达国家先后进入了服务经济时代，在发展以服务业为主导的开放型经济中积累了大量经验。当前，美国服务业已经成为美国经济的核心产业。自 2000 年至今，服务业在 GDP 中的占比仍然从 21 世纪初的 68% 抬升到 2017 年的 74%，在金融、旅游、文化影视、互联网和信息技术、专业服务等领域形成了全面优势，是服务经济超级大国。美国的服务贸易在世界上领先优势非常明显，服务贸易与货物贸易共同构成美国国家出口战略。2017 年，美国服务出口总额达到 3.52 万亿美元，占世界的 14.42%，为当前世界第一大服务贸易出口。① 美国深刻洞察服务经济发展之道，努力推动薯片（麦当劳）、大片（电影）、芯片（电脑）等代表美国价值观和美国文化的服务贸易向全球输出，在服务业全球化中获得了巨大收益。拓展国内服务业全球市场，推动国内服务业标准和规则的输出一直处于美国对外经济战略的优先地位。

日本、德国是典型的制造业和货物贸易强国，但服务经济也十分发达。1970 年，日本服务业增加值占比 51%，1986 年首次超过 60%，2003 年超过 70%，目前服务业占比仍在缓慢上升；而德国在 1991 年服务业增加值占比约 62%，目前接近 70%。② 日本、德国在金融、物流运输、供应链管理、研发设计、品牌管理等生产性服务业领域形成了全球优势，有力地支撑了制造业和货物贸易在国际价值链中的高端地位。日本、德国遍布全球的生

---

① 资料来源：联合国贸易和发展会议，https：//unctad.org/en/pages/Home.aspx。
② 资料来源：世界银行，https：//data.worldbank.org.cn/。

产制造网络的背后是全球服务网络的跟进与布局，服务业对外投资已经超过了制造业，成为海外输出的最大产业。可以说，日本、德国强大的生产性服务业是制造业强国和货物贸易强国的基石。

中小型经济体，甚至一些发展中国家（地区）都把服务经济作为拉动经济发展和参与国际竞争合作的主要力量。一直以来，韩国的服务业在国民经济中扮演着相当重要的角色，同时也是吸纳就业的关键领域，从事服务业相关的人员数量占全国总就业人数中比重达到了50%以上。韩国文化产业外向度极高，专门针对中国等海外市场的影视文化、娱乐、动漫等产业十分繁荣。新加坡等发达的小型经济体对服务经济更为依赖，新加坡服务业占比超过75%，在金融（银行、保险、会计、律师、审计）、交通（快捷的空运、海运和高效的港口）、商业服务、酒店餐饮等领域发展迅速，被公认为国际金融中心和运输中心。作为发展中国家的印度，以服务外包为切入点，积极加入国际服务产业价值链，一举成为世界第一离岸服务外包大国，形成了参与国际竞争合作的印度优势。

中国服务业的竞争力开始提升，但总体水平仍然不强。当前，我国服务贸易占对外贸易的比重在15%左右，并且还在快速增长，但是与世界平均水平相比，仍然低了将近10个百分点。与此同时，我国服务贸易逆差也在不断扩大，2010~2017年，我国服务贸易逆差占GDP的比重从0.4%增加到近2.2%。2017年，我国服务贸易逆差的绝对值接近1.8万亿元，占整个货物贸易顺差的比重达到56%。[①]也就是说，我国货物贸易顺差中将近六成被服务贸易逆差吃掉了。当前，我国的产业开放优势正在由制造业向服务业转化，在产业基础、人才结构、基础设施、资源环境等方面，都已经具备了服务业开放的优势和充分条件。应继续完善与服务业开放相适应的开放型经济新体制，继续发挥外商投资在人才、技术、知识、管理、商业模式等方面的外溢效应，通过持续开放不断提升我国服务业的国际竞争力。

---

① 资料来源：联合国贸易和发展会议，https://unctad.org/en/pages/Home.aspx。

第三节　中国服务业对外开放的特征与开放程度的测算

一、中国服务业对外开放的总体特征

（一）服务业开放管制逐步放松，但公共服务业开放不足

在服务经济条件下，服务业成为参与国际经贸规则制定和区域经济一体化谈判的主要关注点，同时，针对服务业开放的准入前国民待遇加负面清单管理模式等被普遍采用，而以关税减让为重点的边境管理措施自由化和便利化退居其次。我国对外商投资服务业设置了鼓励、允许、限制、禁止四个开放级别，当前，我国对外商投资服务业实行市场准入负面清单制度，除了明令禁止的领域（负面清单）以外，其他服务产业均允许外资进入，开放级别的变化体现了我国对境外投资者进入我国服务业市场管制要求的逐步降低。我国也逐步放松了对境外服务提供者的股权限制、服务管理权限和业务权限。例如，允许外资控股合资证券公司，逐步放开合资证券公司的业务范围，放宽单个境外投资者持有上市证券公司股份的比例限制等。但是由于我国市场化进程远未完成，我国的公共服务业如教育、医疗、文化等行业的市场化水平较低，导致吸收外资水平较低，致使公共服务产品出口情况不佳。部分公共服务业存在一定程度的垄断因素，从而一定程度上降低了我国对外开放的真实度，也使这些领域因为缺乏竞争性不足而效率较低。所以，虽然我国服务业开放的管制逐步放松，但公共服务业供给主体仍较为单一。

（二）服务业开放的结构差异较大，新兴服务业贸易顺差明显

我国在加入WTO时承诺对外开放100多个服务贸易部门，随着服务贸易的快速发展，我国的商业、通信、建筑、分销、教育、环境、金融、旅游和运输等重要服务领域也逐步开放。表5-1以2018年为例，展示了我国不同服务类别的进出口贸易差额。由表5-1可见，占我国服务进出口贸

易额最大的是旅游，约占比 39.94%，其次是运输，约占比 19.02%。旅游、运输等行业均是我国传统的服务贸易类别，虽然近几年我国传统服务业贸易总额在逐步下降（如 2018 年旅游的进出口同比 2017 年下降了7.74%），但从总额来看，我国服务业对外开放的重头仍然是传统服务业。从表 5-1 还可以看出，通信、计算机和信息服务，专利特许使用费等新兴服务业的进出口额上升趋势明显。同时，传统服务业贸易逆差明显，而新兴服务业则表现出较大的贸易顺差。我国新兴服务业的国际竞争力在不断提高，但相较于传统服务业的贸易份额，新兴服务业的国际贸易额还比较少，这也从侧面反映出中国服务业开放度仍较低，总体竞争力还不够强。

表 5-1　　　　　　　　　　2018 年我国服务贸易结构

服务类别	进出口		出口		进口		贸易差额
	金额（亿美元）	同比（%）	金额（亿美元）	同比（%）	金额（亿美元）	同比（%）	
运输	1 505.92	15.80	423.01	14.01	1 082.91	16.51	-659.90
旅游	3 162.99	7.74	394.59	1.70	2 768.40	8.65	-2 373.80
其他商业服务	1 171.82	12.25	699.00	13.59	472.82	10.33	226.18
通信、计算机和信息服务	708.28	50.88	470.58	69.47	237.70	23.96	232.88
建筑	351.90	8.30	265.88	11.13	86.02	0.40	179.86
保险	168.02	16.23	49.23	21.67	118.79	14.12	-69.56
金融	56.03	5.49	34.82	-5.76	21.21	31.18	13.60
专利特许使用费	411.53	23.45	55.62	16.79	355.91	24.56	-300.29
个人、文化和娱乐服务	46.07	31.16	12.14	59.85	33.93	23.24	-21.80
货物相关服务	274.03	3.64	246.03	2.54	28.00	14.41	218.02

资料来源：根据 UNCTAD 统计数据计算得出。

（三）服务贸易进口规模快速增长，服务进口显著促进中国制造业的地位动态提升

服务贸易自由化与信息技术革命正在改变生产性服务投入来源的变化，进口越来越多，深刻影响着一国制造业的分工地位。从外部采购生产性服务，既可以直接提高制造业效率，也可以间接提高制造业效率，其中的缘由在于生产性服务中包含了多种无形的隐性知识、技术和信息，能够有效降低制造业的投入成本并促进技术进步。从 1992 年开始，中国服务贸易进口额超过服务贸易出口额，并且两者之间的差距越来越大，至 2018 年，中国服务贸易进口额（5 250 亿美元）为服务贸易出口额（2 668 亿美元）的 1. 97 倍，[①] 快速增长的服务进口显著推动了中国制造业地位的动态提升。服务业对外开放与中国攀升全球价值链紧密关联，对外开放带来的服务进口会促进发展中国家工业化和制造业地位动态提升（来有为、陈红娜，2017；吕刚，2015）。周大鹏（2018）也认为，进口服务中间品能显著促进中国出口复杂度的提升，同时生产性服务进口技术复杂度提升可以显著促进中国攀升全球价值链。由于出口导向型的发展模式将会使得最终产品消费比重低，即出口导向型的国家对最终产品的消费占比较低，从而更易融入发达国家主导的全球价值链分工体系，因此，出口导向型的发展模式会阻碍中国攀升全球价值链（戴翔，2014）。

（四）服务业外商直接投资和中国服务业对外直接投资显著促进中国全球价值链的地位上升

在服务经济条件下，人力资本、技术知识不断积累，制度环境不断完善，这为高知识含量、高附加值的服务产业投资发展创造了有利条件。中国有序推进服务业对外开放步伐，在服务贸易不断增加的同时，外商投资和对外投资也快速增长。2016 年，中国服务业外商直接投资实际使用金额达 838. 90 亿美元，占中国实际利用外商直接投资比重达 66. 68%，服务业成为中国吸引外资的主要产业。同时，服务业也成为中国对外投资的主要产业。2016 年，中国服务业对外直接投资实际使用金额达 10 267. 82 亿美元，占中国实际对外直接投资额的 75. 64%。[②] 服务业外商直接投资能显著促进中国出口品中的国内增加值，有利于中国出口品中来自国内增加值的增长，使得中国出口品中来自本行业国内增加值大于本行业来自国外增加值，同时通过服务业外商直接投资技术溢出效应和对外直接投资逆向技术

---

① 资料来源：联合国贸易和发展会议，https：//unctad. org/en/pages/Home. aspx。
② 资料来源：国家统计局，http：//www. stats. gov. cn/。

溢出效应,促进制造业工艺升级和技术升级,从而提升中国全球价值链地位。

二、中国服务业对外开放程度的测算

(一)中国服务贸易总体限制指数

我们根据 OECD 数据库的服务贸易限制性指数(STRI)来计算各国各服务行业的政策友好度(见表 5 - 2)。OECD 数据库的服务贸易限制性指数涉及 36 个 OECD 成员国和中国、巴西、印度等 9 个非 OECD 经济体的 22 个服务行业的监管信息。服务贸易限制性指数能反映各国服务业开放度的高低,指数的值介于 0 和 1 之间,1 是指限制性最高。为了更好地将各行业的限制性指数与友好度相对应,本节使用以下方法计算各国服务贸易政策友好度:服务贸易政策友好度 = 1 - 服务贸易限制性指数。该指数越高,表明该国服务贸易政策友好度越高;该指数越低,表明该国服务贸易政策友好度越低。

表 5 - 2 　　　　　　　　2018 年中国和其他服务业 22 部门的政策友好度

经济体	物流装卸	物流仓储	物流货代	物流报关	会计	设计	工程	法律	电影	电视广播	音像
OECD 成员国	0.785	0.801	0.812	0.781	0.704	0.752	0.764	0.636	0.809	0.738	0.805
其中:美国	0.752	0.780	0.778	0.763	0.831	0.796	0.779	0.794	0.845	0.734	0.822
德国	0.850	0.849	0.864	0.863	0.817	0.815	0.803	0.755	0.845	0.815	0.863
英国	0.840	0.838	0.864	0.852	0.730	0.814	0.848	0.818	0.821	0.829	0.845
法国	0.811	0.808	0.854	0.842	0.581	0.650	0.850	0.420	0.765	0.770	0.797
荷兰	0.843	0.852	0.879	0.866	0.834	0.858	0.846	0.760	0.853	0.841	0.855
爱尔兰	0.812	0.819	0.844	0.832	0.829	0.827	0.846	0.779	0.872	0.811	0.859
日本	0.790	0.827	0.799	0.840	0.804	0.852	0.882	0.462	0.897	0.742	0.894
比利时	0.764	0.771	0.780	0.769	0.603	0.689	0.770	0.721	0.767	0.758	0.722
意大利	0.736	0.751	0.782	0.759	0.495	0.510	0.498	0.806	0.761	0.723	0.721

续表

经济体	物流装卸	物流仓储	物流货代	物流报关	会计	设计	工程	法律	电影	电视广播	音像
非OECD经济体	0.557	0.605	0.697	0.695	0.553	0.688	0.731	0.535	0.691	0.532	0.735
其中：中国	0.588	0.639	0.660	0.664	0.246	0.767	0.746	0.468	0.385	0.293	0.502
印度	0.596	0.600	0.684	0.672	0.173	0.316	0.697	0.114	0.681	0.561	0.720
巴西	0.649	0.680	0.744	0.716	0.697	0.717	0.742	0.691	0.706	0.520	0.778
印度尼西亚	0.537	0.609	0.620	0.686	0.292	0.688	0.699	0.110	0.672	0.568	0.767
马来西亚	0.695	0.764	0.742	0.745	0.714	0.685	0.701	0.332	0.769	0.615	0.798
俄罗斯	0.000	0.000	0.663	0.625	0.675	0.690	0.680	0.749	0.657	0.567	0.697
南非	0.632	0.710	0.719	0.722	0.730	0.765	0.755	0.690	0.780	0.577	0.782

经济体	电信	空运	海运	公路运输	铁路运输	快递	分销	商业银行	保险	计算机	建筑
OECD成员国	0.815	0.587	0.804	0.801	0.750	0.744	0.831	0.799	0.808	0.782	0.780
其中：美国	0.828	0.466	0.631	0.812	0.836	0.622	0.837	0.794	0.712	0.797	0.749
德国	0.889	0.628	0.833	0.821	0.801	0.875	0.866	0.840	0.870	0.837	0.848
英国	0.829	0.607	0.799	0.833	0.832	0.829	0.884	0.828	0.852	0.822	0.855
法国	0.852	0.606	0.800	0.800	0.783	0.863	0.809	0.821	0.877	0.814	0.798
荷兰	0.873	0.608	0.853	0.855	0.871	0.892	0.870	0.837	0.877	0.817	0.843
爱尔兰	0.882	0.619	0.805	0.815	0.825	0.830	0.849	0.857	0.881	0.841	0.844
日本	0.747	0.605	0.809	0.876	0.802	0.738	0.875	0.799	0.834	0.837	0.877
比利时	0.800	0.542	0.740	0.788	0.752	0.732	0.774	0.771	0.793	0.709	0.734
意大利	0.814	0.588	0.730	0.764	0.764	0.763	0.824	0.825	0.757	0.730	0.704
非OECD经济体	0.606	0.534	0.647	0.708	0.543	0.544	0.693	0.633	0.647	0.699	0.691
其中：中国	0.318	0.521	0.642	0.727	0.702	0.119	0.735	0.591	0.556	0.658	0.659
印度	0.579	0.427	0.605	0.685	0.000	0.430	0.555	0.483	0.435	0.623	0.634
巴西	0.733	0.440	0.687	0.770	0.738	0.455	0.780	0.557	0.632	0.707	0.753
印度尼西亚	0.356	0.519	0.443	0.533	0.643	0.531	0.351	0.511	0.514	0.666	0.559
马来西亚	0.596	0.499	0.679	0.645	0.675	0.708	0.641	0.766	0.725	0.745	0.695
俄罗斯	0.619	0.429	0.564	0.706	0.006	0.595	0.737	0.646	0.610	0.623	0.635
南非	0.694	0.536	0.728	0.827	0.686	0.510	0.777	0.664	0.802	0.773	0.759

资料来源：根据OECD数据库绘制。

从表 5 - 2 可以看出，2018 年中国 22 个服务部门中只有物流装卸、物流仓储、设计、工程、公路运输、铁路运输和分销 7 个服务部门的政策友好度高于非 OECD 经济体的平均水平，而中国几乎在所有服务领域的政策友好度均低于 OECD 成员国的平均水平，仅设计 1 个部门除外，说明中国服务业对外开放水平相对较低，尤其是物流货代、物流报关、会计、法律、电影、电视广播、音像、电信、空运、海运、快递、商业银行、保险、计算机和建筑部门，仍有较大的拓展空间。

对 2018 年中国服务业 22 部门进行分析可以发现，中国设计服务业开放度最高，政策友好度为 0.767；快递服务业开放度最低，政策友好度为 0.119。按政策友好度从大到小进行排序，分别为设计（0.767）、工程（0.746）、分销（0.735）、公路运输（0.727）、铁路运输（0.702）、物流报关（0.664）、物流货代（0.660）、建筑（0.659）、计算机（0.658）、海运（0.642）、物流仓储（0.639）、商业银行（0.591）、物流装卸（0.588）、保险（0.556）、空运（0.521）、音像（0.502）、法律（0.468）、电影（0.385）、电信（0.318）、电视广播（0.293）、会计（0.246）、快递（0.119）。

（二）中国服务业 FDI 限制指数测算

OECD 根据对各国 FDI 限制政策的加权打分，构建了各国各产业 FDI 限制指数。FDI 限制指数越小，表明该国服务业 FDI 开放度越高；FDI 限制指数越大，表明该国服务业 FDI 开放度越低。

表 5 - 3 给出了 2018 年中国和其他国家各产业/部门的 FDI 限制指数。从各国各产业/部门的 FDI 限制指数来看，无论是第一产业、制造业还是服务业，OECD 成员国的 FDI 限制指数平均水平均小于非 OECD 经济体的平均水平，表明 OECD 成员国各产业 FDI 开放度高于非 OECD 经济体。就 OECD 成员国来看，制造业 FDI 限制指数平均水平最小，为 0.018，其次是服务业，FDI 限制指数平均水平为 0.081，最大的是第一产业，FDI 限制指数平均水平为 0.095。就非 OECD 经济体来看，制造业的 FDI 限制指数平均水平最小，为 0.039，其次是第一产业，FDI 限制指数平均水平为 0.149，最大的是服务业，FDI 限制指数平均水平为 0.156，表明非 OECD 经济体的服务业 FDI 开放度最低。

表 5 - 3 　　　　　　2018 年中国和其他经济体各产业/部门的 FDI 限制指数

经济体	第一产业	制造业	服务业	批发零售业	交通运输业	酒店餐饮业	传媒	通信业	金融服务业	商务服务业
OECD 成员国	0.095	0.018	0.081	0.018	0.210	0.019	0.154	0.083	0.032	0.063
其中：美国	0.181	0.000	0.094	0.000	0.550	0.000	0.250	0.110	0.042	0.000
德国	0.069	0.000	0.022	0.000	0.200	0.025	0.025	0.000	0.005	0.000
英国	0.138	0.000	0.029	0.000	0.092	0.000	0.225	0.000	0.002	0.000
法国	0.155	0.000	0.033	0.000	0.150	0.000	0.048	0.000	0.054	0.003
荷兰	0.062	0.000	0.008	0.000	0.083	0.000	0.000	0.000	0.002	0.000
爱尔兰	0.135	0.000	0.037	0.000	0.125	0.000	0.000	0.000	0.009	0.000
日本	0.069	0.002	0.077	0.001	0.275	0.000	0.000	0.265	0.000	0.000
比利时	0.035	0.023	0.052	0.023	0.114	0.029	0.023	0.023	0.024	0.248
意大利	0.130	0.000	0.057	0.000	0.200	0.007	0.363	0.000	0.018	0.000
非 OECD 经济体	0.149	0.039	0.156	0.122	0.230	0.081	0.306	0.129	0.116	0.156
其中：中国	0.358	0.073	0.316	0.075	0.407	0.050	0.985	0.750	0.268	0.225
印度	0.213	0.041	0.314	0.279	0.093	0.280	0.175	0.279	0.563	0.563
巴西	0.138	0.035	0.108	0.025	0.075	0.025	0.550	0.075	0.108	0.063
印度尼西亚	0.457	0.065	0.400	0.365	0.426	0.110	0.798	0.260	0.167	0.579
马来西亚	0.295	0.007	0.326	0.437	0.296	0.200	0.525	0.375	0.319	0.063
俄罗斯	0.207	0.155	0.347	0.150	0.450	0.200	0.533	0.150	0.490	0.275
南非	0.010	0.010	0.101	0.010	0.193	0.110	0.298	0.010	0.052	0.260

资料来源：根据 OECD 数据库绘制。

中国第一产业、制造业和服务业的 FDI 限制指数均大于 OECD 成员国的平均水平，也大于非 OECD 经济体的平均水平，表明中国 FDI 开放度较低。就服务业整体来看，中国 FDI 限制指数大于 OCED 提供的大多数国家，仅略小于印度尼西亚、俄罗斯和马来西亚。从服务业各部门来看，中国传媒行业的 FDI 限制指数最大，2018 年为 0.985；第二大的是通信业，2018 年为 0.750，这两个部门的 FDI 限制指数均高于所有的 OECD 成员国和非 OECD 经济体；FDI 限制指数第三大的是交通运输业，2018 年为 0.407，尽管中国交通运输业的 FDI 限制指数较高，但美国、印度尼西亚和俄罗斯交通运输业的 FDI 限制指数也都高于中国，其他国家交通运输业 FDI 限制指数也仅次于中国，主要是因为大多数国家都在服务贸易总协定下作出的海上运输、空运等产业的相应承诺中，设置了较高的外资准入门槛。

如图 5-2 所示，中国金融服务业、商务服务业的 FDI 限制指数虽然低于传媒、通信业和交通运输业，但依然较高，高于 OCED 所有成员国以及非 OECD 经济体的平均水平，但从 2003 年开始，中国金融服务业和商务服务业 FDI 限制指数逐渐下降，表明中国深化服务业改革，不断开放服务市场。中国 FDI 限制指数较低的是批发零售业和酒店餐饮业，且 2003～2018 年间呈现出下降趋势，至 2018 年下降分别为 0.075 和 0.050，批发零售业 FDI 限制指数低于除巴西之外的所有非 OECD 经济体，酒店餐饮业 FDI 限制指数低于除印度、巴西之外的所有非 OECD 经济体。

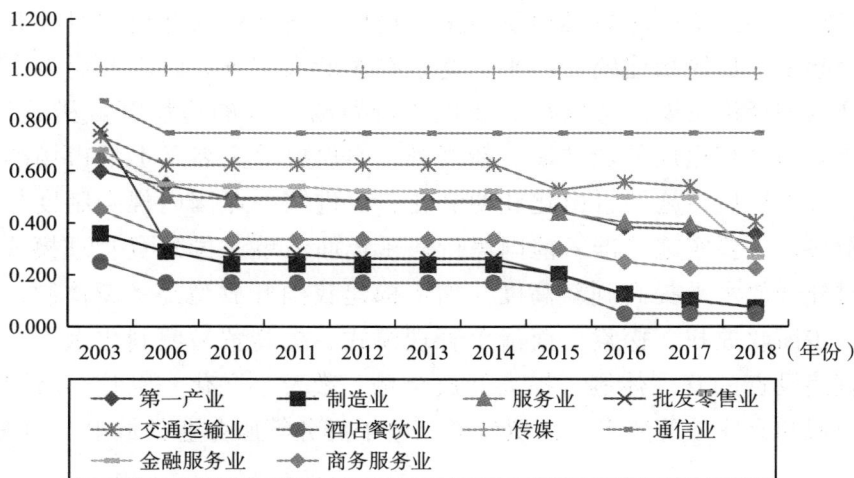

图 5-2　中国服务业各部门和其他行业的 FDI 限制指数
资料来源：根据 OECD 数据库绘制。

第四节　"一带一路"背景下扩大服务业
对外开放的对策建议

改革开放以来，我国稳步推进服务业开放，2017 年服务业实际利用外

资金额为 954.4 亿美元，占总量的 72.8%；服务业对外直接投资金额为
813 亿美元，占总量的 67.7%；服务贸易进出口额为 6 956.8 亿美元，连续
4 年保持全球第 2 位。① 2018 年版全国外商投资负面清单进一步放宽服务业
外资市场准入，这为扩大服务业开放创造了有利环境。但长期以来，由于
受经济发展水平等因素的影响，我国服务业开放仍然面临一些问题和困难。
因此，服务业既是对外开放的重点也是难点。"一带一路"倡议是我国当前
及未来一段时期内最重要的发展战略，在"一带一路"倡议下扩大我国服
务业对外开放应着力做好以下几点。

一、加快构建开放型经济新体制

服务业的开放，从本质上看，更强调的是境内开放，简单说就是管辖
国内经济活动的法律法规必须要与国际接轨。要把对内开放和对外开放有
机结合起来，加快构建统一公平、竞争有序的大市场。以服务业为主要内
容的开放型经济发展，与以往主要以货物贸易开放的边境开放措施不同，
必须要有与之相适应的新体制、新规则，不仅要放宽名义上的市场准入条
件，推进边境后措施的自由化和便利化，促进服务业国内规则制度与国际
规则衔接，更要实施"准入前国民待遇＋负面清单"的外资管理模式，把
我国对外开放水平提高到新高度。加快构建我国开放型经济新体制，需要
在进一步简政放权、探索负面清单管理模式、提高贸易便利化水平、改革
外商直接投资的管理体制、扩大开放金融、教育、文化、医疗、旅游等服
务业领域和有序放开养老、商贸流通、电子商务等服务业领域狠下功夫。

二、推进"一带一路"国际产能合作进程与服务贸易的融合发展

"一带一路"要以基础设施为依托，以产能合作和服务贸易为重点，以
构建自由贸易区网络为目标。从实践来看，以金融业为重点的服务业企业
"走出去"滞后于实体企业"走出去"步伐，也滞后于产能合作的实际需
求。2017 年，我国与"一带一路"沿线国家和地区服务贸易额占贸易总额

---

① 资料来源：国家统计局，http：//www.stats.gov.cn/。

的比重仅为8.2%。当前，开展国际产能合作，尤其应该注重推动有条件的服务贸易企业"走出去"扩大商机，在信息技术服务、研发设计、技术服务、咨询服务、商贸物流、文化创意、教育培训等新兴服务领域加快拓展市场，不断扩大运输、旅行、建筑等传统服务市场，以服务贸易合作提升产能合作水平。同时，建立服务业和制造业"走出去"的协同联动机制。近年来，我国制造企业在东南亚、中东欧、非洲等"一带一路"国家开展产能合作卓有成效，应利用制造业境外投资、设立境外产业园区的机遇，带动金融、法律、财务、信用评级、技术服务、知识产权、市场营销等服务机构跟随性投资，在为境外企业保驾护航的同时扩大服务出口。"一带一路"沿线国家多处于工业化和信息化起步时期，对于传统服务业和新兴服务业都有强大需求，应积极承接"一带一路"沿线国家和地区的服务外包，打造"一带一路"的中国服务品牌标识，构建发达国家与发展中家双轮驱动的全球服务市场布局。

三、加大对"一带一路"沿线国家和地区生产性服务业的直接投资力度

在国家持续推动"一带一路"建设规划时期，中国服务业应积极向"一带一路"沿线国家和地区走出去，充分发挥中国对"一带一路"沿线国家和地区直接投资的贸易效应，推动中国对"一带一路"沿线国家和地区的贸易创造型对外投资的不断增长，以此促进中国对"一带一路"沿线国家和地区进出口贸易快速增长。支持外向度高的服务业外资项目落地，大力推动商业存在模式的服务贸易发展，推动对"一带一路"沿线国家和地区资源寻求型对外投资的增长，从而发挥中国对外投资的出口贸易效应，促进中国对"一带一路"沿线国家和地区效率寻求型对外投资增长，从而发挥中国对外投资的进口贸易效应。引导企业在境外项目规划、设计咨询、系统集成、运营维护、技术合作、检测维修等环节开展增值服务，建立境外分销、售后服务基地和全球维修体系，建立中国投资"一带一路"沿线国家和地区的完整价值链。

四、不断降低中国服务贸易限制性指数，积极探索服务业项下的自由贸易政策

以"一带一路"建设为统领，优化服务贸易全球布局，重点与"一带一路"沿线国家和地区开展以教育、健康、医疗、旅游、文化、金融、免税购物、会展为重点的服务业项下的自由贸易试点，走出一条开放转型的新路子。如果服务贸易产业项下的自由贸易政策能尽快在一些地区落地，其对服务贸易创新的影响和带动效应将相当可观。虽然服务贸易限制性指数的建立标准不适合发展中国家和新兴市场经济国家，并且服务贸易限制性指数数据库不能动态反映各国服务贸易的真实开放度，但也应重点开放金融、保险、证券、交通运输业等行业，促进"一带一路"沿线国家外商投资企业与中国服务业企业开展研发合作，通过对外开放大力提升服务业外商投资技术溢出效应。当今世界高标准的自由贸易区主要是指服务业开放的高标准。因此，我国要建立高标准的自由贸易区网络，必须要包含内容更多、开放标准更高的服务业开放条款。在开放模式的高标准方面，要在条件成熟时与合适国家引入"准入前国民待遇 + 负面清单"的谈判模式和承诺清单。在开放内容的高标准方面，主动研究在跨境服务提供、金融服务、互联网服务、电子商务等领域更高水平的开放条款，积极开展服务业开放试点和开放压力测试。

五、推动服务贸易创新，完善服务贸易试点示范平台建设

推动服务贸易技术创新、业态创新和模式创新。鼓励支持服务贸易企业增加研发设计投入，提高核心关键技术的创新能力和掌控能力，力争在某些领域抢占全球制高点。特别是要把握智能制造引领全球制造业变革的新机遇，在软件、芯片等关键领域提高自主知识产权、自主品牌、自主标准的创建能力。推动服务贸易数字化进程，大力发展共享经济和平台经济，积极培育跨境电商、外贸综合服务、市场采购贸易等新兴贸易业态，推动以云计算、大数据、人工智能为技术支撑的跨境交付模式创新，推动"服务 +"整体出口战略，培育具有国际竞争力的综合服务提供商，提高全球

价值链增值空间。

　　继续完善服务贸易试点示范平台建设。进一步优化平台发展布局，提升发展质量和改革创新空间。积极复制推广自由贸易试验区、服务贸易创新发展试点、服务外包示范城市等在推动服务贸易发展方面的新经验、新模式，把发展服务贸易作为推动自贸试验区建设的重要内容，打造一流的营商环境。

第六章

"一带一路"倡议下中国服务
外包与全球价值链攀升

第一节 服务外包、全球化和全球价值链攀升

一、服务外包的含义及发展趋势

（一）服务外包的含义

随着信息技术的扩散和全球竞争程度的日趋激烈，继20世纪八九十年代兴起的以制造外包为核心的第一波国际外包浪潮之后，越来越多的企业开始将信息技术、商务流程等服务环节向外发包，由此掀起了第二波国际外包浪潮。发展中国家凭借低成本和低税率优势，被广大发达国家认为是理想的服务外包承接地，服务外包成为继"制造外包"后又一拉动发展中国家经济发展的潜在动力。

外包（outsourcing）古已有之，是"outside resource using"的缩写，其直译为"外部资源利用"，简单来说，指企业战略性地运用它的外部资源来进行过去由企业内部的人力物力所进行的经济活动（Rahul Sen & Mshahidul Islam，2005）。从全球价值链的角度看，服务外包是指企业在保持特定产出的前提下，以产业价值链管理为基础，通过合同方式将信息技术、财务结算、人力资源服务等一些非核心业务外包转移给本企业之外的专业的服务

提供者来做,以达到降低企业成本、优化产业价值链、提高企业的核心竞争力等目的。因此,服务外包的本质是企业为了提高生产要素和资源配置效率,在价值链管理的基础上,将其非核心的业务发包给专业的服务提供者的一种跨国或跨区域的生产组织模式。

一般来讲,服务外包主要可以分为信息技术外包(ITO)、业务流程外包(BPO)和知识流程外包(KPO)。其中,ITO 主要包括数据转换、数据库管理、系统流程设计、软件模块编码测试等业务,是目前发展规模最大的服务外包类型,相对来讲,ITO 的附加值较低,处于价值链低端。而BPO 和 KPO 比 ITO 业务技术含量更高,附加值更大。其中,BPO 涉及领域较为广泛,包括财务管理外包、人力资源外包、供应链管理外包、呼叫中心外包,等等。而 KPO 是比 BPO 更高端的知识工作的外包,主要包括设计知识密集型的创新、研发、分析等内容的工作。随着服务外包的不断发展,高端的 BPO 和 KPO 的需求日益增多,目前主要以欧美市场为主的印度正在从由初始的 ITO 为主导的服务外包转向大力开展 BPO 和KPO 业务,向价值链的高端加快攀升,成为价值链高端服务外包的主要承接国之一。

(二) 服务外包的发展趋势

近年来,跨国公司的"归核化"战略为外包这种模式的发展提供了契机,外包逐渐成为国际分工的新形式。随着世界经济向服务经济转型,产业转移也逐步由转移制造业向转移服务业转移,服务链供应的全球化趋势日益明显,外包模式大大超越了制造环节和最初的信息技术行业,加速向产业链上游的研发设计环节和下游的分销售后环节延伸,服务外包作为全球分工的重要载体,正不断成为经济全球化的新趋势。

服务外包减少了发展中国家参与全球价值链的障碍。相对于制造品贸易和初级产品贸易,服务贸易更具有全球化特征。一项对农业、制造业和服务业出口的区域集中度的研究发现,欧盟、东亚和东南亚、北美以及南美这四大主要地区,初级产品和制造品贸易的区域集中度要高于服务贸易。其中,制造品贸易的区域内特征最为明显,而服务贸易集中在区域内进行的比例则最低。对于发展中国家特别是不发达国家来讲,高额的运输成本依然是其参与全球价值链的主要障碍之一。而服务外包为发展中国家提供参与全球价值链的机会，特别是偏远和内陆国家可以把提供信息和通信技术（比如，IT 服务、金融服务或者其他商业服务）作为参与全球价值链的途径。发展中国家主要承接的外包服务活动，主要包括客服中心、呼叫中心、业务流程、一般会计服务等中低端服务。据统计，2000～2013 年，发展中国家的计算机和信息服务出口增长迅速，占世界此类服务出口的比重从 14.2% 提高到 30%。[①]

纵观全球服务外包市场，呈现出如下发展趋势。

1. 交易规模不断扩大。

全球服务外包产业规模持续扩张。以云计算、移动互联网和社交网络、人工智能等领域的应用为代表的新技术不断促进新商业模式和新商业形态的诞生，给全球服务外包市场发展带来了新机遇。服务外包日益成为跨国公司企业发展的核心战略，许多国家将其作为发展战略加以实施、强力推进，外包的内涵、结构、方式等日益扩展、升级，成为国际竞争的新领域。服务外包发展势头强劲，成为全球价值链的核心环节和关键节点，国际产业转移新方式、世界经济增长新引擎。据联合国贸发会估计，服务外包将保持 30%～40% 的递增速度，到 2020 年全球服务外包市场规模将有望达到1.65 万亿美元至 1.8 万亿美元，其中离岸服务外包规模预计约为 4 500 亿美元。

2. 业务范围不断拓宽。

信息技术服务外包是服务外包的主体，占据了全球服务外包 60% 的市场规模。随着新技术的发展，移动互联、云计算、物联网、"互联网 +"等新技术的广泛应用，以及全球产业结构的调整和国际分工的细化，发展中国家教育水平、高素质人才、技术积累等的增强，企业中的研发、采购、生产制造、营销、客户服务、人力资源等非 IT 职能也逐渐外包，成为业务流程外包（BPO），服务外包领域进一步拓宽。而知识流程外包（KPO）属于知识密集型产业，涉及市场调研、投资评估、专利申请、芯片设计等核心业务，技术含量高、附加值大，居价值链的高端。知识流程外包的发展推动服务外包向高品质、高技术、高收益的方向发展，从以降低成本为特征向以价值创造和合作竞争为特征的新阶段挺进。

---

① 资料来源：联合国贸易和发展会议，https：//unctad.org/en/pages/Home.aspx。

3. 参与方式不断离岸化。

离岸成为全球服务外包发展的趋势，欧美国家最早使用近岸外包方式，现在则更多采用离岸外包方式。服务外包的影响因素不仅仅包括成本因素、地域因素，也开始变得多样性和综合化。经济全球化、通信和信息技术的发展使得服务的可贸易成分提高，在一定程度上推动了服务外包的国际性转移，向国外尤其是一些新兴市场的国家和地区转移。

4. 参与国不断增多。

在国际服务外包市场格局中，美国、欧盟、日本等发达经济体是服务外包的主要发包国，居服务供应链的主导地位，发包业务占全球业务总额的80%以上，其中又以美国为主导，美国引领了服务外包的潮流，据国际数据公司（IDC）的资料显示，2013年美国离岸服务外包发包额约占全球外包总额的60%。第二是欧洲，约占全球外包总额的18%，德国、英国是欧洲最主要的服务发包市场。第三是日本，约占全球外包总额的10%，日本是进入中国最早的发包国家，但就全球来说，其离岸服务外包兴起的时间比美国晚，而且业务处于低级阶段，以软件外包为例，日本发包仍停留在软件详细设计与代码转换阶段。

从服务外包的承接方来看，发展中国家日益成为重要的承接方，亚洲、拉美、东欧等地是承接服务外包的主要区域。特别是亚太地区的服务外包发展迅速，成为离岸外包最大的承接方，全球服务外包60%以上被印度、中国、菲律宾等国家承接，同时埃及、南非、约旦等中东和非洲国家也逐步成为重要的承接地，形成了印度、以色列服务欧美，加拿大和墨西哥服务美国，爱尔兰、西班牙等主要服务西欧的一级承接梯队格局，中国、菲律宾等东南亚国家以及非洲个别国家成为二级承接梯队。发展中国家在全球服务外包产业中的影响力越来越大。随着外包承接国数量的激增，层次日趋多元化，竞争也日益激烈，各承接国开始注重服务外包特色，培育自己的核心竞争优势，以顺应全球服务外包的发展。

二、服务外包与全球价值链地位的提升

服务外包作为基于互联网信息技术产生的新兴业态在全球蓬勃发展，并成为推动服务全球化和服务贸易增长的主要引擎，尤其成为发展中国家

和新兴经济体深度参与国际分工、融入全球价值链、实现产业跨越发展的重要路径。

(一) 加速全球服务要素自由流动与优化资源配置

芬斯特拉和汉森 (Feenstra & Hanson, 1999) 与阿米提和魏 (Amiti & Wei, 2005) 的研究表明,国际服务外包能够提高发达国家对高素质劳动力的需求,有助于承接国获取技术、知识和人才等。克里诺 (Crino, 2010) 基于美国 112 个职业数据的实证分析发现,国际服务外包增加了发达国家高素质劳动力的需求。服务外包通过互联网信息技术使服务的生产和消费在地理空间上分离,打破了传统服务业要素配置的空间地域限制,通过海内外市场并购,收购那些有独立知识产权或者市场渠道的中小企业,促使信息、研发、设计、物流、金融和人力资源等生产要素跨境流动,增强了区域间、产业间和市场间的相互渗透、相互融合与相互依存关系,提高了全球服务贸易效率,丰富了服务贸易业态多样性,增加了各国参与全球化的机会。

(二) 推动共生共赢的产业生态链构建

服务外包通过专业化分工,加速构建协同发展、互利共赢、竞争有序的产业生态链。发包方在接包、品牌、创新、标准和网络渠道等方面均存在优势,成为构建全球价值链的主导者并引领产业发展,同时在价值链上的各个环节集聚着各国服务提供商,这些接包企业在产业链上寻求自身定位,从而形成了高端、中端和低端并存,互利共赢的全球服务业生态体系,推动了以服务业为主导的全球价值链向纵深发展,促进了全球产业和市场深度融合。

(三) 助推发展中国家实现产业升级

国际服务外包有助于产业结构优化升级。邱斌 (2012) 采用我国 24 个制造业数据的实证研究发现,国际服务外包提升了产品内分工程度,大大提升了我国制造业在全球价值链中的地位,发展中国家通过主动向发达国家开展国际服务外包,可主动获得产业升级的先进技术。服务外包通过发包与接包企业的长期契约、紧密合作关系,加速了资源要素和创新要素在发达国家与发展中国家之间的双向流动,为发展中国家参与全球高端价值链分工创造了条件，尤其扩大了高技术岗位就业和新兴产业规模，从而为打破传统升级路径、实现跨越发展提供了可能。实践证明，印度、爱尔兰等国家通过承接国际软件外包，加快了经济社会的信息化、服务化和国际化进程，由此改变了从农业化到工业化到服务经济的升级路径。

（四）推动创新全球化和创新效率进程

弗洛林等（Florin et al.，2005）与格拉夫和穆丹娜比（Graf & Mudambi，2005）认为国际服务外包不仅有助于企业降低成本，而且可使其专营自身核心业务，进而加快创新进程。发包企业通过组合全球研发设计资源、优化创新链体系，大幅缩短了新产品和新技术的开发周期。跨国公司为保持其在全球创新中的引领地位，不断将研发设计外包给发展中国家，从而大大提高了创新速度，由于众包更能够节省长期雇佣成本、防范风险，因此，其已经成为广泛应用的创新模式。创新成为服务外包产业发展的关键因素，在技术研发、交付模式、业务流程、经营管理等方面积极创新，通过创新促进服务外包产业向高新技术、高附加值方向发展。

第二节　中国承接"一带一路"沿线国家和地区服务外包的现状与趋势

一、中国服务外包发展的主要特点

近年来，我国服务外包产业发展态势良好，在新技术、新业态和新应用模式的推动下实现规模和质量的全面提升，成为新常态下经济发展与吸纳就业的亮点。

（一）外包规模持续快速扩大

我国服务外包规模越来越大，金额不断增长。如图6-1所示，2012～2017年，我国服务外包合同金额由612.8亿美元增长到1 807.5亿美元，服务外包执行金额由465.7亿美元增长到1 261.4亿美元，服务外包合同金额和执行金额每年都呈现上涨的趋势，2017 年服务外包合同金额相当于 2012 年的 2.95 倍，2017 年服务外包执行金额相当于 2012 年的 2.71 倍。

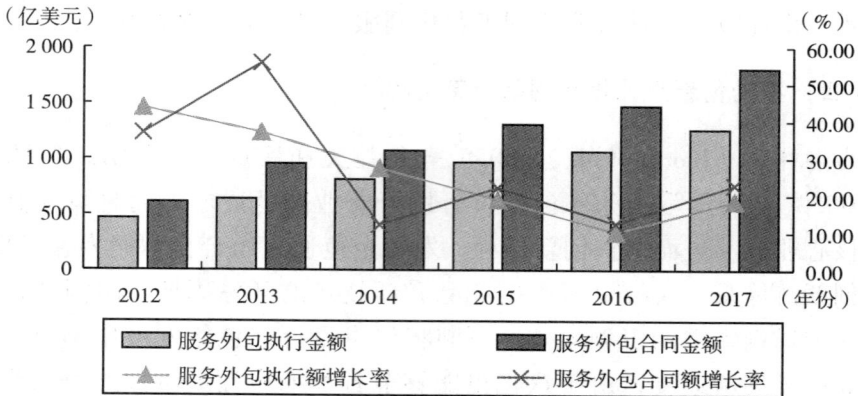

图 6 - 1　2012～2017 年中国服务外包执行金额及合同金额

资料来源：根据中国商务部、智研咨询数据整理而得。

2012～2017 年，我国离岸服务外包执行金额由 336.4 亿美元增长到 796.7 亿美元，在岸服务外包执行金额由 129.3 亿美元增长到 464.7 亿美元，2017 年离岸服务外包执行金额相当于 2012 年的 2.37 倍，2017 年在岸服务外包执行金额相当于 2012 年的 3.59 倍。如图 6 - 2 所示。

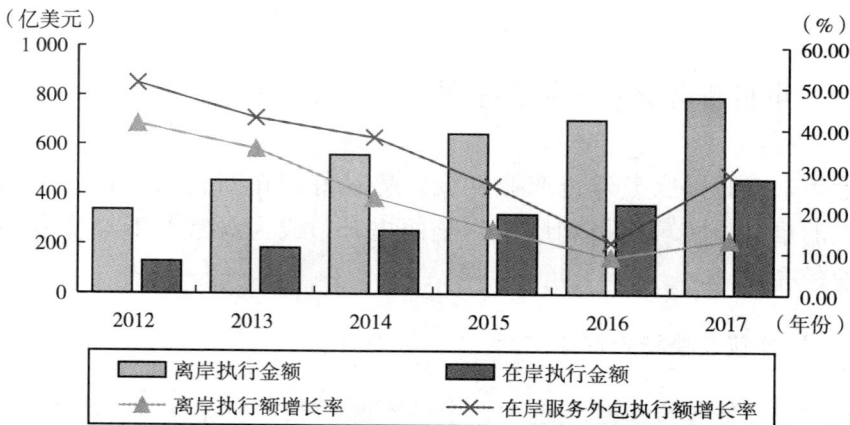

图 6 - 2　2012～2017 年中国离岸/在岸服务外包执行金额

资料来源：根据中国商务部、智研咨询数据整理而得。

（二）产业结构向价值链高端跃升

从信息技术外包（ITO）、业务流程外包（BPO）、知识流程外包（KPO）三大业务领域的结构变化可以看出，中国服务外包产业已经进入结构调整时期，并取得明显成效。从 2012 年来看，我国承接的 ITO、BPO 和 KPO 三大业务执行金额分别为 273.6 亿美元、70.8 亿美元、121.2 亿美元，占比分别为 59%、26%、15%，ITO 占主体地位，但 ITO 占比逐年下降，KPO 逐步成为增长引擎。至 2017 年，ITO、BPO 和 KPO 三大业务执行金额分别为 618.5 亿美元、235.7 亿美元、407.2 亿美元，占比分别为 49%、19%、32%，KPO 成为服务外包增长的重要推动力。KPO 快速增长的主要原因是知识产权、管理咨询、数据分析、工业设计、医药研发等领域发展较快。

图 6-3 和图 6-4 服务外包三大业务领域的结构调整可以清晰地反映出 KPO 的拉动作用。这一时期的服务外包增长主要来自知识产权外包服务和生物医药技术研发外包等附加值较高领域，KPO 带动整个服务外包产业价值链向高端延伸和拓展，反映出我国产业创新能力不断增强，尤其是知识密集型服务业的国际竞争力不断提升。

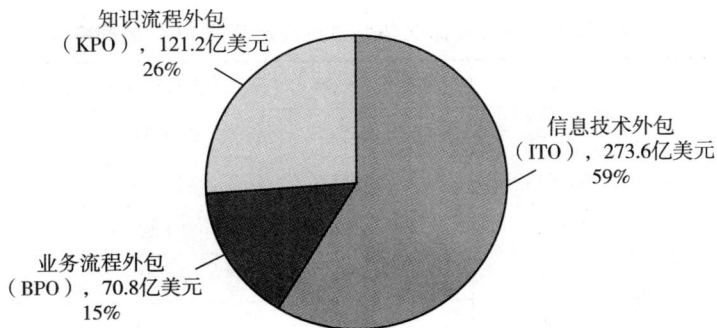

图 6-3 2012 年服务外包业务结构

资料来源：根据中国商务部、智研咨询数据整理而得。

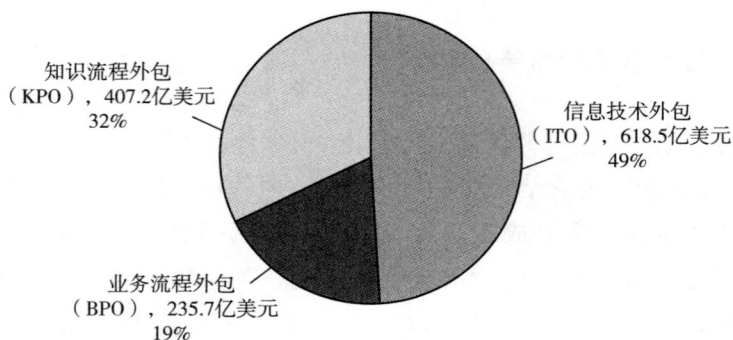

图 6 - 4　2017 年服务外包业务结构

资料来源：根据中国商务部、智研咨询数据整理而得。

（三）离岸业务市场不断扩大

我国传统的发包市场主要是美国、欧盟、日本。2017 年，我国承接美国、欧盟和日本的服务外包执行金额分别为 170.3 亿美元、129 亿美元和 69 亿美元，合计占我国离岸服务外包执行金额的 63.3%。表 6 - 1 为 2017 年我国承接离岸服务外包执行金额前 13 位的国家，增长最快的前 5 位依次是印度、瑞典、英国、新加坡、日本，同比增长率分别为 40.99%、34.90%、28.86%、21.22% 和 19.44%。

表 6 - 1　　　　　2017 年我国承接离岸服务外包执行金额前 13 位的国家　　　单位：亿美元

国家	协议金额	同比增长（%）	执行金额	同比增长（%）
美国	205.75	- 13.73	170.31	10.38
欧盟（28 国）	168.64	10.59	129.00	11.19
日本	78.22	7.96	69.00	19.44
新加坡	57.01	9.78	45.10	21.22
韩国	45.66	2.82	34.38	- 4.62
德国	35.96	10.17	27.38	- 4.98
英国	22.85	- 3.45	21.13	28.86

续表

国家	协议金额	同比增长（%）	执行金额	同比增长（%）
荷兰	18.00	2.70	13.76	-13.25
印度	18.07	67.19	12.07	40.99
法国	14.01	25.58	11.20	16.73
瑞士	14.65	7.19	10.56	0.86
瑞典	16.07	257.98	9.51	34.90
爱尔兰	14.65	1.67	8.92	17.58

资料来源：中国商务部。

在传统市场不断巩固的基础上，近年来离岸业务逐渐拓展到东南亚、大洋洲、中东、拉美和非洲等近 200 个国家和地区，尤其是"一带一路"建设拓展了发展中国家的市场空间。2017 年，我国主动承接"一带一路"沿线国家和地区服务外包执行金额为 152.7 亿美元，相当于 2013 年的 2.1 倍，① 以上数据说明"一带一路"建设实施以来，我国服务外包的国际市场空间得到进一步扩展，在推动中国技术、设计、标准和服务"走出去"中发挥了重要支撑作用。

（四）示范城市建设再上新台阶

2009 年，21 个示范城市在全国服务外包离岸业务中的占比为 87.39%，之后几年基本保持这一水平。2016 年，国务院印发了《关于新增中国服务外包示范城市的通知》，将沈阳等 10 个城市确定为中国服务外包示范城市，示范城市数量从 21 个增加到 31 个，这 31 个服务外包示范城市 2016 年承接离岸服务外包执行额为 657.88 亿美元，占全国总额的 93.4%。其中，南京、无锡、苏州等前 10 位示范城市离岸服务外包执行金额共计 519.4 亿美元，占示范城市的比重达 78.95%，说明服务外包产业主要集中在上述 10 个城市。新增示范城市完成服务外包合同执行额 102.1 亿美元，占 31 个示范城市总执行额的 5.1%，成为服务外包产业新的增长极。2017 年，示范

---

① 资料来源：中国商务部，http://www.mofcom.gov.cn/。

城市承接的服务外包执行金额为 1 154.3 亿美元，离岸服务外包执行金额为 730.1 亿美元，全国占比分别为 91.5% 和 91.6%，以上数据说明示范城市的服务外包产业国际竞争力不断增强。

（五）东部地区辐射能力增强，区域发展更加协调融合

在我国服务外包示范城市可以分为四大板块：长三角、环渤海、珠三角和中西部。长三角、环渤海、珠三角地区已经形成了服务外包产业集聚效应，尤其是长三角地区具有明显优势，形成了以上海、南京、苏州、杭州、无锡 5 个示范城市为主要聚集区、辐射带动周边地区发展的格局。如图 6－5 所示。2016 年，东部地区离岸服务外包执行金额占全国比重的 87.3%；中西部地区离岸服务外包执行金额占比 12.7%。由于中西部城市基础设施不断完善，人力、土地、资源等要素成本较低，且科技人力资源较为丰富，促使一些总部位于北京、上海的服务外包企业加快在中西部城市设立交付中心，加速了东中西部产业链融合，形成了"一线接单，二三线交付"的产业链布局，促进了中西部地区根据当地资源禀赋参与价值链分工，带动了中西部服务外包发展，从而提升了中西部开放型经济水平。

（亿美元）

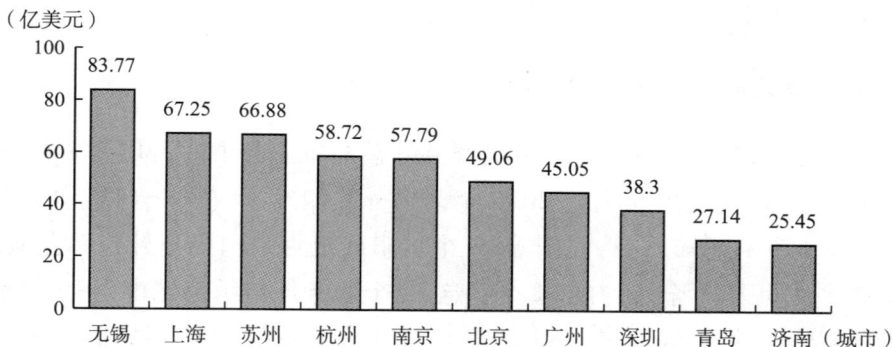

图 6－5　2016 年我国前 10 位服务外包示范城市离岸服务外包执行金额

资料来源：中国商务部。

二、中国承接"一带一路"沿线国家和地区服务外包的现状

"一带一路"倡议实施以来，沿线国家和地区为我国服务外包产业提供

了空间巨大的多元化潜在市场，并日益成为我国离岸服务外包的新增长点。
2014～2017年期间，我国承接"一带一路"沿线国家和地区服务外包合同
和执行额分别增长了2.5倍和1.6倍，高于同期我国服务外包总额增幅。
如图6-6所示，2014年，我国承接"一带一路"服务外包合同金额和执
行金额分别为125亿美元和98.4亿美元，同比增速达25.2%和36.3%。
2015年的合同金额和执行金额分别为178.3亿美元和121.5亿美元，同比
增速为42.6%和23.4%。受全球经济不确定因素影响，2016年，随着我国
整体上服务外包承接业务有所放缓，"一带一路"服务外包合同金额、执行
金额和增速均出现小幅下降。经过2016年的短暂调整，2017年我国"一带
一路"服务外包业务出现较大幅度增长，合同额增长大大高于执行额，分
别达312.5亿美元和152.7亿美元，以上数据说明"一带一路"沿线国家
和地区服务外包的市场潜力正在加速释放。

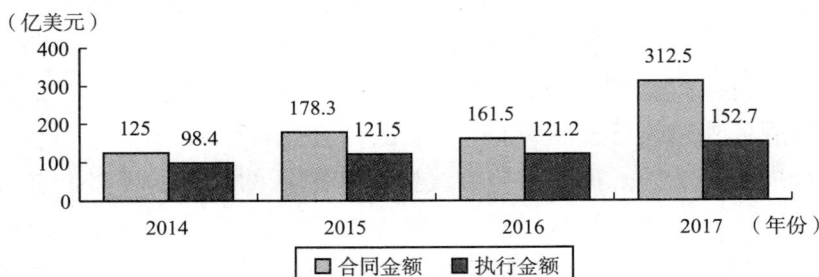

图6-6 2014～2017年我国承接"一带一路"沿线国家和地区服务外包规模
资料来源：中国商务部。

图6-7描绘了2014～2017年我国承接的"一带一路"沿线国家和地
区服务外包合同金额、执行金额占我国总体离岸服务外包的比重，均稳步
提升，表明"一带一路"沿线国家和地区在我国离岸服务外包中的地位和
重要性逐渐提高。2014～2017年期间，"一带一路"服务外包合同金额占
比分别达17.41%、20.43%、16.95%和28.1%，服务外包执行金额占比
分别达17.6%、18.79%、17.22%和19.17%。由于服务外包属于"跟随
型"产业，具有滞后性，随着"一带一路"项目广泛深入开展，其潜在市
场开拓效应将逐步释放。

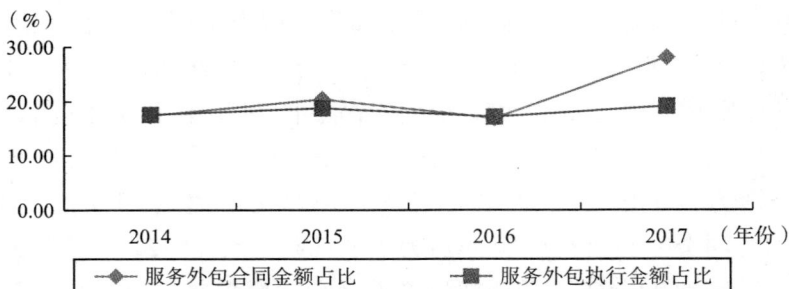

图 6 – 7　2014～2017 年我国承接"一带一路"沿线国家和地区服务外包占比

资料来源：中国商务部。

　　从沿线国家来看，我国承接沿线国家和地区的离岸服务外包主要集中在新加坡、印度、伊拉克、马来西亚、印度尼西亚、俄罗斯、越南、泰国、巴基斯坦、沙特阿拉伯 10 个国家。2016 年，我国承接上述 10 国的服务外包执行金额为 89.2 亿美元，占比达 73.6%。尤其是俄罗斯成为"一带一路"服务外包合作新亮点。2018 年 1～5 月，我国承接"一带一路"沿线国家服务外包执行金额为 309.8 亿元，基本保持稳定态势。其中，承接俄罗斯离岸服务外包执行金额为 13.7 亿元，同比增长 51.7%。[①]

　　从沿线地区来看，我国承接沿线国家和地区的离岸服务外包主要集中在东南亚地区，其中新加坡、马来西亚、印度尼西亚是主要发包国。如图 6 – 8 所示。2017 年，来自东南亚 11 国的服务外包执行金额为 78.8 亿美元，占比 51.6%，2016 年，来自东南亚 11 国的服务外包执行金额为 65.7 亿美元，占比 54.2%。随着我国与东南亚国家的海陆空网互联互通、国际产能合作不断推进，市场基础不断成熟，尤其受华人文化圈和地缘优势的影响，该区域具有持续增长的空间。接下来是西亚、南亚地区。西亚北非的主要发包国是沙特阿拉伯、伊拉克等国家，南亚的主要发包国是印度、巴基斯坦等国家。2017 年，我国与西亚北非、南亚服务外包合同与执行金额分别为 34 亿美元和 22 亿美元，占"一带一路"服务外包的 22.3% 和 14.5%。此外，我国服务外包与中亚、中东欧地区的合作也逐渐增多。

---

　　① 　资料来源：中国商务部，http：//www.mofcom.gov.cn/。

（亿美元）

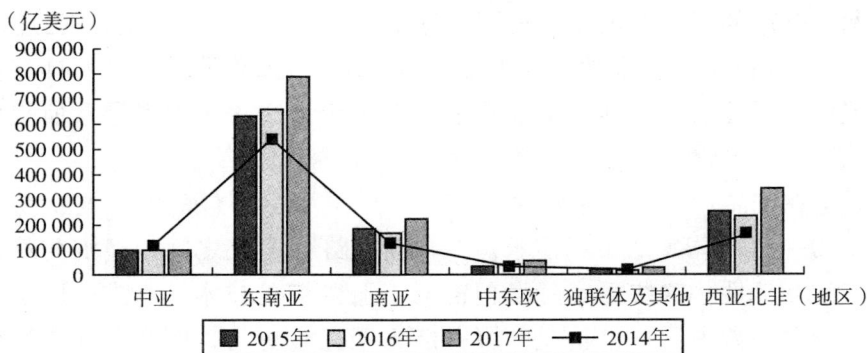

图 6-8 我国"一带一路"服务外包来源地区分布

资料来源：朱福林. 我国承接"一带一路"服务外包助推服务业开放新格局［J］. 全球化，2018
（10）.

三、中国承接"一带一路"沿线国家和地区服务外包的发展趋势

中国传统的服务外包业务主要来源于以美国、日本、欧盟等为主体的
发达国家和地区，经过十多年的发展，已经在上规模、高质量的外包项目
中积累了别的"一带一路"国家较难得到的实战经验。"一带一路"在推
动我国服务业"走出去"以及促进服务企业在当地的发展中发挥了重要作
用。在"一带一路"倡议下，我国与沿线国家和地区合作机制不断完善、
合作领域不断扩大，为我国服务外包产业向"一带一路"沿线拓展提供了
有利契机。

（一）"一带一路"服务外包市场空间巨大

"一带一路"给中国的服务外包企业带来了新机遇。中国企业在"一带
一路"沿线国家和地区投资开展业务，需要配套的外包服务，带动了中国
服务外包企业承接这些国家和地区外包业务的增长。"一带一路"沿线国家
和地区不少已是全球服务外包版图中的活跃国家，如以印度为核心包括中
国、菲律宾、孟加拉国、斯里兰卡、越南在内的南亚和东南亚地区是承接
全球第一大离岸业务集聚区；以波兰、保加利亚、捷克为中心的中东欧地
区以承接国际服务外包业务的另一重要集聚地；俄罗斯凭借其高科技人才
在从事高端研发设计服务方面占有独特优势；陆上丝绸之路的另一端爱尔

兰是闻名全球的服务外包业务早期发源地之一；不少沿线国家都已进入 IT 外包离岸 30 强榜单。虽然中国与上述国家同为承接国，理论上具有竞争性，但各国所处的价值链分工水平不同以及语言文化等因素导致所提供业务存在明显差异性，互补效应更为显著。

无论在产品、技术还是解决方案上，中国服务外包的特征与优势更接近"一带一路"国家的市场需求。"一带一路"国家之间，经济与技术存在巨大的互补性，这些国家的发包商对于服务商的技术、水准、成熟度的要求，和大多数中国外包企业的服务能力匹配性更高，更容易促成外包项目谈判成功和顺利进行。多数"一带一路"国家与地区同中国的政治互信度高于多数经济发达体，交流基础也较为健全，在经济发展领域更倾向于和中国进行合作。受历史因素影响，中国与大多数"一带一路"国家有双边、多边机制，不涉及政治、安全等敏感领域，依托政治关系优势，让市场营销的"利益共同体"和"命运共同体"成为现实的可能性更大。这都为服务外包业务合作创造了良好的外部条件。中国与"一带一路"国家在文化层面的交叉、融合度较高，为两者进行服务外包产业领域合作提供了良好的软环境（姜荣春，2015）。

（二）"一带一路"拓展我国离岸服务外包国际市场多元化格局

"一带一路"朋友圈不断扩大，有利于拓宽我国与沿线国家和地区在服务外包产业方面的合作空间和市场机会。部分沿线服务外包目的地国家已成为我国服务外包企业"走出去"的重要目的地之一。如总部位于北京的博彦科技公司不仅在主要离岸市场美国和日本建立了分支机构，也在印度和新加坡等服务外包高端目的地设立了交付中心，以便优化利用在岸、近岸、离岸等多种模式的综合优势，实现多级交付高质量服务的能力。另外，随着我国加快向服务经济转型和推动制造业升级步伐，作为服务外包需求方的角色日益凸显，越来越多的企业在海外建立研发中心、设计中心、人才中心、咨询中心、财务中心、共享中心，等等。以华为为例，截至 2013 年，华为已经在全球不同区域建立了四十多个能力中心和三十多个共享中心，包括设在英国伦敦的全球财务风险控制中心、印度的研发中心、匈牙利的物流中心，等等。加大对海外高水平专业服务的采购，显然有利于促进我国从投资驱动向创新驱动发展模式的转变。

（三）我国"一带一路"服务外包与对外贸易、对外投资协同发展

由于"一带一路"国家民族众多、语种繁多、文化多元，无形中造成隐形投资贸易障碍，这为贸易服务和信息服务公司带来机遇。例如，2015年，俄罗斯因乌克兰事件受欧美贸易制裁的影响，果蔬、肉类、乳制品等食品需求供应不足，渝新欧铁路通行使川渝水果蔬菜进入俄罗斯市场成为可能，但是，俄罗斯食品进口检验检疫包装等执行欧美标准，这就需要精通俄语、熟悉俄罗斯市场和相关法律法规的专业人才提供贸易服务。随着沿线运输合作的启动，中国与沿线各国的经济交流日益密切，与贸易信息、商贸规则、市场调研等有关的信息服务以及与语言、法律等有关的专业服务外包缺口必将越来越大，与跨境电商密切相关的物流仓储服务、分拨中心等也将快速发展起来。

"一带一路"建设将成为我国对外投资的重要渠道，在带动相关设备出口增长的同时，必将为以生产性服务出口为依托的服务外包产业发展开辟广阔商业蓝海。2017年，中国对"一带一路"59个沿线国家的非金融类直接投资达143.6亿美元。截至2017年底，中国企业在沿线四十几个国家建立了99个初具规模的经贸合作区，累计投资307亿美元。[①] 国际经验表明，企业对外投资有一个服务先行的问题。由于"一带一路"沿线国家和地区法律制度、社会政治、宗教文化、经济条件和商业环境各不相同，投资具有极大复杂性和不确定性，企业对于与东道国投资咨询、法律顾问、风险管理等外部高水平专业性服务产生巨大外包需求，需要大量先进生产性服务，从某种程度上讲，发达国家现代服务业的发展过程特别是全球化的过程就是为跨国企业全球化经营提供管理服务外包的过程。未来一段时间，伴随我国对"一带一路"沿线国家的对外投资规模扩张必然迎来服务外包国际化的发展浪潮。

---

① 资料来源：中国一带一路网，https：//www.yidaiyilu.gov.cn/。

第三节 "一带一路"倡议下促进中国服务外包发展的政策建议

一、印度服务外包产业发展对中国的启示

在发展中国家里，印度在承接全球服务外包方面处于领先地位，这不仅促进了其本国经济的发展，也为其他国家提供了经验。根据印度软件和服务业企业行业协会（NASSCOM）报告，2017 财年印度信息技术及商业流程管理（IT/BPM）产业规模达 1 540 亿美元，同比增长 8%，高于同期印度 GDP 增速。从业务领域看，印度服务外包产业以 IT 服务为主，2017 财年 IT 服务外包出口收入超过 650 亿美元，定制应用开发、基础设施外包服务、应用管理是主要业务领域，占比分别达 35%、21%、12%。BPM 出口收入 260 亿美元，客户交互服务、财务服务、知识服务是主要业务领域，占比分别达 40%、22%、21%。从垂直行业看，金融、电信、高科技、公用事业、制造业、政府服务等是印度 IT/BPM 最主要的业务领域。银行金融服务是印度服务外包出口最大的行业，占据 41% 的份额，其次是高技术和电信行业、制造业，占比分别为 18%、16%。

印度外包行业正在向呼叫中心、支票处理等交易密集型服务以外的领域拓展，并且在寻求提供知识流程外包（BPO）服务的过程中已经达到关键的规模。良好的知识管理能力使得印度企业快速进入服务外包产业全球价值链的上游，这其中的代表就是印孚瑟斯技术有限公司（Infosys）。印孚瑟斯高度重视知识管理的信息化建设，大幅提升了其知识整合能力。从 20 世纪 90 年代初期开始，印孚瑟斯就着手建立自己的企业知识体系，先后建立了技术公告栏、Intranet - Sparsh（企业内部网络）、中央信息门户、中央知识门户，以方便企业全体员工的知识共享与学习。2008 年金融危机以来，印孚瑟斯一度出现业绩下滑，单纯的 BPO 业务难以维持公司持续的高增长，为了扭转局面，印孚瑟斯推出 3.0 转型战略。在 3.0 战略下，印孚瑟斯公司业务结构调整为三大块：运营类服务、改造型服务和创新型服务，

3.0战略实质上是印孚瑟斯向KPO迈进的一次重大战略转变。

强大的知识应用能力帮助印孚瑟斯迅速作出战略响应。为了弥补咨询短板，2012年，印孚瑟斯收购全球著名的咨询管理公司磁石控股股份公司（Lodestone Holding）AG后，拥有了这家公司分布在全球的750多名顶级企业咨询顾问，以及200家来自制造、汽车和生命科学行业的客户，这也扩大了其规模。此外，印孚瑟斯还与客户在移动平台、交易平台、数字营销等领域讨论创新。印孚瑟斯重点强调与合作公司的共同创新，通过与合作公司共同开发新产品来开拓服务市场。2015年9月，印孚瑟斯和华为双方达成一项战略合作伙伴计划，拟在云上提供Finacle通用银行解决方案。

印度服务外包企业普遍拥有良好的知识管理能力，能够有效地在知识流程外包过程中提高自身的创新绩效，从而保持公司的创新能力，并嵌入服务外包价值链的上游。印度发展服务外包的主要优势在于以下三个方面：第一，政府对IT行业的支持和激励政策。印度对进出口的软硬件实行免税，对服务业给予税收优惠政策，加强信息技术的知识产权保护，特别是2015年莫迪政府提出了"数字印度"倡议，斥资170亿美元用于推进技术运用，全面提升国民数字素养，打造安全可靠的网络空间，确保网络及移动平台服务的公众实时共享，为印度IT/BPM产业创造巨大的发展机遇。印度政府注重软件园区、出口加工区、经济特区等园区的建设，对服务外包产业发展起到较大促进作用。第二，印度具有大量低成本、较高素质的劳动力资源。印度拥有较发达的高等教育以及技术教育，这也是促进服务外包产业发展的重要因素。第三，印度在语言和文化上具有承接服务外包的便利条件。英语为印度官方语言，印度员工可与美欧发包企业员工进行无障碍的沟通交流。印度高度重视工商管理教育，培养了大量既精通技术又擅长企业管理的复合型人才，许多印度裔人才成为美国科技企业的高管，为向印度发包业务提供了便利。

二、"一带一路"倡议下促进中国服务外包发展的政策建议

"一带一路"倡议为我国服务外包企业拓展国际空间，推动中国标准和品牌"走出去"提供了重要机遇。目前，多数"一带一路"沿线国家处于工业化和信息化初期阶段，对于服务外包产生了大量需求。我国离岸服务

外包市场主要来自美国、日本等发达经济体，应在继续保持传统发包市场主导地位的同时，稳步开拓"一带一路"市场，以"一带一路"建设为契机，形成发达国家与发展中国家双向拓展的全球市场战略布局。"一带一路"沿线不少国家和地区还处于经济的转轨过程，经济发展水平、营商环境、法律法规等较不健全，与我国在语言、文化、宗教方面差异也较大，劳动力素质和技术水平偏低，虽然"一带一路"服务外包产业具有很大发展潜力，但风险也不可低估。为更好地促进我国"一带一路"服务外包市场的发展，本节提出如下几点建议。

（一）加大政府支持力度，进一步优化政策环境

我国政府对服务外包的发展比以往更加重视，2014 年 12 月，国务院印发的《关于促进服务外包产业加快发展的意见》，首次将发展服务外包提高到国家战略层面。政府应继续提高政策支持力度，从财政投入、税收优惠、人才培养、大学生就业、知识产权保护以及投资促进等全方位提供外包政策支持，为国内尤其是中西部地区的服务外包企业的发展提供良好的宏观环境，牵头建设并不断完善服务外包公共服务平台，为国内企业提供翔实的国家政策解读、行业市场信息等。

（二）以创新驱动为引领，发挥服务企业市场主体作用

服务企业要运用好传统的运输、旅游、建筑服务这些方面的优势，同时也要在共建领域，用一些更新、更现代的理念来推进服务贸易发展，特别是在金融和供应链的相关环节中发挥服务优势，拓展金融、供应链管理和电子商务平台等业务流程外包的价值增值空间，更好地在"一带一路"共建当中提供我们所能够提供的优质的、带有中国特色的、更好的服务提供方式，包括新模式、新业态的输出。中国现在有一大批互联网的世界顶级企业，像 BAT 以及京东、苏宁这样一些实体电商企业，它们在跨境电子商务、互联网金融等方面都创造了很好的新概念、新商业模式和新业态以及一些新产业，应该说，它们在未来的"一带一路"建设当中会发挥更大的作用，在区域供应链形成当中、区域营销网络的扩展当中发挥更好的作用。

（三）企业竞争力提升和风险控制

注重发挥领军企业在接包、品牌、创新、标准和网络渠道等方面的优势，带动中小外包企业参与国际竞争，打造我国服务外包整体品牌。支持服务外包企业通过合作互补、兼并收购等方式获取关键技术、高端人才和品牌渠道等战略资源，为企业在国际市场上增强竞争力，并逐渐发展出有中国特色的品牌营销之路。由于我国企业承接新兴国家和地区外包业务的经验不足，因此，企业要做好风险控制。首先应理性评估自身的实力和风险，根据企业优势，合理安排承接服务外包的市场和规模；其次，要仔细核准评估项目风险，充分做好前期相关可行性调研及风险预判，必要时聘请第三方评估机构对投资目的国进行风险评估；最后，由于沿线国家与地区成员构成复杂，在体制、法律、文化和风俗等方面具有高度差异性，并不适用整齐划一的合作方式，要针对不同国家和地区开展专业对口的特色接包，并不断探索新的合作模式和发展道路。

（四）与国外先进服务提供商合作共同承接"一带一路"外包业务

一些跨国公司在华机构大多具有高水平国际化能力与经验，国内服务外包企业可与这些跨国公司开展战略与业务合作，共同开发"一带一路"服务外包市场。通过与在华跨国公司合作，一方面，可以通过与发达国家和地区的企业合作增加主动近距离接触先进技术的机会，学习其技术运营管理等经验，获得服务外包技术实力提升，反过来，也有利于我国企业承接"一带一路"沿线国家和地区的服务外包；另一方面，还可以利用跨国公司在项目分析、风险管理、国际化运营等方面优势，保障服务外包项目的成功实施（朱福林，2018）。相对来讲，我国企业的国际化经验还不是很多，与跨国公司在华机构进行合作共同开发"一带一路"服务外包市场不仅增强彼此之间的关系，为承接跨国公司欧美母国服务外包创造了机会，还可以有效地降低国际化经营风险。

（五）利用境外经贸合作区、自贸区等平台促进"一带一路"服务外包产业

目前，境外经贸合作区已经成为推进"一带一路"建设和国际产能合作的重要载体和重要抓手，以及中国企业"走出去"的平台和名片。合作

区不仅使中国优势产业在海外形成集聚效应，也降低了中国企业"走出去"的风险与成本。境外产业园区不仅为驻在国创造了就业、税收和技术进步，还主动承担社会责任，积极为当地经济和社会发展做贡献，树立了良好的中国企业形象。另外，自贸区建设是"一带一路"建设中的重要内容，应利用沿线自贸区政策优势，强化境外经贸合作区、产业园区等平台载体的服务配套功能，不断扩大服务外包规模。

第七章

中国自贸区与"一带一路"
倡议的对接融合

第一节　中国自贸区战略与"一带一路"建设的协同性

一、"一带一路"发展现状

2013 年 9 月 7 日，中国国家主席习近平在哈萨克斯坦纳扎尔巴耶夫大学作题为《弘扬人民友谊共创美好未来》的演讲，提出共同建设"丝绸之路经济带"。2013 年 10 月 3 日，习近平主席在印度尼西亚国会发表题为《携手建设中国—东盟命运共同体》的演讲，提出共同建设"21 世纪海上丝绸之路"。"一带一路"就是"丝绸之路经济带"和"21 世纪海上丝绸之路"的简称，它发端于中国，横贯中亚、东南亚、南亚、西亚以及欧洲的部分区域，东牵亚太经济圈，西系欧洲经济圈，途径 64 个国家，是世界上跨度最长的经济走廊和最具发展潜力的经济合作带。"一带一路"倡议以弘扬开放包容、互利共赢的古丝绸之路精神为基础，是区域合作以及全球治理新模式的积极探索，具有"开放、包容、互利、合作"的核心内涵，为实现与"一带一路"沿线国家和地区的产业优势互补、经济开放发展创造绝佳的机遇，搭建合作发展的平台。

（一）"一带一路"倡议贯彻执行政策沟通、设施联通、贸易畅通、资金融通、民心相通的五通发展理念

加强政策沟通是"一带一路"建设的重要保障。截至 2019 年 4 月 30 日，中国已经与 131 个国家和 30 个国际组织签署了 187 份共建"一带一路"合作文件，其中有发展中国家，也有发达国家，还有不少发达国家的公司、金融机构与中国合作开拓第三方市场，如图 7 – 1 所示。

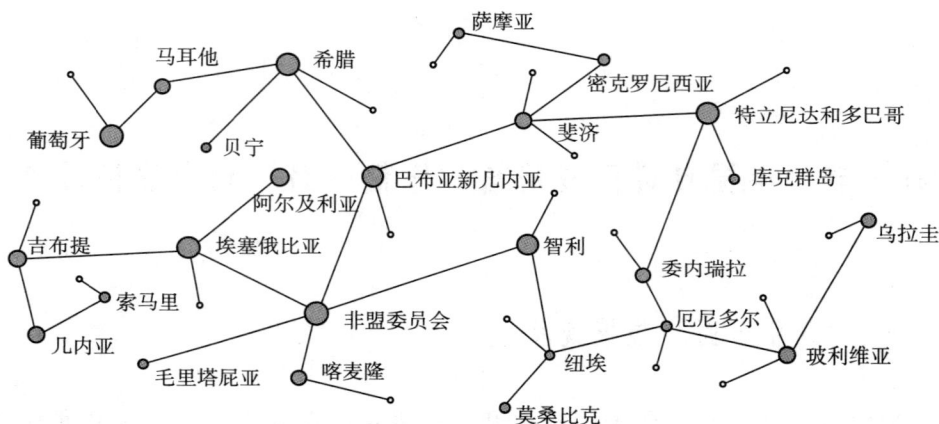

图 7 – 1　2018 年，超过 60 个国家加入"一带一路"朋友圈

资料来源：中国一带一路网。

（二）基础设施互联互通是"一带一路"建设的优先领域

中老铁路、中泰铁路、雅万高铁、匈塞铁路等项目扎实推进，瓜达尔港、汉班托塔港、比雷埃夫斯港、哈利法港等建设进展顺利。到 2019 年 3 月底，中欧班列累计开行数量超过 1.4 万列，基本实现"去一回一"，通达境外 15 个国家 50 个城市。①

（三）中国与沿线国家的贸易往来在不断加强，一直高于中国对外贸易的整体增长速度

2013 ~ 2018 年，我国与"一带一路"沿线国家（地区）货物贸易总额

---

① 资料来源：中国一带一路网，https：//www.yidaiyilu.gov.cn/。

超过 6 万亿美元。2018 年，推动 4 次自主下调关税，降低了包括医药品、日用消费品、汽车和工业品的关税，关税总水平已由 9.8% 降至 7.5%。与中东欧国家达成服务贸易合作倡议，与多个国家签署服务贸易合作文件，多双边服务贸易促进平台更加完善。截至 2018 年底，中国已与 25 个国家和地区达成了 17 个自贸协定，涵盖了 38% 的对外贸易额。截至 2020 年 3 月，中国正与 28 个国家商谈 13 个新的自贸协定，中韩自贸协定第二阶段谈判、中国—挪威、中国—以色列等自贸协定谈判也在稳步推进。

（四）资金融通是"一带一路"建设的重要支撑

中国先后与 20 多个沿线国家（地区）建立了双边本币互换安排，与 7 个国家（地区）建立了人民币清算安排。截至 2018 年底，中国出口信用保险公司在沿线国家（地区）累计实现保额 6 000 多亿美元。中国不断放宽外资准入条件，打造优良营商环境，推动出台 23 项积极有效利用外资的政策举措，放宽外资准入领域，简化外商投资企业设立程序，中国营商环境国际排名比 2017 年提升 32 位。2018 年前 11 个月，沿线国家（地区）对华直接投资 59.3 亿美元，同比增长 18.4%；对沿线国家（地区）非金融类直接投资 129.6 亿美元，同比增长 4.8%。[①]

（五）民心相通是"一带一路"建设的社会根基

中国和共建"一带一路"沿线国家（地区）双向旅游交流超过 6 000 万人次，截至 2018 年 10 月，和 52 个相关国家（地区）实现了免签或落地签，在科技交流、教育合作、文化旅游、绿色发展、对外援助等方面取得一系列成果。

二、中国自贸区建设现状

当前，经济全球化新的发展趋势推动了全球贸易和投资规则的重构。在世贸组织多哈回合受阻导致多边贸易体制裹足不前的情况下，美国开始主导世界经济贸易投资的新规则谈判：一是从 2005 年开始密集推进的"跨

---

① 资料来源：中国一带一路网，https：//www.yidaiyilu.gov.cn/。

太平洋战略经济伙伴协议"（TPP）；二是"跨大西洋贸易与投资伙伴关系协定"（TTIP）；三是"诸边服务业协议"（TISA），特别是TPP成为美国重返亚洲战略的重要组成部分。为迎接国际贸易与投资新形势的挑战，推动中国改革开放在更高层次和更深水平上进行，中国开始探索新的国际贸易和投资体制机制的变革。自贸区建设是我国政府顺应全球经贸发展新趋势，实施更加积极主动对外开放战略的一项重大举措，对有效利用国际国内两个市场、探索对外开放的新路径和新模式、促进经济增长式转变和优化经济结构起到了积极的作用。

2013年9月，我国成立第一个自贸区—中国（上海）自由贸易试验区。2015年4月，天津、福建、广东自贸区正式挂牌成立。2017年4月，辽宁、河南、浙江、湖北、重庆、四川、陕西七个自贸区正式挂牌成立。2018年9月，海南自贸区获得正式批复，成为第一个全域性的自贸试验区。2019年8月，国务院又印发《中国（山东）、（江苏）、（广西）、（河北）、（云南）、（黑龙江）自由贸易试验区总体方案》，至此，我国自贸试验区基本形成了"1+3+7+1+6"的新雁阵模式。自贸区建设有助于我国内陆和沿海地区共同推进，东西南北中协调发展，并为加快实施"一带一路"建设提供重要支撑服务。我国18个自贸区的基本情况如表7-1所示。

表7-1   18个自贸区的基本情况

自贸区	包含片区	战略定位	重点任务	重点发展产业
上海自贸区	外高桥保税区、外高桥保税物流园区、洋山保税港区、上海浦东机场综合保税区、金桥出口加工区、张江高科技园区、陆家嘴金融贸易区	建设开放和创新融为一体的综合改革试验区、建设开放型经济体系的风险压力测试区、打造提升政府治理能力的先行区、构建为服务国家"一带一路"建设及推动市场主体走出去的桥头堡	加快政府职能转变；扩大投资领域的开放；推进贸易发展方式转变；深化金融领域的开放创新；完善法制领域的制度保障	国际贸易服务、金融服务、专业服务、国际物流服务、国际航运服务、离岸服务、现代商贸、总部经济、航运金融、文化体育旅游业、高端服务业、战略性新兴产业

续表

自贸区	包含片区	战略定位	重点任务	重点发展产业
天津自贸区	天津港片区、天津机场片区、滨海新区中心商务片区	以制度创新为核心任务，努力成为京津冀协同发展高水平对外开放平台、全国改革开放先行区和制度创新试验田、面向世界的高水平自由贸易园区	加快政府职能转变；扩大投资领域开放；推动贸易转型升级；深化金融领域开放创新；推动实施京津冀协同发展战略	航运物流、国际贸易、融资租赁；航空航天、装备制造、新一代信息技术和研发设计、航空物流；金融创新为主的现代服务业
福建自贸区	平潭片区、厦门片区、福州片区	营造国际化、市场化、法治化营商环境；发挥对台优势，深化两岸经济合作；建设21世纪海上丝绸之路核心区，打造面向21世纪海上丝绸之路沿线国家和地区开放合作新高地	切实转变政府职能；推进投资管理体制改革；推进贸易发展方式转变；推进与台湾地区投资贸易自由；率先推进与台湾地区投资贸易自由；推进金融领域开放创新；培育平潭开放开发新优势	国际贸易、保税加工和保税物流、商贸服务、航运服务、现代物流业、金融服务业、新兴服务业、旅游服务业、高端制造业
广东自贸区	深圳前海蛇口片区、广州南沙新区片区、珠海横琴新区片区	依托港澳、服务内地、面向世界，将自贸试验区建设成为粤港澳深度合作示范区、21世纪海上丝绸之路重要枢纽和全国新一轮改革开放先行地	建设国际化、市场化、法治化营商环境；深入推进粤港澳服务贸易自由化；强化国际贸易功能集成；深化金融领域开放创新和增强自贸试验区辐射带动功能	航运物流、特色金融、国际商贸、高端制造、金融、现代物流、信息服务、科技服务等服务业；旅游休闲健康、商务金融服务、文化科教和高新技术
辽宁自贸区	大连片区、沈阳片区、营口片区	以制度创新为核心，以可复制可推广为基本要求，加快市场取向体制机制改革、积极推动结构调整，努力将自贸试验区建设成为提升东北老工业基地、发展整体竞争力和对外开放水平的新引擎	加快政府职能转变；深化投资领域改革；推进贸易转型升级；深化金融领域开放创新；加快老工业基地结构调整；加强东北亚区域开放合作	港航物流、金融商贸、先进装备制造、高新技术、循环经济、航运服务、装备制造、汽车及零部件、航空装备、商贸物流、跨境电商、金融、新一代信息技术、高端装备制造

自贸区	包含片区	战略定位	重点任务	重点发展产业
河南自贸区	郑州片区、开封片区、洛阳片区	加快建设贯通南北、连接东西的现代立体交通体系和现代物流体系，将河南自贸区建设成为服务于"一带一路"建设的现代综合交通枢纽、全面改革开放试验田和内陆开放型经济示范区	加快政府职能转变；扩大投资领域开放；推动贸易转型升级；深化金融领域开放创新；增强服务"一带一路"建设的交通物流枢纽功能	智能终端、高端装备及汽车制造、生物医药、国际商贸、跨境电商、现代金融服务、服务外包、医疗旅游、创意设计、商务会展、动漫游戏、文化传媒、文化金融、艺术品交易
浙江自贸区	舟山离岛片区、舟山岛北部片区、舟山岛南部片区	以制度创新为核心，以可复制可推广为基本要求，将自贸试验区建设成为东部地区重要海上开放门户示范区、国际大宗商品贸易自由化先导区和具有国际影响力的资源配置基地	切实转变政府职能；推动油品全产业链投资便利化和贸易自由化；拓展新型贸易投资方式；推动金融管理领域体制机制创新；推动通关监管领域体制机制创新	发展油品等大宗商品储存、中转、贸易产业、保税燃料油供应服务、保税物流、仓储、制造，发展水产品贸易、海洋旅游、海水利用、现代商贸、金融服务、航运、信息咨询、高新技术
湖北自贸区	武汉片区、襄阳片区、宜昌片区	立足中部、辐射全国、走向世界，努力成为中部有序承接产业转移示范区、战略性新兴产业和高技术产业集聚区、全面改革开放试验田和内陆对外开放新高地	加快政府职能转变；深化投资领域改革；推动贸易转型升级；深化金融领域开放创新；推动创新驱动发展；促进中部地区和长江经济带产业转型升级	新一代信息技术、智能制造、国际商贸、金融服务、现代物流、检验检测、研发设计、信息服务、专业服务、新能源汽车、大数据、云计算、商贸物流、生物医药、电子信息、总部经济
重庆自贸区	两江片区、西永片区、果园港片区	全面落实党中央、国务院关于发挥重庆战略支点和连接点重要作用、加大西部地区门户城市开放力度的要求，努力将自贸试验区建设成为"一带一路"和长江经济带互联互通重要枢纽、西部大开发战略重要支点	建设法治化国际化便利化营商环境；扩大投资领域开放；推进贸易转型升级；深化金融领域开放创新；推进"一带一路"和长江经济带联动发展；推动长江经济带和成渝城市群协同发展	高端装备、电子核心部件、云计算、生物医药、总部贸易、服务贸易、电子商务、展示交易、仓储分拨、专业服务、融资租赁、研发设计、保税物流中转分拨、国际中转、集拼分拨

续表

自贸区	包含片区	战略定位	重点任务	重点发展产业
四川自贸区	成都天府新区片区、成都青白江铁路港片区、川南临港片区	立足内陆、承东启西，服务全国、面向世界，将自贸试验区建设成为西部门户城市开发开放引领区、内陆开放战略支撑带先导区、国际开放通道枢纽区、内陆开放型经济新高地、内陆与沿海沿边沿江协同开放示范区	切实转变政府职能；统筹双向投资合作；推动贸易便利化；深化金融领域改革创新；实施内陆与沿海沿边沿江协同开放战略；激活创新创业要素	现代服务业、高端制造业、高新技术、临空经济、口岸服务、国际商品集散转运、分拨展示、保税物流仓储、国际货代、整车进口、特色金融、信息服务、科技服务、会展服务、航运物流、港口贸易、教育医疗、装备制造、现代医药、食品饮料
陕西自贸区	中心片区、西安国际港务区片区、杨凌示范区片区	全面落实党中央、国务院关于更好发挥"一带一路"建设对西部大开发带动作用、加大西部地区门户城市开放力度的要求，努力将自贸试验区建设成为全面改革开放试验田、内陆型改革开放新高地、"一带一路"经济合作和人文交流重要支点	切实转变政府职能；深化投资领域改革；推动贸易转型升级；深化金融领域开放创新；扩大与"一带一路"沿线国家经济合作；创建与"一带一路"沿线国家人文交流新模式；推动西部大开发战略深入实施	战略性新兴产业、高新技术产业、高端制造、航空物流、贸易金融国际贸易、现代物流、金融服务、旅游会展、电子商务
海南自贸区	海南岛全岛	紧紧围绕建设全面深化改革开放试验区、国家生态文明试验区、国际旅游消费中心和国家重大战略服务保障区，实行更加积极主动的开放战略，加快构建开放型经济新体制，推动形成全面开放新格局，把海南打造成为我国面向太平洋和印度洋的重要对外开放门户	加快构建开放型经济新体制；加快服务业创新发展；加快政府职能转变；加强重大风险防控体系和机制建设；坚持和加强党对自贸试验区建设的全面领导	旅游业、现代服务业、高新技术产业、国际投资贸易、保税物流、保税维修、全球动植物种质资源引进和中转

续表

自贸区	包含片区	战略定位	重点任务	重点发展产业
山东自贸区	济南片区 青岛片区 烟台片区	以制度创新为核心，以可复制可推广为基本要求，全面落实中央关于增强经济社会发展创新力、转变经济发展方式、建设海洋强国的要求，加快推进新旧发展动能接续转换、发展海洋经济，形成对外开放新高地	加快转变政府职能；深化投资领域改革；推动贸易转型升级；深化金融领域开放创新；推动创新驱动发展；高质量发展海洋经济；深化中日韩区域经济合作	人工智能、产业金融、医疗康养、文化产业、信息技术、现代海洋、国际贸易、航运物流、先进制造业、高端装备制造、新材料、新一代信息技术、节能环保、生物医药和生产性服务业
江苏自贸区	南京片区 苏州片区 连云港片区	以制度创新为核心，以可复制可推广为基本要求，全面落实中央关于深化产业结构调整、深入实施创新驱动发展战略的要求，推动全方位高水平对外开放，加快"一带一路"交汇点建设，着力打造开放型经济发展先行区、实体经济创新发展和产业转型升级示范区	加快转变政府职能；深化投资领域改革；推动贸易转型升级；深化金融领域开放创新；推动创新驱动发展；积极服务国家战略	金融、服务贸易、现代服务业、高科技产业、高端化产业
广西自贸区	南宁片区 钦州港片区 崇左片区	以制度创新为核心，以可复制可推广为基本要求，全面落实中央关于打造西南中南地区开放发展新的战略支点的要求，发挥广西与东盟国家陆海相邻的独特优势，着力建设西南中南西北出海口、面向东盟的国际陆海贸易新通道，形成21世纪海上丝绸之路和丝绸之路经济带有机衔接的重要门户	加快转变政府职能、深化投资领域改革、推动贸易转型升级、深化金融领域开放创新、推动创新驱动发展、构建面向东盟的国际陆海贸易新通道、形成"一带一路"有机衔接的重要门户	现代金融、智慧物流、数字经济、文化传媒、港航物流、国际贸易、绿色化工、新能源汽车关键零部件、电子信息、生物医药、跨境贸易、跨境物流、跨境金融、跨境旅游和跨境劳务合作

续表

自贸区	包含片区	战略定位	重点任务	重点发展产业
河北自贸区	雄安片区 正定片区 曹妃甸片区 大兴机场片	以制度创新为核心，以可复制可推广为基本要求，全面落实中央关于京津冀协同发展战略和高标准高质量建设雄安新区要求，积极承接北京非首都功能疏解和京津科技成果转化，着力建设国际商贸物流重要枢纽、新型工业化基地、全球创新高地和开放发展先行区	加快转变政府职能、深化投资领域改革、推动贸易转型升级、深化金融领域开放创新、推动高端高新产业开放发展、引领雄安新区高质量发展、推动京津冀协同发展	信息技术、现代生命科学、生物技术、高端现代服务业、临空产业、生物医药、国际物流、高端装备制造、国际大宗商品贸易、港航服务、能源储配、航空物流、航空科技、融资租赁
云南自贸区	昆明片区 红河片区 德宏片区	以制度创新为核心，以可复制可推广为基本要求，全面落实中央关于加快沿边开放的要求，着力打造"一带一路"和长江经济带互联互通的重要通道，建设连接南亚东南亚大通道的重要节点，推动形成我国面向南亚东南亚辐射中心、开放前沿	加快转变政府职能、深化投资领域改革、推动贸易转型升级、深化金融领域开放创新、创新沿边经济社会发展新模式、加快建设我国面向南亚东南亚辐射中心	高端制造、航空物流、数字经济、总部经济、加工及贸易、大健康服务、跨境旅游、跨境电商、跨境产能合作、跨境金融
黑龙江自贸区	哈尔滨片区 黑河片区 绥芬河片区	以制度创新为核心，以可复制可推广为基本要求，全面落实中央关于推动东北全面振兴全方位振兴、建成向北开放重要窗口的要求，着力深化产业结构调整，打造对俄罗斯及东北亚区域合作的中心枢纽	加快转变政府职能、深化投资领域改革、推动贸易转型升级、深化金融领域开放创新、培育东北振兴发展新动能、建设以对俄罗斯及东北亚为重点的开放合作高地	信息技术、新材料、高端装备、生物医药等战略性新兴产业，科技、金融、文化旅游等现代服务业，绿色食品，商贸物流，旅游、健康，沿边金融，木材、粮食、清洁能源等进口加工业，商贸金融

资料来源：根据18个自贸区总体方案整理而得。

　　虽然各个自贸区的主要目标是一致的，但由于各地的自身特点不同，其发展的侧重点也存在差异。上海自贸区以金融创新为核心，建立深化完善以负面清单管理为核心的投资管理模式，致力于推动上海成为国际经济、贸易、金融和航运中心，在我国的自贸区建设中担当着领头羊的角色；天津自贸区侧重制造业，立足于推进京津冀地区协同发展；广东依托其毗邻港澳的地理位置，作为内地与港澳的连接桥梁，建设成为粤港澳深度合作示范区，推动现代金融服务创新；福建自贸区作为建设 21 世纪海上丝绸之路核心区，侧重"一带一路"的建设，打造面向 21 世纪海上丝绸之路沿线国家和地区开放合作的新高地。针对自贸区不同的定位和发展目标，政府部门制定的政策也有所差异。

贸易便利化是自贸区改革的重中之重，也是我国对外开放水平的重要体现。2018 年 5 月，国务院统一印发了《进一步深化中国（广东）自由贸易试验区改革开放方案》《进一步深化中国（天津）自由贸易试验区改革开放方案》《进一步深化中国（福建）自由贸易试验区改革开放方案》，标志着广东、天津和福建自贸试验区的改革开放进入 2.0 阶段。在"一带一路"的背景下，贸易便利化是自贸区建设的首要目标，可以实现我国出口额和进口额的增多，实现贸易转型。

在投资管理的政策上，上海自贸区于 2013 年率先出台外商投资准入负面清单。负面清单项目以外，内外资实行一致管理，外资企业和项目登记实行备案制管理。2015 年，四大自贸区使用同一份负面清单。负面清单管理表明我国政府开始转换过去以税收优惠来招商引资的思维，通过制度创新倒逼经济体制改革。2018 年 6 月，中国发布"2018 年外商投资负面清单"和自贸试验区版的"负面清单"，从 2013 年的 190 条减少到 45 条，轨道交通设备制造、医药制造、道路运输、保险、会计审计等领域都开始向外资开放。在全球贸易保护主义盛行的背景下，中国继续放宽市场准入，显示了中国对外开放的决心和行动。

2018 年 10 月，《中国（上海）自由贸易试验区跨境服务贸易特别管理措施（负面清单）（2018 年）》发布，这是继 2013 年外商投资准入负面清单之后，服务贸易首张"负面清单"的问世，这份清单将进一步消除服务贸易壁垒，形成更加开放和自由的服务贸易市场，推动我国接轨高水平协定、参与国际规则制定，进一步融入全球价值链分工体系，提升在全球经济贸易体系中的话语权。

在"一带一路"开放战略的推进下，我国自贸区建设步伐加快，新的7个自贸区有5个在内陆的中西部，呈现由东向西的梯次渐进式发展，形成点（上海）—轴（天津、福建、广东）—面（辽宁、陕西、河南、浙江、湖北、四川、重庆）的态势。各地的自贸区通过借鉴上海及其他先行者的经验，结合自身的优势，已经逐步形成特色，为"一带一路"建设以及中国企业"走出去"提供了法规政策的支持，是中国企业强有力的后盾。2018年，河南自贸试验区累计入驻企业4.44万家，名列榜首，"一带一路"物流综合服务平台上线运行，为自贸区内企业提供"门到门"服务；同样是中部枢纽的湖北自贸试验区瞄准新能源、高科技，开启与"一带一路"沿线产业对接、升级合作新通道；四川、陕西、重庆共同承担起了"向西开放"的重要任务，多式联运互联互通的同时，"一带一路"人文交流也在这里展开；国际海事博览会在浙江自贸区举行，朝着不产一滴油的"国际油港"的目标发展；"中俄粮食走廊"项目正式落户辽宁自贸区营口片区，每年在俄罗斯合作生产2 000万吨粮食，是近年来中俄双边农业合作中最重要的项目之一。

三、中国自贸区战略与"一带一路"建设的协同性

目前，中国的自贸区建设已进入3.0时代，一是数量更多，自2013年上海成立第一个自贸区以来，通过"扩容升级"批准了5批共18个自贸区；二是范围更宽，从东部扩展至中部，乃至西部。新成立的自贸区在复制前几批自贸区成功经验的基础上，结合自身情况进行了进一步的改革创新，相信会释放出更多的经济活力和动力。同时，"一带一路"建设也在向纵深发展。自贸区在贸易便利化、投资自由化、金融国际化等方面先行先试，对"一带一路"倡议的落实形成了有力的支撑。

（一）"一带一路"倡议和自贸区建设均有助于提升我国的对外开放水平

自贸区建设与"一带一路"倡议同为我国深化对外开放的载体，两者可谓是相互依存和共同发展，两者之间的融合有助于我国新的对外开放格局的构建。"一带一路"侧重以基础设施为先导，促进与沿线国家的互联互

通及加强全方位经贸合作，是经济新常态下我国对外开放战略的升级版，为我国提供了一个包容、开放的对外发展平台，使我国快速发展的经济能同沿线国家的利益结合起来，实现互利共赢。自贸区以消除贸易壁垒、推进贸易自由、提升贸易便利为使命，与"一带一路"同样具有增进对外经贸、扩大对外开放、加强对外交流的功能作用。自贸区建设与"一带一路"倡议理念相通，"一带一路"所倡导的"政策沟通、道路联通、贸易畅通、货币流通和民心相通"与自贸区建设所始终遵循的"投资自由化、贸易市场化、金融国际化、管理规范化"存在着诸多相通之处，例如，政策沟通对应管理规范化，贸易畅通对应贸易市场化，货币流通对应金融国际化。

（二）"一带一路"是自贸区制度创新的新平台

自贸区在投资自由化、贸易便利化、金融国际化、行政管理简化等方面着力推行各项制度创新，"先行先试"，为"一带一路"制度建设提供了可靠的实践平台和丰富的规范渊源，为"一带一路"制度建设创造条件和积聚经验，也有利于"一带一路"良好法治营商环境的形成与发展。自贸区成立以来，各自贸区都特别提出要通过制度创新激活自贸区的经济活力。例如，上海自贸区提出要"把制度创新作为核心任务，把防控风险作为重要底线""在更广领域和更大空间积极探索以制度创新推动全面深化改革的新路径，率先建立符合国际化、市场化、法治化要求的投资和贸易规制的新体系"；广东自贸区提出要"以制度创新为核心，促进内地与港澳经济合作"；天津自贸区提出要"以制度创新为核心，发挥市场在资源配置中的决定性作用，探索转变政府职能的新途径"；福建自贸区提出要"立足于体制机制创新，进一步解放思想，先行先试"；辽宁自贸区提出要"以制度创新为核心，以可复制可推广为基本要求，加快市场取向体制机制改革、积极推动结构调整"；河南自贸区提出要"以制度创新为核心，以可复制可推广为基本要求，加快建设贯通南北、连接东西的现代立体交通体系和现代物流体系"。

（三）"一带一路"统领自贸区的发展，自贸区建设服务支撑"一带一路"

"一带一路"从最初概念的提出到目前不断的推进过程中，定位不断提升,已经成为我国对外开放与对外合作方面的总规划,也成为我国探索全球经济治理新模式的平台。"一带一路"倡议的实施,对我国自贸区建设的发展具有统领作用。"一带一路"为纲,自贸区为目,纲举而目张,共同深化对外开放。可以说,"一带一路"建设引领了自贸区的发展方向。与此同时,每个自贸试验区也都结合自身的实际情况和优势,以"一带一路"建设为统领,服务支撑"一带一路"建设。例如,河南、陕西自贸区恰好位于"一带一路"中的陆上交通枢纽地带,这与福建自贸区作为"海丝之路"的核心区域相似,三地同是"一带一路"沿线中的海陆交通枢纽站和汇集点,凭借制度创新与各自突出的地缘优势,河南、陕西、福建自贸区有效加速和提升了"一带一路"自由贸易中的货物运输、物流中转、客运集散效率,大幅度减少和降低了"一带一路"沿线跨境贸易中所需的时间、人力、物力成本,进而推动"一带一路"自由贸易网络的迅速形成和发展。在"一带一路"建设背景下,自贸区会迎来更多的机遇和发展,未来,随着"一带一路"建设的深入推进,会促进国内更多自贸区的诞生。

(四)自贸区是推进"一带一路"建设的重要节点

实现"一带一路"建设的"五通",需要以国内一些核心区域和重要节点作为支撑,而自贸区就是这样的重要节点。中国自贸区多是处于"一带一路"国内线段中区位优势显著,经贸往来频繁,腹地较为广阔的交通枢纽地带,加之自身宽松便利的市场管理模式,无疑成为我国衔接"一带一路"自由贸易区网络的最佳战略切点,通过中国自贸区联通"一带一路"自由贸易区网络更能有效发挥"一带一路"的要素聚集、经济辐射和区域联动作用。"一带一路"倡议与自贸区建设之间的结合,可以让我国构建一种以点带面、联动发展的对外开放格局。《推动共建丝绸之路经济带和21世纪海上丝绸之路的愿景与行动》(下称《愿景与行动》)重点圈定了包括11个自贸区在内的18个省市作为"一带一路"建设的国内节点。《愿景与行动》提出要把郑州、西安、成都、重庆和武汉打造成内陆开放高地,以扩大开放倒逼深层次的改革,创新开放型经济体制机制,据此形成参与和引领国际合作的竞争新优势,成为"一带一路"建设的排头兵和主力军。

第二节　中国自贸区与"一带一路"
建设对接的途径与现状

"一带一路"倡议将构筑中国新一轮对外开放的"一体两翼"，在提升向东开放水平的同时加快向西开放步伐，助推内陆沿边地区由对外开放的边缘迈向前沿。各大自贸区都是"一带一路"的核心区，是连接"一带一路"的桥头堡和重要支点。2015年3月，国务院总理李克强在政府工作报告中明确提出，推进丝绸之路经济带和21世纪海上丝绸之路合作建设，构建全方位对外开放新格局。同时也强调积极推动上海、广东、天津、福建自贸试验区建设，在全国推广成熟经验，形成各具特色的改革开放高地。自贸区践行的"投资自由化、贸易市场化、金融国际化、管理规范化"和"一带一路"倡导的"政策沟通、道路联通、贸易畅通、货币流通和民心相通"有异曲同工之妙。自贸区成立后可通过构建高标准贸易规则、推动跨境金融改革等举措深度对接"一带一路"。

一、中国自贸区与"一带一路"建设对接的途径

（一）自贸区通过构建高标准贸易规则与"一带一路"深度对接

自贸区建设也是中国为了更好地与外部自贸区形成良性有序的互动，加快实施自由贸易区战略，积极参与国际经贸规则制定、争取全球经济治理制度性权力的重要平台（习近平，2014）。自贸区与"一带一路"的全面对接，通过制定新的"游戏规则"，积极同"一带一路"沿线国家和地区商建自由贸易区，延伸价值链合作。自贸区成立后实行了诸多贸易便利化举措，客观上促进了与"一带一路"沿线国家（地区）的贸易发展。一是通过国际贸易"单一窗口"提高通关效率，从而优化营商环境。"单一窗口"是国际通行的贸易便利化的综合平台，企业通过一次申报，

就能向所有相关的国际贸易及物流管理部门提交相应的信息和随附单证，同时在海运仓单申报的基础上拓展航空、铁路仓单申报等功能，并加强与"一带一路"重点沿线国家互联互通、信息共享。二是丰富口岸功能建设，完善口岸进口种苗、水果、食用水生动物、药品和生物制品等特殊进口货物的功能。三是创新新业务、新模式，包括支持平行进口汽车保税仓储，创新开展保税维修、艺术品保税仓储、税款保证保险等业务。

（二）自贸区通过"引进来"与"走出去"与"一带一路"深度对接

"一带一路"沿线 64 个国家大多是新兴经济体和发展中国家，经济发展水平普遍较低，大多数企业实力较弱，不具备很强的国际市场竞争力。从控成本、降风险、谋利润视角分析，中国自贸区对"一带一路"沿线外企无疑具有较强的市场吸引力，这也同时为中国自贸区内企业带来了潜在的贸易对象与合作机遇。以中国自贸区为纽带，借助中国自贸区所特有的制度创新，鼓励区内中国企业敢于开拓"一带一路"沿线市场，加强与"一带一路"沿线外企的经贸合作，通过经济红利共享不断提升中国自贸区在"一带一路"中的国际市场影响力，与此同时，也让"一带一路"沿线各国（地区）更多了解中国自贸区的优势特性，从而吸引更多"一带一路"外商进驻中国开展经贸活动，以中国自贸区为契机将"走出去"与"引进来"相结合，在"一带一路"沿线各国及地区实现经济利益的同时为自贸区内企业带来更广阔的市场空间，最终达成互利共赢的"一带一路"国际经贸合作新局面。

（三）自贸区通过深化金融改革与"一带一路"深度对接

自贸区通过深化金融改革与"一带一路"深度对接。作为"我国金融业对外开放试验示范窗口"和"跨境人民币业务创新试验区"，自贸区通过金融开放创新，深度对接"一带一路"建设。一是加强与"一带一路"沿线国家（地区）金融市场的深度合作、互联互通。二是加强与境外人民币离岸市场的战略合作，推进境外机构和企业发行人民币债券和资产证券化产品，支持优质境外企业利用自贸区资本市场发展壮大，吸引沿线国家的央行、主权财富基金和投资者投资境内人民币资产，为"一带一路"重大项目提供融资服务。三是大力发展海外投资保险、出口信用保险、货物运输保险、工程建设保险等业务，为企业海外投资、产品技术输出、承接"一带一路"重大工程，提供综合保险服务。

（四）自贸区通过制度创新与"一带一路"深度对接

在"一带一路""五通"模式中的政策相通是贸易畅通、设施联通、金融融通的关键条件和必要前提，只有政策相通才能实现互利互惠以及不同国家间对外资准入的公平对待，才能真正实现贸易投资自由化、经济发展一体化和战略建设常态化。自贸区设立以来，在营造市场化和国际化的营商环境等方面进行了制度创新，助推我国企业"走出去"和"引进来"。一是实行商事制度改革。以简政放权为核心的商事制度改革极大地简化了企业注册资本登记手续，推动了投资便利化，有效地调动了全社会投资的创业积极性。自贸区的多项创新举措不仅被复制推广到第三批自贸试验区，还被推广到我国与"一带一路"沿线国家（地区）的自贸区建设实践中。二是自贸区率先实行引资政策改革。对外商投资企业实行负面清单管理，将不涉及国家规定实施准入特别管理措施的外商投资企业设立及变更事项，由审批改为备案管理。招商引资正在逐步从"优惠性、政策性招商"向"营商环境、制度优势招商"转变，从注重外资准入管理向市场调节和行业监管转变。三是引入负面清单制度。目前为止，全球至少有77个国家或地区采取负面清单的外资管理模式，负面清单制度已成为国际投资发展的总趋势。将负面清单制度引入"一带一路"能够增强各国外商投资政策透明度，有效减少外资进入一国市场的制度壁垒，相互间在更大范围内实现市场开放与投资自由，加速人员、资本、技术、信息等市场要素在"一带一路"区域中的自由流动。

二、中国自贸区与"一带一路"建设对接的现状

自2013年自贸试验区建设启动以来，已经有了较为显著的成效，取得的114项改革试点经验已经在全国范围内得到复制推广。同时，先期建立

的四个自贸区在对接"一带一路"建设上先行先试，在基础设施互联互通、金融开放、对外投资与贸易等多个领域积累了丰富的经验，也取得了较为明显的成果。2017 年建立的 7 个自贸试验区和 2019 年建立的 6 个自贸试验区在更大范围、更宽领域、更高层次上进一步丰富了"一带一路"建设内容。

（一）自贸区与"一带一路"沿线国家（地区）贸易额的规模较大

根据海关统计数据显示，2017 年，中国与"一带一路"沿线国家（地区）进出口总额实现较快增长，达到 14 403.1 亿美元，占中国进出口贸易总额的 36.2%，其中出口总额为 77 412.6 亿美元，进口总额为 6 660.5 亿美元，"一带一路"国家重要性愈发显著，如图 7 - 2 和图 7 - 3 所示。2017 年，11 个自贸区省市与"一带一路"沿线国家（地区）贸易额为 6 045.3 亿美元，占我国与"一带一路"沿线国家（地区）贸易总额的 55.56%。其中，广东、浙江、上海与"一带一路"沿线国家（地区）贸易额分别位列全国的第一、第三和第五。自贸区建立之后采取的各种贸易便利化的措施，能够极大地推动对外贸易的增长，未来与"一带一路"沿线国家（地区）的贸易存在较大的增长空间。

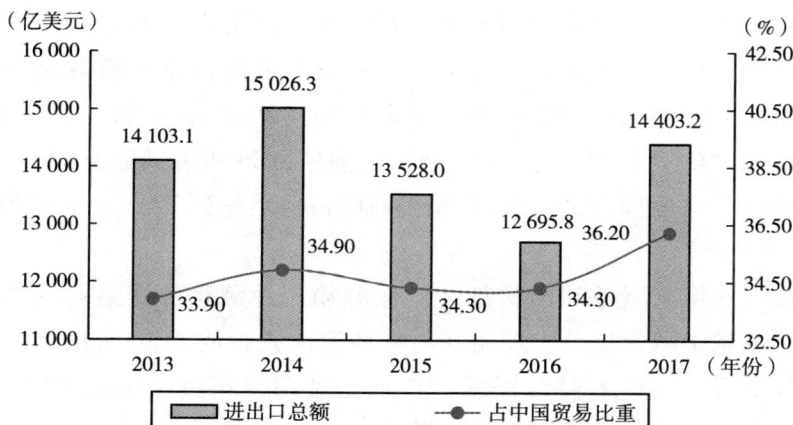

图 7 - 2　2013 ~ 2017 年中国与"一带一路"沿线国家（地区）进出口总额及所占比重

资料来源：中国一带一路网。

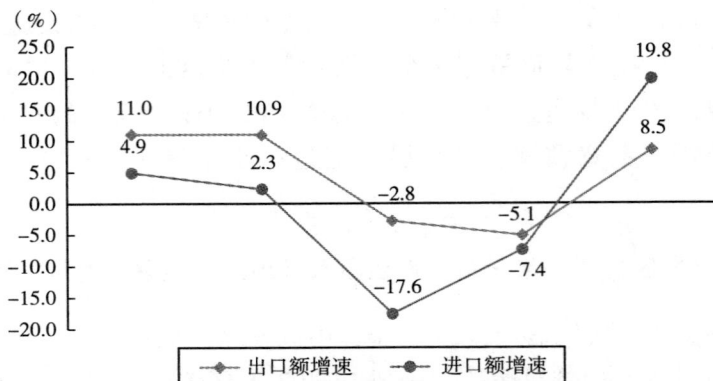

图 7 - 3   2013 ~ 2017 年中国与"一带一路"沿线国家（地区）进口额、出口额增速
资料来源：中国一带一路网。

（二）自贸区与"一带一路"沿线国家（地区）联通建设加强

郑州、重庆和成都等自贸区所在的城市由于资源高度集中、辐射力强、区位优势明显，是"一带一路"重要物流节点城市，这些节点城市不断加强与"一带一路"沿线国家（地区）陆路连通能力建设。其中，中欧班列是我国和"一带一路"沿线国家（地区）联通的重要陆上工具。多个自贸区已经开通中欧班列，开行数量持续提升。2018 年，中欧班列共开行 6 363 列，同比增长 73%，其中返程班列 2 690 列，同比增长 111%，其中成都、重庆、西安、郑州、武汉五个自贸区开行班列数量占总开行数量的 8 成以上，是国内最主要的中欧班列货物集散地，2018 年分别开行 1 587 列、1 442 列、1 235 列、752 列、423 列。目前中欧班列可到达欧洲 15 个国家的 49 个城市，回程班列数量与去程班列的占比已达到 72%，基本实现"去 4 回 3"。①

中欧班列物流服务趋向精细化。保温箱、冷藏箱、恒温箱及各种特色的拼箱服务越来越常见，如郑州开通特种箱优先验放通道，支持加工食品、计算机等对温度湿度有特殊需求的产品搭载恒温箱进出境，2019 年 6 月，该班列首次承运来自白俄罗斯的冰淇淋。

中欧班列与"一带一路"沿线国家（地区）的贸易发展迅速。如 2019

---

① 资料来源：中国一带一路网，https：//www.yidaiyilu.gov.cn/。

年上半年，重庆外贸进出口总值 2 663.6 亿元，同比增长 16.48%；对欧盟进出口 505.2 亿元，增长 21.9%；对"一带一路"沿线国家（地区）外贸发展明显加快，合计进出口 734.2 亿元，增长 32%，中欧班列（重庆）对重庆外贸发展的支点作用不断凸显。①

尽管厦门在中欧班列的开行数量上不占据优势，但依靠港口优势，在铁海联运方面取得了成效。据厦门海关统计，截至 2019 年 6 月底，共有 63 票 226 标箱来自越南、泰国、日本等国家货物成功过境厦门，总重量达 924 吨，货值 1 687 万美元。

2011 年以来，中国的铁水联运发展迅速，其中 2017~2018 年运量增长了 30%，2018 年达到 415 万标箱。不过，就全国情况看，目前主要港口的水铁联运比例还较低。其中，最高的青岛港和宁波港占比为 5.4% 和 4.2%，国外汉堡和不来梅的水铁联运比例均超过了 35%。这意味着，谁占据了更多的海铁联运市场份额，谁就能在中欧班列的竞争力掌握主动权。

（三）自贸区对"一带一路"沿线国家（地区）投资规模大、增速快

自贸区是对"一带一路"沿线国家（地区）投资的主体，2017 年，上海、广东和福建三个自贸区所在省市占我国对"一带一路"沿线国家（地区）投资的 68%。其中，上海对"一带一路"沿线国家（地区）直接投资 36.8 亿美元，新签对外承包工程合同额 89.15 亿美元，同比增长 66.5%；广东对"一带一路"沿线国家（地区）直接投资超过 40 亿美元，同比增长 65.3%，45% 的新增"走出去"企业选择在"一带一路"沿线国家（地区）进行投资；福建对"海上丝绸之路"沿线国家（地区）直接投资 22.3 亿美元，增长 61.6%。此外，天津也启动了"一带一路"项目库建设，入库项目 85 个，总投资 271 亿美元，大力开展与"一带一路"沿线国家（地区）的国际产能和装备制造合作，重点推进钢铁、建材、化工等产业对外投资和产能转移。

---

① 资料来源：中国一带一路网，https：//www.yidaiyilu.gov.cn/。

第三节　中国自贸区对接"一带一路"
建设存在的问题和对策

一、中国自贸区对接"一带一路"建设存在的问题

"一带一路"倡议推行六年以来，沿线各国（地区）之间在贸易、投资、人文、交通、产能、金融、互联网等多个领域展开深入合作，取得了一系列举世瞩目的巨大成就，但在发展过程中仍存在诸多问题。

（一）统筹机制有待优化

不同的自贸区之间在经济发展状况、资源禀赋等方面存在较大的差异，由于行政区划的分割，资源在区域之间的配置以及整合的难度较大。各省区都以"一带一路"为"纲"，以省内自贸区为"目"，均围绕本省情况制定参与"一带一路"建设的发展战略。各自贸区之间却没有形成较为良好的沟通合作机制，忽视了同其他自贸试验区以及周边地区的依存关系，缺乏必要的合作交流。各自贸区在发展的过程中都会比较注重自身的发展和建设，有可能会导致自贸区建设对象和定位的交叉重叠，造成重复建设以及资源浪费的现象，从而弱化自贸区的经济带动效应。

（二）物流体系有待完善

中欧班列已开行 7 年多，开行规模快速增长、运输覆盖范围不断扩大，但仍旧处于发展的初期阶段，存在许多问题。首先，中欧班列绝大多数线路在发展过程中并未根据商品成本、时间、规模等因素来确定细分目标市场，反而为了维持或增加车次不加选择地运输所有在技术上可行的货物，降低了中欧班列的运营质量，制约中欧班列可持续发展的能力，导致部分线路主要依靠低价来争抢货源，形成了班列开行量大幅增长的繁荣"泡沫"。其次，中欧班列沿线国家不同程度地存在运输基础设施落后的情况，其后果不仅带来班列线路拥堵、开行数量受限等问题，更重要的是将损害

中欧班列的运行效率和稳定性，进而抬高班列成本，降低班列运行质量，不利于班列形成真正的市场竞争力。此外，中欧班列线路过于集中，国内各地开往欧洲主要区域或同一目的地的班列线路重复，造成往返空载率居高不下，资源浪费，无序竞争时有发生，个别地方政府为了维护班列的运营，不惜大量补贴运费，吸引货源。

（三）金融业服务能力有待提升

随着"一带一路"倡议的逐步推进，我国和沿线国家、地区的经济发展格局将发生重大而深刻的变化，在基础设施、产能对接、对外贸易、跨境金融等方面产生大量新的金融服务需求。但是，目前我国金融服务的能力还有待提升。据估算，"一带一路"沿线国家和地区每年所需要的基础设施投资需求超过 1.5 万亿美元，基础设施合作是"一带一路"合作的优先领域和重点，而基础设施建设的项目具有投资规模大、周期长、项目整体风险偏高等特点，但是项目的整体盈利能力并不强，导致基础设施建设所需资金严重不足。另外，"一带一路"区域跨度大，涉及 60 多个国家和地区，同时区域内币种不统一。由于沿线国家（地区）货币在国际货币体系中的地位不高，交易中仍主要使用美元、欧元等第三方货币进行计价和结算，人民币在区内份额较少。如果第三方货币流动性出现问题，将严重影响区内正常经贸往来。

二、中国自贸区对接"一带一路"建设的对策

（一）注重统筹协调，加快中国自贸区融入"一带一路"建设

自贸区建设可以为"一带一路"倡议的实施，提供较为良好的政策环境。注重自贸区建设与"一带一路"倡议之间的统筹协调，是提升"一带一路"建设的实效性的可行措施。为促进两者之间的统筹协调，我国可以构建一种基于国家层面的战略统筹协调机构。目前，中国自贸区建设已升级为 3.0 模式，已发展成为战略集群，试验区域不断扩张、地域联系越加紧密，需要具有专业性、独立性、权威性的国家机构居间协调，促进不同部门、领域之间的沟通交流。国家层面的战略统筹协调机构可以妥善调和

中央与地方的关系，避免和减少在自贸区国家政策推行及制度创新复制推广中所可能遭遇的地方保护主义，以便更好地发挥自贸区经贸自由、制度创新的功能作用。另外，中国自贸区与"一带一路"的对接涉及文化、经贸、制度、交通等多个领域，单一的部门或机构无法有力推动两大战略的互通互联，只有通过国家层面统筹协调、合理规划才能有效整合现有资源，将两大战略进行全面深入的对接。

要加强自贸区与"一带一路"建设的政策沟通，打破自贸区之间的政策协调障碍，避免出现省际发展战略在功能定位、发展路径上雷同等问题，以最大限度地发挥政策合力；要加强东、中、西部自贸区的经济合作，做好产业链的整合与分工，避免省际的无序竞争，形成产业发展的合力。

（二）完善物流体系建设，鼓励中欧班列有序竞争

物流体系建设的优化，有助于自贸区建设与"一带一路"倡议之间的对接。为实现与"一带一路"沿线国家（地区）设施联通，我国自贸区要积极构建区域物流大通道，打造区域物流运输枢纽，促进区域内产业承接和转移，为通关便利化创造条件。随着跨境电子商务的蓬勃发展，跨境物流业也随之兴起。跨境物流可以为区内企业参与到境外基础设施建设中提供支撑，也可以推动区内物流模式的创新。鼓励远洋物流企业进一步合并重组，提高市场集中度，形成一批国际竞争力强、国际市场份额大的大型物流集团。中欧班列体系的优化，有助于物流产业的发展，针对中欧班列运行过程中存在的问题，国家需要构建公平化、有序化的市场环境，并要借助多种形式的合资合作经营方式，降低中欧班列的物流成本。为加强中欧班列的管理，国家也需要对中欧班列干线网络与支线网络进行优化，进而在对中欧班列的服务质量进行严格管理的基础上，对各种资源进行有效整合。在物流体系建设工作实施过程中，国家相关部门也需要对地方政府的补贴行为进行规范。各自贸区政府应根据《中欧班列发展规划（2016～2020年）》合理控制补贴力度和时效。枢纽城市可在班列运行初期给予适当补贴，但要逐渐强化市场机制。非枢纽城市应减少班列补贴，引导其为枢纽城市集散货物服务。

（三）支持金融领域开放创新，增强金融服务能力

"一带一路"建设及其与中国自贸区的对接需要大量资金支援及融资支持，虽然已成立了亚投行与丝路基金，可为"一带一路"建设提供 5 000 亿美金，但由于工程持久浩大，这些资金仍远远不够，资金问题仍是困扰"一带一路"的现实难题，而实现资金融通则是解决该问题的有效途径和关键所在。对此，应当着重推进"一带一路"沿线各国间金融合作，建设稳定的亚洲货币体系、融资体系和信用体系；支持"一带一路"中各国政府或具有较高信用级别的外资企业、金融机构进入中国市场发行人民币债券，鼓励国内具有同等资质条件的市场主体"走出去"到"一带一路"沿线他国发行人民币债券或当地债券，努力实现亚太市场金融互通，并将所筹资金主要用于各国基础设施建设。在人民币资本项目可兑换、人民币跨境使用、外汇管理等重要领域和关键环节，自贸区应通过先行试验，建立起国际化、市场化、法治化的金融服务体系。同时，在风险防范机制上，审慎管理，在引入创新性金融工具的同时，要密切关注自贸区的资金流入流出通道。

"一带一路"倡议与自贸区建设之间的结合，有助于国家的经济发展。现阶段，"一带一路"倡议已经让中国经济的发展方得到明确。自贸易区试点工作的开展，也为我国企业提供了进入海外市场的新机遇。在注重两者之间结合的基础上，稳步开展结构性改革，有助于全面开放的经济发展新格局的构建。针对经济全球化趋势的新要求，我国也需要在"一带一路"倡议与自贸区建设对接过程中注重人民币的国际化，进而提升我国的国际影响力。

第八章

加快"一带一路"沿海省市
服务业发展的对策

第一节 负面清单视角下上海自贸区的服务业开放

一、负面清单管理模式的发展与应用

负面清单管理模式是国际上广泛采用的外资准入管理方式,即指针对外资与国民待遇、最惠国待遇不符的管理措施或业绩要求、高管要求等方面的管理限制措施均以清单方式列明。负面清单相当于投资领域的"敏感区",列明了企业不能投资或限制投资的领域和产业。对负面清单之外的领域,按照内外资一致原则,将外商投资项目由核准制改为备案制,将外商投资企业合同章程审批改为备案管理。负面清单与准入前国民待遇密切相关。准入前国民待遇是指除通过负面清单方式来保护的某些产业和活动外,在准入阶段给予外国投资者国民待遇原则所承诺的待遇。

目前,世界范围内的区域贸易协定主要采用两种清单管理模式:一种是以美国主导的《北美自由贸易区协定》(NAFTA)为代表的负面清单模式,另一种是以 WTO 主导的《服务贸易总协定》(GATS)为代表的正面清单和负面清单混合使用模式。目前,负面清单管理模式至少被 77 个国家采用,已逐渐成为国际投资规则发展的新趋势。

习近平总书记和党中央对扩大开放、深化负面清单制度改革高度重视,

已经做出了战略性部署。2018 年 4 月 10 日，习近平主席指出："今年上半年，我们将完成修订外商投资负面清单工作，全面落实准入前国民待遇加负面清单管理制度。"负面清单制度改革是经济体制改革与创新的关键。负面清单限定了市场主体不准进入的范围，是政府与市场联系的桥梁，能够重构政府和市场的关系，是刻画政府与市场边界、区分计划经济与市场经济体制的核心手段和工具，是建设现代化治理体系与现代化开放型经济体系的核心概念，提高了政府治理能力现代化。

自上海自贸区于 2013 年提出第一版"负面清单"，至今 5 次"瘦身"（2014 版、2015 版、2017 版、2018 版和 2019 版）。清单长度从 190 项缩减至 40 项，缩减了 79%。从清单的内容来看，2013 版负面清单按照 2011 版国民经济行业分类编制，特别管理措施共 190 项，涉及 16 门类、68 个大类、154 个中类、556 个小类。从清单行业选择来看，2013 版的负面清单中对小类行业进行特殊管理占了将近 50%。对制造业开放程度较高，而对服务业和农业的开放极为小心。2014 年，特别管理措施下调到 139 条，包含禁止性措施 29 条和限制性措施 110 条，进一步放宽了开放领域，提高了透明度。2015 年，在自贸区扩围之际，该清单又减至 122 项，同时扩展到广东、天津、福建自贸区。2017 版自贸区负面清单为 95 项，首次将条目缩减到了 100 项以内，并覆盖当时的 11 个自贸区。到了 2018 年版负面清单，特别管理措施缩减至 45 项，同时取消了 22 个领域的开放限制，大幅度放宽第一、第二、第三产业外商投资市场准入，包括金融、交通运输、商贸流通、专业服务、制造、基础设施、能源、资源、农业等各领域。

2019 年 6 月 30 日，国家发展改革委、商务部发布了《自由贸易试验区外商投资准入特别管理措施（负面清单）（2019 年版）》。2019 年修订进一步缩减了负面清单长度，新推出一批开放措施，在更多领域允许外资控股或独资经营，负面清单条目减至 37 项，较 2018 年压减 17.8%。例如，在交通运输领域，2018 年版负面清单一共有 7 条特别管理措施，2019 年版则是 6 条，删除了国内船舶代理公司须由中方控股的特别管理规定。在文化、体育和娱乐业领域，2018 年版负面清单一共有 9 条特别管理规定，但新版本降为 7 条，取消了电影院建设、经营须由中方控股和演出经纪机构须由中方控股这 2 条特别管理规定。在增值电信领域，取消国内多方通信、存储转发、呼叫中心 3 项业务对外资的限制。

二、上海自贸区"负面清单"管理模式与服务业开放

负面清单管理模式主要面向服务业，是全球服务业开放最为广泛采用的政策措施。在主要的双边 FTA 谈判中，各国越来越普遍地利用负面清单在服务贸易和投资领域作出不同程度的安排，以推动双边投资和贸易的发展。作为贸易壁垒指标，负面清单在某种程度上类似于货物贸易中的非关税壁垒减让措施，对服务业开放水平意义重大。

2013 年 9 月，上海自贸区正式挂牌成立。自此，从上海外高桥保税区、外高桥保税物流园区，再到洋山保税港区和上海浦东机场综合保税区，28.78 平方公里土地上，中国改革开放一块新的试验田诞生。自上海自贸区挂牌成立以来，共出台了六版负面清单。该清单以国务院批准的《中国（上海）自由贸易试验区总体方案》《中国（上海）自由贸易试验区进一步扩大开放的措施》《外商投资产业指导目录（2011 年修订）》等为依据，列明上海自贸区内对外商投资项目和设立外商投资企业采取的与国民待遇等不符的准入措施，并选择金融服务、航运服务、商贸服务、专业服务、文化服务和社会服务等领域，实施多项开放措施，营造公平的贸易环境，不断探索服务业对外开放的新路径，有序推进我国服务业对外开放。表 8－1对比了 2013 版、2014 版、2015 版、2017 版、2018 版和 2019 版共计六版负面清单中对外商投资服务业市场准入的限制与禁止条目的情况。

表 8－1　上海自贸区六版负面清单对外商投资服务业限制和禁止条目对比

服务业	2013 年			2014 年			2015 年			2017 年			2018 年			2019 年		
	限制	禁止	合计	限制	禁止	合计	限制	禁止	合计	限制	禁止	合计	限制	禁止	合计	限制	禁止	合计
批发和零售业	10	3	13	8	1	9	2	2	4	2	2	4	0	1	1	0	1	1
交通运输、仓储和邮政业	18	3	21	12	3	15	14	5	19	8	3	11	5	2	7	4	2	6
住宿和餐饮业	0	0	0	0	0	0	0	0	0	0	0	0	0	0	0	0	0	0
信息传输、软件和信息技术服务业	4	4	8	4	4	8	2	2	4	2	2	4	1	1	2	1	1	2

续表

服务业	2013 年			2014 年			2015 年			2017 年			2018 年			2019 年		
	限制	禁止	合计	限制	禁止	合计	限制	禁止	合计	限制	禁止	合计	限制	禁止	合计	限制	禁止	合计
金融业	5	0	5	4	0	4	12	2	14	11	2	13	3	0	3	3	0	3
房地产业	3	1	4	2	1	3	0	0	0	0	0	0	0	0	0	0	0	0
租赁和商务服务业	12	1	13	8	1	9	6	3	9	3	2	5	1	2	3	1	2	3
科学研究和技术服务业	8	4	12	2	2	4	1	3	4	1	2	3	0	3	3	0	3	3
水利、环境和公共设施管理业	1	2	3	1	2	3	0	2	2	0	2	2	0	1	1	0	0	0
居民服务、修理和其他服务业	0	0	0	0	0	0	0	0	0	0	0	0	0	0	0	0	0	0
教育	2	1	3	2	1	3	1	1	2	0	2	2	1	1	2	1	1	2
卫生和社会工作	1	0	1	1	0	1	1	0	1	1	0	1	1	0	1	1	0	1
文化、体育和娱乐业	4	8	12	3	5	8	12	12	24	9	12	21	2	6	8	1	6	7
合计	68	27	95	47	20	67	49	34	83	47	29	76	14	17	31	12	16	28

资料来源：作者根据 2013 版、2014 版、2015 版、2017 版、2018 版和 2019 版共计六版负面清单整理得出。

根据表 8-1 可知，2013 版负面清单服务业限制类 68 条，禁止类 27 条，共计 95 条。在 2014 版负面清单中，服务业限制类降低到 47 条，禁止类降低到 20 条，共计 67 条。2015 版服务业限制类和禁止类条目稍有回升，分别为 49 条和 34 条，共计 83 条。2017 版服务业限制类和禁止类条目都有下降，分别为 47 条和 29 条，共计 76 条。在 2018 版负面清单中，服务业限制类和禁止类条目都有大幅的降低，其中限制类 14 条，禁止类 17 条，合计 31 条，而在最新的 2019 版负面清单中，服务业限制类仅为 12 条，禁止类 16 条，合计 28 条，仅为 2013 版的 30%。这表明政府在制定负面清单时遵循从简原则，使负面清单长度缩短，提高了施政效率，同时也可以看出上海自贸区对服务业开放的不同尝试。

三、服务业开放与上海自贸区定位分析

随着陆家嘴金融片区、金桥开发片区和张江高科技片区并入上海自贸区，服务业开放作为上海自贸区的重要内容取得可喜进展，扩容后的上海自贸区在功能定位上逐渐明朗，金融中心和服务贸易成为上海自贸区发展的重心。

（一）国际金融中心定位分析

2019年3月，第25期全球金融中心指数（GFCI25）在迪拜"全球金融峰会期间"发布。这一最新的指数报告对全球112个金融中心进行评分和排名，报告显示，全球十大金融中心依次为纽约、伦敦、中国香港、新加坡、上海、东京、多伦多、苏黎世、北京、法兰克福。GFCI被誉为最权威的全球金融中心排名指标指数，2007年起由智库机构Z/Yen集团受伦敦金融城委托编制。该指数通过营商环境、金融业发展水平、基础设施、人力资本和声誉五大特征指标持续对全球主要金融中心进行竞争力评估和排名。对比上一期的指数报告，纽约依旧占据领先位置，伦敦和中国香港的评分与上期基本持平，新加坡、上海的评分略有上升，分别位于第四和第五。上海连续第二次排名第五且评分上略有上升，与排在前面的伦敦、中国香港、新加坡之间的差距进一步缩小。

上海自贸区深入推进上海国际金融中心建设，持续深化金融开放创新步伐。自挂牌以来，陆续发布了八批95个自贸区金融创新案例，不断为自贸区金融发展树立新的标杆，包括允许外资机构在华开展信用评级业务时，可以对银行间债券市场和交易所债券市场的所有种类债券评级；鼓励境外金融机构参与设立、投资入股商业银行理财子公司等。2018年自贸区跨境人民币结算总额2.55万亿元，占上海全市的35.3%；跨境双向人民币资金池收支总额4 826亿元，同比增长1.7倍。自由贸易账户继续拓围，新增跨境再保险结算功能，至2019年3月全市已有56家金融机构通过分账核算

系统验收,累计开立 13.6 万个。[①]

自贸区扩区后,涉及金融等领域一大批服务业扩大开放项目密集在陆家嘴落地生根,全国第一家以"先证后照"方式设立的持牌金融机构、全国第一家再保险经纪公司、全国第一家航运财产保险公司,等等,形成良好的产业生态圈。上海自贸区不但建立了多层次的跨境服务体系,拓展自贸区境外投资服务平台"一带一路"专区功能,成立"一带一路"交流合作中心和中东海外分中心,还通过进一步拓展跨境金融服务功能,加快与境外人民币离岸市场战略合作,为"一带一路"框架内的互联互通提供投融资支持。2018 年,上海自贸区企业对"一带一路"沿线国家和地区投资总额 21 亿元,同比增长 3%。[②]

但是,由于人民币国际化、资本账户开放等金融改革尚未完全实现,利率市场化和汇率市场化面临比较大障碍,因此,在金融开放程度上,上海与香港和新加坡相距甚远。以新加坡为例,早在 1975 年,新加坡就实现了国内利率的自由化,1978 年 6 月 1 日,新加坡政府就全面取消了对外汇的管制,外汇能够自由兑换,同时政府对资金的进出没有任何限制,1995年推出了国际板,1999 年放开了对本币的管制。上海自贸区的优势在于成长发展,短板在于金融市场和服务水平,短期来看,上海自贸区应该致力于金融服务创新与投资便利化。

(二)服务贸易中心定位分析

上海自贸区服务业的开放,能够有效地促进上海市服务业与服务贸易额的增长。上海市 2018 年第三产业(服务业)总产值为 22 842.96 亿元,比 2017 年同期增长 8.7%。第三产业增加值占全市生产总值的比重为69.9%,比上年提高 0.7 个百分点。[③]

上海自贸区实施"服务贸易潜力企业培育计划",分批培育 200 家"高端化、国际化、品牌化"的服务贸易品牌企业、20 个具有行业引领优势的服务贸易示范区、20 个国际化的服务贸易公共服务平台,形成重点企业引领出海、中小企业积极创新的发展格局,全力打响"上海服务"品牌。

---

①② 资料来源:中国(上海)自由贸易试验区官网,http://www.china.shftz.gov.cn/Home page.aspx。
③ 资料来源:上海市人民政府官网,http://www.sh.gov.cn/。

上海自贸区积极探索跨境服务贸易特别管理模式，2018 年 11 月，发布实施全国首份《中国（上海）自由贸易试验区跨境服务贸易特别管理措施（负面清单）》，涵盖制度创新、主体培育、促进体系、重点领域以及环境营造五个方面，首次提出构建海外市场开拓体系，打造国内首个服务贸易全球促进联盟，开展市场拓展与品牌推介的双向联动，打造多元化的政策体系，以服务外包、技术、文化、中医药等为重点领域实施海外布局，推进数字贸易、技术贸易、文化贸易、旅游服务、专业服务等重点领域发展。

在一系列创新举措的推动下，上海服务贸易规模不断提升，2017 年实现服务贸易总额 1 955 亿美元，规模居全国第一，占全市对外贸易的比重提高至 29.1%，高出全国平均水平 14.6%；服务贸易结构不断优化，在保持运输、旅游等传统领域优势的同时，文化娱乐、专业服务、技术等高附加值领域占比提升至 35.5%，其中文化娱乐、知识产权使用费的进出口总额同比增长分别达到 15% 与 14%，电信、专业服务、技术是重点顺差领域；主体不断壮大，培育规模以上重点企业 2 000 余家；模式不断创新，数字贸易、邮轮旅游、中医远程诊疗服务等新业态、新模式层出不穷，成为新一轮发展的核心动力。同时，在打造服务贸易制度创新高地、促进创新发展等方面也取得了积极成效，形成一批新做法、新经验，在商务部总结的 29 条创新经验中，上海有 11 条，并被国务院列入"2017 年落实重大政策措施真抓实干成效明显的地方"名单。

2018 年 6 月，国务院又下发《关于同意深化服务贸易创新发展试点的批复》，全面启动深化服务贸易创新发展试点，试点期限为 2 年。作为深化服务贸易创新发展试点城市之一，上海力争通过制度创新、主体培育、市场拓展、统计监管、领域联动、平台搭建等手段深化创新试点，加快构建"开放透明、价值提升、市场多元、区域联动、人才集聚"的服务贸易开放发展体系，全力打响"上海服务"品牌。

四、小结

本节基于上海自贸区 2013 版、2014 版、2015 版、2017 版、2018 版和 2019 版负面清单对上海自贸区服务业开放度进行研究。通过分析可以看出，上海自贸区自建立以来,服务业对外开放水平整体上呈现逐年提高的态势。随着上海自贸区的进一步建设,预计在未来再版的负面清单中,限制和禁止项目将不断放开,服务业对外开放将迎来新一轮的活力。

负面清单管理模式是我国构建开放经济新体制的一种全新尝试,这种管理制度的创新带来巨大的制度红利,负面清单管理模式在实施过程中充分发挥了市场机制的作用,促进了投资转移和资源要素流动,产生了优化配置效应,形成了上海自贸区内产业集聚化和层次化空间,加快了中国与国际贸易规则的接轨。更主要的是,负面清单管理模式激发了市场主体创新的活力,为上海乃至全国的经济发展注入了新的制度源泉。但是,也存在着负面清单完善、事中事后监管、制度经验复制等难点和障碍,相关的管理制度以及法律条款还缺乏具体的执行标准,可能会造成部分领域的监管盲区,引起垄断或无序竞争。

上海自贸区需要加快服务业开放领域的制度建设,营造公平竞争的市场环境,避免资本歧视和市场主体的盲目竞争。要提高事前、事中和事后监管的能力,应对负面清单的风险挑战。上海自贸区应积极探索法治建设的顶层设计,由国务院进一步明确自贸区所在地政府的权限和职能,地方政府根据上述权限制定行政法规。

第二节 "一带一路"背景下广东自贸区的金融创新

一、广东自贸区金融创新的区位优势

广东自贸区成立于 2014 年 12 月,由广州南沙新区片区、深圳前海蛇口片区和珠海横琴新区片区组成,是 21 世纪"海上丝绸之路"的重要发祥地和改革开放先行地。三大片区依托各自区位优势以及政策条件以服务业为发展核心,优先发展金融、娱乐、科研等高端服务业,致力于打造深度发展新高地,如表 8 - 2 所示。

表 8 – 2　　　　　　　广东三大片区开放功能定位与发展方向

发展规划	广州南沙新区片区	深圳前海蛇口片区	珠海横琴新区片区
开放定位	贸易便利化制度创新，开放门户枢纽，综合服务枢纽	金融业对外开放试验窗口，国际性枢纽港，保税服务等	文化教育开放先导区，区域结算中心
发展方向	以生产性服务业为主，建设现代产业新高地和国际航运中心	以现代服务业为主，重点发展战略性新兴服务业，建设世界服务贸易基地	以高端服务业为主，建设国际商务服务休闲旅游基地
专业化方向	南沙港区基础设施完善，航运功能发达	对接香港地区，基本形成金融区域中心结算功能	对接澳门地区，世界旅游休闲中心
产业规划	引进商贸、物流企业，建立国际配销中心，重点发展航运物流、特色金融、国际商贸、高端制造	重点发展金融业、现代物流、信息服务和科技服务等	重点发展旅游、休闲健康、商务金融服务等产业

资料来源：国务院《中国（广东）自由贸易试验区总体方案》。

　　在谈到广东自贸区时，李克强总理明确指出："广东自贸区要利用毗邻港澳的区位和专业人才优势，加强同港澳深度融合，优先发展金融、科研等高端服务业"。广东自贸区三大片区的设立，区域选择恰好联结并深化广东与港澳地区平台的战略合作，也起到推动广东与东盟对外开放的作用。可见，在广东自贸区先行开展跨境金融合作，是广东先天具有的区位优势。

（一）广东省与港澳地区

　　广东自贸区与港澳地区在史缘、地缘、亲缘等方面有着相同的元素，这个区位优势是其他自贸区无法超越的。改革开放以来，广东就成为内地与港澳经济金融的桥梁。CEPA 作为促进内地与港澳发展经贸关系的一种制度性安排，在过去 10 年，在深化内地与港澳合作中起到了积极作用。2014年 12 月，CEPA 的补充协议签订了 11 份，并签署 CEPA 在广东省对港澳基本实现服务贸易自由化的协议。在 CEPA 框架下，广东依靠港澳合作优势为服务贸易自由化积累一定经验，为自贸区运行奠定了良好基础。值得注意的是，上海自贸区成立之时所提供的建设方案其实借鉴了很多 CEPA 在服务业上开放的经验，因此，CEPA 也对广东自贸区的建设和加快发展有着重要的推动作用。

广东自贸区的设立，粤港澳三地正以更开放、更务实的态度加强经济关系，推动区域经济合作与发展再上一个高峰。在金融创新方面，自贸区将利用区位优势围绕人民币入篮、利率市场化、汇率市场化等契机，依托港澳，重点是围绕跨境人民币业务创新、投融资便利化、深港通等领域打造粤港澳共同资本市场，实现金融资本要素在三地间的自由流动与市场配置，为人民币国际化作出新的贡献。总之，广东自贸区与港澳金融合作依存于粤港澳得天独厚的区位优势，将使得广东自贸区与港澳的经济联系更深化更密切，将成为国内外区域合作与发展的典范。

（二）广东省与东盟

中国—东盟自由贸易区的设立，成为世界上超大规模人口的自贸区，消费需求优势突出，更为重要的是，东盟与我国有着天然的地理相似度、深厚的历史文化渊源。而我国广东省与东盟特别是沿海东盟国家的纬度较为接近，自然环境相似，人员来往频繁，从广东迁徙到东盟的移民是东南亚华人的主要构成部分。广东经济一直以外向型经济为主导，紧靠东盟，背靠中国—东盟自由贸易区的设立之势，发挥广东的地缘优势以实现多赢。把握天时地利人和之优势，作为我国改革开放的前沿阵地，为广东与东盟的经贸合作增添新的动力。因此，广东作为我国与东盟国家间经济交往中的中坚力量，在广东自贸区设立之后，广东与东盟的经贸往来将更加密切、更加开放、更加务实。

二、"一带一路"背景下广东自贸区金融创新现状

广东自贸区的金融改革创新实现了众多在全国、全省的率先突破。各片区根据自身特点形成了具有特色的金融创新改革样本，为国家金融改革充当"试验田"。

（一）南沙：产业金融推动实体经济

根据国务院批复的《广州南沙新区发展规划》，南沙自贸区要建设科技创新中心、商业服务中心、教育培训基地和先进制造业基地。其中，汽车、船舶与海洋工程、高端装备和新一代信息技术等产业都是南沙发展的重点。南沙的金融业正是依靠在南沙产业发展之上的，打造能促进实体经济发展的产业金融体系。南沙正在建设明珠湾金融商务集聚区，国际金融论坛（IFF）永久会址暨南沙国际金融岛项目正式落户明珠湾起步区，南沙将与IFF共同建设国际金融岛。目前，南沙已落户一批金融总部企业，逐步形成特色金融产业集聚。已落户国际风险投资中心、越秀国际金融中心等企业金融总部项目，打造现代金融服务集聚区。

南沙区在探索创新跨境金融业务早已迈开步伐。充分利用自由贸易区先试先行的政策优势，探索跨境业务创新。比如，在扩大人民币跨境使用方面，南沙自贸片区已开展跨境人民币双向贷款、跨境双向人民币资金池、跨境资产转让等多项跨境人民币创新业务，累计跨境人民币结算额3 380.75亿元。截至2019年6月，南沙自贸片区共为24家企业办理跨境人民币贷款备案31笔，累计备案金额61.69亿元，累计实现提款金额29.26亿元。[①]

在自贸区政策的支持下，南沙航运金融、绿色金融等特色金融也有了明显发展。拥有港口优势是南沙发展航运金融的重要依托，广州航运交易所已上线航运资产交易平台、运输交易平台、航运人才服务市场三大核心子平台，"珠江航运运价指数"已纳入交通部的全国航运指数体系。自贸区挂牌以来，已累计完成船舶交易2 319艘，交易额达95.97亿元。绿色金融方面，成功发行全国造纸行业、全国绿色金融改革创新试验区首单绿色债券，该案例入选广东自贸区挂牌三周年"金融开放创新十大最佳案例"。

（二）前海：跨境金融改革"试验田"

除了位于广州的南沙片区外，位于深圳的前海蛇口片区同样也有不少金融创新项目成为全国金融改革的试点。据悉，前海蛇口片区毗邻香港地

---

① 资料来源：中国（广东）自由贸易试验区官网，http：//ftz.gd.gov.cn/。

区，承托着深港合作试验的任务，因此，在跨境金融改革方面有其独特优势。

为打通横亘在金融机构与创新企业间的阻碍，深圳经济特区金融学会、深圳青年科技人才协会、深圳前海深港青年梦工场依托人民银行青联在前海设立支持青年创新发展合作基地，共同探索搭建金融机构与科技创新企业间合作对接的金融科技垂直孵化平台。平台于2019年1月10日在深圳前海深港青年梦工场正式启动。平台初期的运行模式是由金融机构提出金融科技产品方面的需求，再通过平台对接到创业创新企业和项目，按照市场化运作方式进行垂直孵化。启动后，将通过征集项目、垂直孵化沙龙对接、金融科技独角兽加速成长营、项目推介等一系列进阶活动，一方面，解决金融机构对金融科技产品的需求；另一方面，促进金融支持青年创业创新，助力高素质创业团队加速发展。为鼓励吸引更多的优秀创业团队参与活动，平台发布了"垂直孵化政策""优选计划"等优惠措施，参与活动的金融科技创业项目将得到专业的孵化加速培训，并有机会获得与金融机构深度合作的机会以及一系列垂直定制的补助政策。其中对于优秀项目，平台也将给予由深圳建行独家提供的20万元总额的补助金，助力项目发展。

深圳前海金融资产交易所有限公司（以下简称"前交所"）全力推进人民币资产跨境交易业务，为境内外市场提供资产跨境转让的交易平台，为人民币债权资产跨境交易双方提供资产真实性审核、交易见证、资金监管、交易结算、备案登记等服务。2018年3月8日，前交所完成了全国首单商业保理资产对外转让业务，亚洲保理（深圳）有限公司向境外投资机构转让4笔共计372万元人民币的应收账款债权。2018年4月11日，前交所又完成全国首单融资租赁资产对外转让业务，由弘高融资租赁有限公司对境外转让个人汽车租赁83笔应收租金，共计金额500万元人民币。此举标志着全国首个以人民币计价、结算的债权资产跨境交易平台的建立，为境内外交易双方提供了跨境交易居间服务，提高了境内企业资产流转效率，打开了境内13万亿企业应收账款资产跨境交易的市场，是自贸区金融创新政策的具体实践，为丰富离岸人民币投资品、探索人民币资产国际定价、推动人民币国际化作出了积极尝试。[①]

自贸片区挂牌以来，前海已发布三批共 67 个金融创新案例，是前海金融开放创新的最佳实践。从申报行业来看，持牌金融机构及其子公司优秀案例 15 个，其中来自平安银行信用卡中心、招联消费金融等创新型金融机构案例 10 个，显示持牌金融机构创新意愿强，活跃度高；地方金融机构 3 个，分别来自前海金融资产交易所、前海股权交易中心和天虹小额贷；其他金融相关服务类优秀案例 5 个。从创新类型来看，在 23 个优秀案例中，产品（服务）创新 13 个，模式创新 3 个，技术创新 5 个，组织创新 2 个，显示在国家的统一战略部署下，市场主体自主创新不断涌现，国家政策支持引导的效果日益显现。

（三）横琴：智慧产业，科技金融

作为国家级新区、自贸试验区，横琴近年来不断加快金融创新，吸引了众多金融企业入驻，从只有 1 家农信社分支机构增加到目前 6 559 家金融机构，迅速构建起集 20 种细分金融类企业、传统金融机构和新兴金融业态共同发展的多层次金融服务组织体系，其中私募基金业更是异军突起，发展迅速，目前仅在中国证券投资基金业协会（下称中基协）登记备案的私募企业数量达 1 573 家，较 2015 年 4 月横琴自贸片区挂牌之前增长超 13 倍，管理基金规模超 2 000 亿元，发展水平已处于国内领先位置。[②]

横琴自贸片区自挂牌以来，私募基金业蓬勃发展，取得明显成效。截至 2018 年 9 月末，在横琴注册的投资及资产管理类企业 5 588 家，其中在中基协登记备案的私募机构达到 1 573 家，管理基金规模达 2 173.5 亿元。根据中基协公布数据，目前注册在横琴的私募企业在广东（不含深圳）排名第 2，在全国排名第 8。[③]

发展科技金融是助推产业发展、提升区域经济的重要引擎。横琴智慧金融产业园以科技为纲，着力于金融产业升级，聚焦区块链、大数据、云计算、人工智能等先进技术领域；为入园金融科技企业提供政策支持、学术交流、教育培训、项目孵化、融资对接等服务，同时给予免费办公场地以及成熟的配套设施，助力园区内金融科技企业升级，大步跨入金融服务

---

①②③　资料来源：中国（广东）自由贸易试验区官网，http：//ftz.gd.gov.cn/。

2.0时代，推动横琴金融走在前列。

横琴智慧金融产业园积极打造横琴新区金融科技产业基地、横琴新区新兴金融产业基地、横琴新区学术科研教育平台等三大平台，促进先进信息技术产业、高效金融资本流动、产融融合服务三者有机统一和互动发展，从而撬动更大的产业，服务粤港澳大湾区，并辐射国内各大经济区域乃至亚太经济圈。横琴智慧金融产业园，成为珠海金融科技新名片，助力珠海建设区域特色金融中心，成为粤港澳大湾区、"一带一路"国家和地区金融科技合作的新平台，服务湾区、服务全国、服务世界。

三、"一带一路"背景下广东自贸区金融创新的政策思考

（一）紧跟"一带一路"步伐，加强国际金融合作

自贸区几乎位于"一带一路"中的重要节点，开展自贸区与"一带一路"沿线国家（地区）的对接是自贸区未来的发展任务之一。由于自身地理优势，粤港澳合作的深度推进是广东自贸区的基本任务。但从国家战略发展的布局上来看，推进人民币的国际化，营造良好的全球性市场经济氛围才是最终目标。2016年10月，人民币正式加入SDR（特别提款权），为人民币国际化进程再一次加速。随着人民币跨境流动的速度越来越快，自贸区与"一带一路"沿线国家或地区的金融合作也越来越密切。因此，广东自贸区要拓宽思路，也就是不仅局限于"港澳"的发展路线，还要发挥好广东在东盟、南亚、中东、非洲经济合作上原有的优势和地位，创建自己在东盟、中东、非洲的"一带一路"势力范围。加强广东自贸区与"一带一路"沿线各国的精诚合作，利用人民币跨境流动不仅为沿线各国提供必要的资金支持、降低跨境投资的汇兑风险以及提高抗风险能力，而且能够促进后金融危机时代的国际金融体系改革，打破美元霸权，推进人民币国际化进程。

（二）合理利用负面清单，推动金融业开放创新发展

当前我国四大自贸区一致使用负面清单的管理模式。对金融业的限制手段多、准入门槛高等问题很大程度上抑制了自贸区的金融业开放力度。

随着自贸区负面清单管理模式的实施，政策上的优势将推动新一轮的投融资热潮，同时也会带来一系列的金融创新。自贸区当前引入的很多如基金公司、期货公司以及金融资管公司等金融服务业机构都存在一定的外资持股情况，此时放宽对外资股比的限制，在业务范围上、金融牌照发放上、行政审批上给予更多的支持空间将吸引大量外资机构前来入驻。控制在合理范围内的放宽外资金融机构的准入将对自贸区甚至整个地区的金融开放带来巨大的正效应。负面清单管理模式要求政府职能转变，要明确市场的主体地位，强化金融资源配置和金融产品创新的效率，让更多优秀的企业能够得到相应的金融资源支持，促进金融与实体经济的融合。

（三）互联网金融与传统金融相结合

金融机构通过互联网化来满足客户的需求，引导促进移动金融发展的上下游如通信网络、信息技术等产业在自贸区集聚，利用自贸区服务贸易自由化及港澳深度融合，吸引相关专业人才及技术，充分发挥集聚效应。2015年，国务院将普惠金融列为国家发展战略，2016年在杭州G20会议上，普惠金融是重要的热点话题之一。传统金融无法满足普惠金融的需求，互联网金融为用户提供新型的金融服务，提升各项金融功能。广东自贸区设立民营银行——前海微众银行，为互联网金融领域开创了新的天地，加速对互联网金融的布局。依托自贸区内的跨境电商等实体，通过不同应用场景的丰富与产品的多元化，与传统金融创新相结合，形成新的金融生态。广东作为"海上丝绸之路"的发祥地之一，可以利用自身具有的地缘区位优势，与"海上丝绸之路"有效对接，在跨境金融创新方面，走出一条适合自己的、有广东特色的金融创新之路。

（四）完善金融风险监管体系

自贸区作为一个开放的贸易中心，金融自由化的程度很高，随着人民币国际化，资本项目开放的推进，开放的程度进一步加深，跨境资本流动开始变得频繁，使自贸区面临的风险也日益增大。金融风险的加深很可能会导致一系列的连锁反应，比如，汇率和利率的稳定、股市的走势，等等。因此，在开放的道路上，金融创新改革必须要建立一个有效的金融市场监管体系，完善金融市场的监管规则，制定跨境资本流动的监测制度，防范金融风险所带来的不利影响。金融监管部门应当发挥好"有形之手"的合理利用，借鉴国内外成功经验，构建广东自贸区的金融安全网，防范跨境金融风险。要强化一行三会间的协调合作以及广东省内各相关部门之间的联系，与此同时，提高跨境金融监管的深度和力度，共同努力改善全球金融治理环境，维护区域金融体系稳定。

第三节　天津自贸区融资租赁产业创新发展

一、天津自贸区融资租赁业务发展现状

融资租赁业务起源于美国，是一种集融资与融物、贸易与技术更新于一体，与实体经济结合最为紧密的新型金融业态。融资租赁业务在全球范围内迅速发展，我国从 20 世纪 80 年代起借鉴发达国家的经验，引进了融资租赁的模式。相较于国内其他城市，天津融资租赁业虽然起步较晚但依靠其独特的区位优势和便利的政策条件，近几年取得了快速的发展。融资租赁业是天津市的一张靓丽名片，连续多年保持全国领先，成为租赁业重要集聚区。

依托于天津自贸区的优势，尤其是东疆片区和空港片区拥有着较为发达的专用设备制造业、通信设备、计算机及其他电子设备制造、铁路、船舶、航空航天和其他运输设备制造业，天津的实体制造业发展较好，与之配套的租赁业较为发达。天津自贸区立足企业需求，加大政策创新、制度创新力度，积极探索将租赁业与保险业融合，向创新创业等方向和转租赁、联合租赁等业务延伸拓展，形成上下游产业集聚效应。充分发挥服务实体经济作用，创新租赁业模式和产品，向高端装备制造等领域倾斜，有力促进实体经济高质量发展。

东疆保税港区致力于推进融资租赁业的创新发展，并在全国融资租赁业处于领先地位。统计数据显示，从 2009 年至今，东疆保税港区已经创新了 40 种租赁方式，包括 SPV 租赁、保税租赁、跨境租赁、离岸租赁、转口租赁、联合租赁、基础设施租赁、批量中小企业租赁、租赁资产交易等，

大部分已向全国推广。2019 年 5 月底，东疆保税港区完成了全国首批以融资租赁形式出口汽车的业务。东疆保税港区的创新租赁业务可以大幅削减国内公司的成本，并有助于打破外国垄断的局面。

2009 年以来，东疆保税港区融资租赁业实现了从零到有，从起步到蓬勃发展。截至 2019 年 3 月，东疆保税港区已注册 3 249 家租赁公司，注册资本总额达 5 447 亿元。中国 80% 的飞机、国际船舶和海工平台的跨境租赁业务都在东疆保税港区进行，特别是飞机租赁，在世界范围内仅次于爱尔兰，是全球第二大飞机租赁聚集地。东疆保税港区完成了 1 463 架飞机、110 台发动机、158 艘船舶和 15 个石油钻井平台的租赁业务。[①]

作为全国融资租赁业发展的重要聚集区之一，天津自贸区"租赁资产证券化业务创新"模式也颇为亮眼。自资产证券化（ABS）产品发行由审批制改为备案制以来，按照国家金融监管部门的要求，天津自贸区融资租赁企业资产证券化业务也实现快速发展。据介绍，ABS 作为直接融资工具之一，可以直接对接资本市场，打通租赁业企业直接融资渠道，为租赁公司提供新的资金来源，减轻对银行贷款的依赖。通常 ABS 的融资成本低于同期银行贷款利率，融资费用的减少可以优化公司的负债结构，增强公司自身信用等级和偿债能力，使公司面临较低的信用风险，可以更直接更有效地破解实体企业"融资难、融资贵"的问题。相应的，租赁公司的资产主要是应收融资租赁款，应收款项到期日较长，通过资产证券化，租赁公司可以将应收账款变现，将流动性较差的租赁债权变现为流动性强的现金资产，增加自身的资金流转速度，提升融资能力和偿债能力。

目前，全国租赁资产总额预计超过 6 万亿元，每年资产证券化产品发行量在 1 000 亿元以上。天津自贸试验区的这项创新举措，通过资产证券化的创新突破，业务范围已覆盖医疗设备、教育设备、生产设备和汽车等多领域业务。一批租赁企业纷纷推进相关业务，有效盘活存量租赁资产。

此外，天津自贸区内资租赁产业领跑全国，涌现出像天津渤海租赁等一大批优秀内资租赁企业。和金融租赁、外资租赁相比，内资租赁有着自己的特点和优势。大部分内资租赁企业都是大中型企业，有的还是国家和

---

① 资料来源：中国（天津）自由贸易试验区官网，http://www.china-tjftz-myqn/portal/index/index.htm。

地方重点企业，业务发展在受到企业主管部门和社会关注的同时，也容易得到国家和地方政府的政策支持。天津自贸区内资融资租赁试点企业，无论是设立数量还是注册资本规模，均位列全国自贸区首位。自内资融资租赁试点确认权下放以来，天津市共确认天津自贸区内资融资租赁试点企业94家，分别来自全国20个省市的国企、央企、上市公司和国内知名民营企业，注册资金共620余亿元。截至目前，天津市内资融资租赁试点企业达112家，占全国325家的34.5%；注册资金达888.8亿元，占全国近2 500亿元的35.6%，其中绝大多数企业注册在天津自贸区。特别值得一提的是，天津东疆保税港区作为天津自贸区租赁产业发展的"桥头堡"和"集聚地"，其内资租赁试点企业形成了品牌示范效应，已经吸引了央企、国企以及行业龙头企业纷纷落户并申报内资融资租赁试点资质。

天津自贸区租赁业已经形成了以航空、航运、海洋工程为特色，汽车、能源设施、轨道交通、高端装备、节能环保、医疗服务、基础设施等领域全面发展的格局，为制造型厂商、服务业企业、政府融资平台、中小微企业和农村主体提供了多元化、差异化服务，打通了国际、国内两个市场、两种资源，成为仅次于传统信贷和资本市场的重要融资渠道，有力支持了实体经济发展和产业转型升级。

二、天津自贸区融资租赁业发展优势分析

(一) 区位优势

天津是北方最大的港口和沿海开放城市，北靠燕山，毗邻首都北京，交通便利，四通八达；对内腹地辽阔，经济可辐射华北、东北、西北13个省区市，对外面向东北亚，为国内外公司进行租赁业务提供了很好的交通便利。同时天津工业基础雄厚，门类齐全，不仅传统制造业具有良好的基础，而且已形成以电子信息、航天航空、生物制药、新能源等为代表的多个新兴战略产业。除产业基础外，天津也通过建立股权交易中心、金融资产交易所等新兴交易市场为融资租赁业务的开展提供了金融支持与保障。

（二）政策优势

近年来，天津市委、市政府将租赁业放在发展的突出位置，大力推动政策制度创新、营造良好发展环境，支持租赁公司和租赁业务创新发展，形成了租赁业聚集区和创新基地。

1. 积极争取国家先行先试政策，破解行业发展瓶颈。

2015 年以来，商务部、财政部、人民银行和海关总署等陆续出台了一系列措施，支持天津市租赁业改革创新。商务部支持天津市在自贸区内自主审批设立内资试点融资租赁公司和外商投资融资租赁公司，允许融资租赁公司兼营保理业务。财政部、海关总署、国家税务总局印发了《关于在天津东疆保税港区试行融资租赁货物出口退税政策的通知》，准予天津市融资租赁货物出口退税，极大促进了出口租赁业务发展。人民银行印发了《关于金融支持中国（天津）自由贸易试验区建设的指导意见》，将融资租赁作为重点，在跨境投融资和资金运营管理方面给予了政策支持。海关总署支持天津市开展保税租赁业务试点，对租赁资产试行"入区退税、进区保税"政策。

天津市政府也出台了《关于促进我市租赁业发展的意见》和《加快本市融资租赁业发展的实施意见》等政策措施，从租赁公司设立、租赁合同权属登记、物权保护、多渠道融资、市场培育、业务创新、财税优惠和提高行政审批效率等方面明确了支持租赁业发展的政策制度。有关部门相继制定配套措施，形成了支持租赁业发展的政策体系，如天津市财政局出台了《天津市促进现代服务业发展财税优惠政策》，给予租赁机构设立奖励、营业税所得税减免、办公用房补贴、高级管理人员个人所得税补贴等财税支持。天津市国税局、天津市地税局出台配套措施，解决了融资租赁增值税差额纳税、售后回租契税免除和增值税开票、增值税超额返还等问题。

2. 人才政策。

为吸引更多的融资租赁专业人才，天津市出台人才绿卡制度，通过提供户口、优质教育等优惠政策吸引人才，同时在高校设置融资租赁专业，为融资租赁培养专业人才。天津市持续深入推进"海河英才"行动计划，2019 年出台支持"海河英才"自主创业 12 项政策措施，在津落户 5 年内自主创业的人才，享受创业培训、创业担保贷款扶持以及房租补贴、社保和岗位补贴等支持。自主创业人员最高可获 30 万元创业担保贷款;成功创业并带动 5 人就业的最高可获 50 万元贷款支持;创办的符合相关规定的小微企业,最高可获 300 万元创业担保贷款。

此外,天津市完善人才服务保障体系。加快推进人才公寓建设,出台人才公寓支持认定办法,通过改建一批现有房、转化一批保障房、租购一批商品房、新建一批公寓房,在全市遴选认定一批人才公寓,给予政策支持,解决人才本人及配偶、子女住房问题。聚焦人力资源服务业发展,全面启动国家级人力资源产业园建设,加快引进一批国际知名人力资源服务机构,提升人力资源服务产业层次和水平,建设实体经济、科技创新、现代金融、人力资源协同发展的产业体系。破除人才发展体制机制障碍。打通工程技术领域高技能人才与专业技术人才职业发展通道,实现职业资格、职业技能等级与职称比照认定。

(三)产业聚集优势

目前,天津融资租赁业务量已经占到全国的 1/3 以上,已成为全国租赁最集中的区域。由于被自贸区内的优惠政策所吸引,越来越多的租赁公司选择在自贸区内注册经营。天津是全国融资租赁产业的排头兵,而东疆港更是天津融资租赁产业的主力军。如今,天津东疆保税港区已相继开发出 SPV 租赁、离岸租赁、保税租赁、跨境租赁、转口租赁、联合租赁、基础设施租赁、批量中小企业租赁、租赁资产交易等近 40 种租赁交易结构产品。融资租赁企业经营范围也覆盖飞机、船舶、海工平台、电力设备、轨道交通、医疗器械、新能源、无形资产等多个领域。在融资租赁企业种类方面,也由单一银行系向银行系与产业系并存转型,由国有控股向混合与民营并存转型,由以大型融资租赁公司为主向大、中、小融资租赁公司共同发展转型。越来越多的融资租赁企业,多种多样的租赁模式,让中国(天津)自贸区形成了聚集效应,推动着融资租赁业"加速跑"。

1. SPV 租赁。

2010 年 1 月,银监会发布的《中国银监会关于金融租赁公司在境内保税地区设立项目公司开展融资租赁业务有关问题的通知》中规定,金融租赁公司可以在境内保税地区设立租赁项目子公司(即特殊目的公司 SPV),即根据承租人要求,由 SPV 公司作为出租人,以保税形式引进特定租赁物用以运营的融资租赁行为。与传统融资租赁包含三方当事人（出租人、承租人、制造商）不同，SPV 租赁模式包含四方当事人。其中 SPV 是以特殊机构身份存在的第四方当事人，存续期以项目期为限，在融资租赁业务中可以利用政府的特殊政策和优惠的税收减少租赁成本。同时 SPV 公司一般承担的是有限责任，当资产发生风险时，不对租赁公司及租赁公司的其他 SPV 公司的资产产生影响，起到了风险隔离的效果。国内的 SPV 公司主要集中在天津东疆保税港区和上海自由贸易试验区。目前，天津东疆保税港区已开展业务的 SPV 租赁标的物包括大飞机、公务机、直升机、船舶、海工平台、大型设备、医疗器械等，使北京、河北的大型航空公司、制造公司能利用 SPV 模式，扩大可租赁设备范围，加快现有机械设备器材的更新换代，提高承租人的产品竞争力，能降低融资成本，提高经营效益，更好地促进京津冀大型制造产业联合发展。

2. 离岸租赁。

离岸租赁指某一国家的租赁公司在国外另一个国家（或地区）设立租赁分支机构，成为当地法人，在注册所在地国家（或地区）或其母公司所在国以外的任何其他国家（或地区）举办的租赁业务。2015 年 7 月，国内首单飞机离岸租赁业务在天津自贸区东疆片区完成，由工银金融租赁公司在天津自贸区内的项目公司，将其购买的 A320 飞机，以经营租赁方式租借给喜马拉雅航空公司。通过离岸租赁方式，可以带动北京和河北的航空公司以较少的资金引进更多的新型客机，提高京津冀地区整体的航空硬件水平，促进我国航空企业与国际高水平航空公司接轨。

3. 融资方式多元化。

目前，国内主要融资租赁企业的融资方式比较单一，企业除了自有资金和银行贷款外，只能少量吸收委托、信托存款、股票以及同业拆借等方式进行融资，无法满足租赁企业的大规模资金需求。针对这一情况，2015 年年底《中国人民银行关于金融支持中国（天津）自贸区建设的指导意见》发布，根据该指导意见，天津自贸区大胆尝试境外出口信贷、发行票据、资产证券化等多元化融资方式，实现了多项创新业务突破，引领第一单"联合租赁"、第一单"法税租赁"、第一家外资融资租赁公司开展外汇资金集中运营试点业务等多个全国"第一"。

（四）战略机遇优势

目前，天津发展融资租赁业务面临两大战略机遇。

一是京津冀协同发展战略。天津自贸区定位于京津冀协同发展的高水平对外开放平台和中国北方产业转型升级的新引擎，重点发展融资租赁等各项创新业务，优化金融资源配置，以金融改革服务实体经济，促进产业升级。河北省作为京津冀地区产业转型升级试验区，蕴藏着对资金和大型工业设备的巨大需求，北京市基于其政治、文化、对外交往中心的定位，需要减少制造业占比，而租赁业既可以帮助河北省解决资金不足的问题，促进其产业升级，又可以帮助北京市富余大型机械设备找到出路，避免国有资产浪费，形成更趋合理的产业结构，更好地推进京津冀一体化战略实施。

二是"一带一路"倡议。"一带一路"倡议实施的沿线各国（地区）催生了大量的港口、机场、铁路，基础设施的建设，为我国融资租赁的产业加快国际化布局，特别是参与大型基础设施建设提供广阔的市场机遇；"一带一路"建设为我国加强与周边国家的产能合作提供了广阔的空间，努力于促进中国租赁、中国制造、中国服务"走出去"形成协同效益；加强与发达国家高水平融资租赁企业和行业巨头紧密合作，努力促进我国租赁企业向高端化方向发展，提升国际竞争力。"一带一路"是我国新一轮对外开放的重要战略，而此战略的开展离不开融资租赁业的支持。例如，中国中车、中国中铁、中节能、中国铝业、中远海运等具备国际产能合作能力的大型企业都已在东疆设立融资租赁业务部，通过融资租赁的形式出口国产飞机、船舶、机械设备、轨道机车、工程装备、节能环保装备等高端装备，来支持"一带一路"沿线国家（地区）和中资海外项目的建设。

三、天津自贸区融资租赁业发展的对策建议

为加快推进天津自贸区建设发展，将租赁作为深化金融开放创新的重要着力点，积极创新租赁业发展模式，将融资租赁产业做大做强，以更好地服务实体经济，现提出如下几点建议。

(一) 不断完善法律法规

首先，适当降低融资租赁业的准入门槛，同时将国内外准入门槛标准趋同，为国内企业以及中小企业争取更多的发展机会。其次，避免监管部门职权分散化，将融资租赁业监管统一在一个监管部门下，做到权责明晰，避免各部门都想管都不管的局面。最后，呼吁全国人民代表大会及其常务委员会加快颁布专门的融资租赁法来规范协调融资租赁业务中的具体实务，使天津自贸区的融资租赁业能在政策法规的规范下平稳快速发展。

(二) 推动租赁业与互联网融合发展

随着互联网技术的日益普及和推广，企业在生产、经营、资本运作和营销等方面都发生着深刻的变革。融资租赁企业可以利用互联网带来的优势，发展互联网融资租赁业务，融资租赁企业可以在互联网上根据某项融资租赁项目发行网上债券，由投资者出资购买。融资租赁公司可以将应收账款提前变现，提高资金回笼速度，扩大投资范围，缩短投资周期。而承租企业可以通过互联网融资租赁这种新型融资渠道取得生产发展所需设备，更适合融资渠道狭窄的中小微企业。

(三) 设立"一带一路"出口产业基金

设立"一带一路"出口产业基金，由地方政府牵头，联合大型的央企、国有企业、民营企业，以及各个金融机构，组成"一带一路"的出口产业基金，支持租赁产业大力发展跨境租赁，在"一带一路"沿线国家（地区）扩展业务，在促进"一带一路"国家经济获得快速发展的同时，促进自贸区出口产业基金进一步发展壮大。

(四) 在自贸区内建立出口租赁产业园区

建议在自贸区内建立出口租赁产业园区，依托于自贸区内优惠的贸易、财政、税收、业务准入等政策，促进自贸区内融资租赁产业进一步发展壮大，"走出去"服务于"一带一路"沿线国家（地区）及企业，在现有基础上进一步升级，积极主动作为，在自贸区建立全国性的出口租赁产业园区，沿着"一带一路"延伸辐射国内东西部地区及亚欧国家，进一步促进我们的租赁产业"走出去"，服务于实体经济。

（五）加快资产交易平台与融资渠道多元化建设

目前全国没有专业融资租赁资产交易平台，使得出租人和承租人的信息不对称，融资效率较低，所以将全国融资租赁资产在规范化平台进行交易，不仅可以提高整个行业的运行效率，也可以使交易更加规范化，便于监管部门监督管理。同时，加快实现融资渠道多元化。一方面，建议自贸区申请外债切块额度管理，同时简化审批手续，鼓励融资租赁企业走出国门进行境外融资，手段包括境外上市融资、通过国际商业银行取得贷款、发行人民币债等；另一方面，建议天津自贸区通过建立自贸区账户彻底打通融资租赁公司内外融资瓶颈，进一步推进贸易便利化和投资便利化。

第四节　福建自贸区与台湾自经区的现代服务业对接

一、概述

自由贸易实验区，简称自贸区（free trade zone，FTZ），是指在某一国家或地区境内设立的在货物监管、外汇管理、税收政策、企业设立等领域实行特殊经济管理体制和特殊政策的特定区域。2001 年以来，美国高调推进 TPP（跨太平洋伙伴关系协议）和 TTIP（跨大西洋贸易与投资伙伴关系协定）等谈判，重塑国际贸易新规则，使得中国面临"二次入世"风险。当下的中国早已是世界第一货物贸易大国，中国经济也进入"新常态"，中国适时主动出击、打造更高层次的自贸区势在必行，通过先行先试，积极主动对外开放，从而赢得经济发展的主动和国际竞争的主动。2013 年 9 月，中国境内第一个自贸区——上海自贸区正式挂牌成立，2014 年 12 月，国务院又决定在福建、天津、广东设立自贸区。2015 年 4 月，国务院印发了福建自贸区总体方案，总体方案指出，福建自贸区的主要任务之一是推动台湾先进制造业、战略新兴产业、现代服务业等产业在自贸区内集聚发展，重点承接台湾地区产业转移。

福建自贸区实施范围 118.04 平方公里，其中平潭片区 43 平方公里、厦门片区 43.78 平方公里、福州片区 31.26 平方公里。三个片区将按照统筹推进、有所侧重的原则，确定各自试验重点，福州片区重点发展投资、贸易，厦门片区重点发展金融、贸易，平潭片区重点发展投资、探索监管创新举措。自贸区最大特色是立足深化两岸经济合作，充分发挥对台优势，率先推进与台湾地区投资贸易自由，在平潭探索实施更加自由便利的运行模式。进一步扩大农业、通信、运输、旅游、医疗等领域对台开放，在探索闽台产业合作新模式、扩大对台服务贸易开放、推动对台货物贸易自由、促进两岸往来更加便利、推动两岸金融合作先行先试、培育平潭开放开发新优势等方面先行试点，加快实施，为加快两岸经济合作探索新模式。

自 2013 年以来，"闷经济"一直困扰着中国台湾地区，主要体现在出口低迷、投资不足等方面，台湾地区正处于新一轮经济转型的关键时期。2013 年 3 月，台湾地区正式出台了建立自由经济示范区的规划方案，简称台湾自经区，全面实施以负面清单制度为核心的自由经济政策。台湾自经济区，是台湾地区经济自由化先行先试区域，以高附加值的高端服务业为主，重点推动智慧物流、国际健康、金融服务和教育创新等示范产业，通过"前店后厂"的运作模式延伸产业链。

福建自贸区获批以来，有相当一部分学者以福建自贸区为切入点对闽台产业合作展开了研究，例如，张良强、李乃正（2015）探讨了福建自贸区背景下加强闽台产业合作的新思路和策略。黄小满（2015）在福建自贸区和 21 世纪海上丝绸之路核心区背景下，应用波特提出的"钻石模型"分析了福建和台湾服务贸易产业特点，并探讨了闽台服务贸易合作方向。林建松（2015）分析了福建自贸区对两岸经贸发展的优势以及目前闽台经贸合作存在的问题，在此基础上提出了闽台经贸合作和协同发展的策略。也有少部分学者从台湾自经区的角度对闽台产业合作展开了研究，例如，王勇（2014）指出，由于产业开放和对大陆政策松绑的保守性，自经区成效有限，台湾当局只有对大陆实施更加开放、自由和便利的政策，才有望达成预期目标，进而深化两岸经济合作。李鸿阶（2015）认为，福建自贸区建设应凸显对台特色和 21 世纪海上丝绸之路核心区建设特色，加快实现与台湾自经区深度对接。

福建自贸区和台湾自经区作为海峡两岸不同区域的自贸区，相互之间有着特殊的地理、经济与社会关联,福建自贸区和台湾自经区的成立,为打造两岸经济合作先行先试的前沿平台创造了得天独厚的优势。本书以福建自贸区和台湾自经区两区现代服务业先行先试对接为突破口,着力于研究两区现代服务业对接的可能性、对接意义、具体产业选择和对接路径,继而探索两区现代服务业合作的新模式,以此促进两岸经贸活动自由化和便利化,推进两岸经济深度融合。

二、福建自贸区与台湾自经区现代服务业对接的意义

(一)可在次区域合作基础上先行先试两岸经贸活动自由化与一体化

在两岸经济合作进程中,由于两岸经济关系的特殊性、复杂性以及经济政治障碍,两岸之间的猜忌与误解多而互信与共识少,这些制约着两岸经济合作的深化与全面发展,海峡两岸服务贸易协议在台湾地区受阻就是很好的例证。

因此,两岸需要彼此磨合与相互适应。目前推进两岸自由贸易区合作已经具备一定条件,海峡两岸有基本的政治互信,两岸关系呈现良好发展局面,两岸经济合作已迈入机制化与制度化的轨道,两岸经济发展与合作有现实需要,两岸对推进两岸自由贸易区对接与合作有一定愿望与共识等。随着经济全球化与经贸活动自由化的深化发展,在两岸各自推进对外经贸活动自由化之际,在 ECFA 及其后续协议启动两岸经贸活动正常化、自由化与一体化之际,福建自贸区和台湾自经区加强对接合作,在两区内先行先试两岸经贸活动自由化与一体化,将暂时无条件或无法在两岸整体层面推进的两岸经贸活动自由化政策措施在次区域先行先试,大胆开放,积极进行制度创新,率先实施经济自由化、国际化的开放政策措施,将是两岸必然的选择,为将来两岸整体层面之间经贸活动自由化与一体化的顺利推进,为两岸更大范围的开放、与世界区域经济发展接轨创造条件,累积互信,奠定基础,提供动力。

(二)有助于福建自贸区和台湾自经区两区产业合作和协同发展

台湾自经区是台湾地区经济自由化的先行先试区域,展现了台湾地区

市场开放、法规松绑和接轨亚太的决心，有助于创造台湾地区加入跨太平洋经济伙伴协议（TPP）和区域全面经济伙伴协议（RCEP）的条件。但台湾地区经济腹地小，本身资源及市场有限，台湾自经区可以将福建自贸区作为进入大陆市场和出口国际市场的跳板，与大陆进行产业合作。现代服务业对接合作是两岸产业深化合作的重要内容，同时也是重要的动力源泉。众所周知，政策开放是经济合作的前提，开放为合作提供机会与空间。两岸产业分工合作与协同发展至今未能有效形成，主要原因就在于两岸双方特别是台湾当局产业投资准入政策由于互信不足、自信脆弱、害怕竞争等因素至今没有全面开放。如果福建自贸区和台湾自经区可将更加开放、更加自由、更加便利的政策措施给予对方来刺激现代服务业发展，两区的服务企业才有机会进入对方自由经贸区进行经营，深度整合两区现代服务业，共同开拓航运、物流、金融服务、文化产业等领域的合作，建立环台湾海峡现代服务业产业群，从而进一步带动两区相关产业的合作与协同发展。

（三）有助于两岸自由经贸区的自身建设与发展

福建自贸区与台湾自经区现代服务业对接先行先试，可以吸引内资与外资进入两区投资和经营，有助于促进两岸自由经贸区产业经济结构调整与有关产业发展，从而有助于自由经贸区的自身建设与发展。当前，两岸同时设立自由经贸区，如果同时将自己在自由经贸区内实行的经贸活动自由化与便利化政策措施开放给对方，将有助于对方商品与要素进入自由经贸区，从而有助于自由经贸区内贸易、投资的发展，有助于自由经贸区有关产业的发展与产业结构调整。例如，彼此开放服务贸易政策，推进服务贸易自由化，将有助于彼此做大贸易量，进而带动与贸易相关产业（企业）的发展，相关生产业、物流业、金融业、展会业因贸易规模的成长而引致成长。又如，彼此开放服务业投资政策，将有助于对方服务业资本进入己方投资兴业，并与己方服务业合作发展，从而有助于推动经济成长，提升就业与薪资水平。再如，彼此开放金融活动自由化政策，将有助于两岸两区金融业合作发展。此外，两岸自由经贸区若能在知识产权（智慧财产权）保护和使用法规政策、社会保障政策、竞争政策、检验检疫政策、海关监管政策、金融监管政策等与服务业经贸活动相关的政策措施方面进行对接合作；若能在物流管理信息、检测维修信息、检疫检验信息、关务行政信息、客户管理信息、医疗信息等与服务业经贸活动相关的信息方面进行对接合作；若能在港口设施、通信设施、航线配置等与服务业经贸活动相关的基础设施方面进行对接合作；若能在海关监管、投资监管、金融监管等与服务业经贸活动相关的监管措施进行对接合作，则无疑有助于两岸服务产业（企业）在自由经贸区内对接合作，有助于两岸各自的自由经贸区的建设与发展。

三、福建自贸区与台湾自经区现代服务业对接的可能性

在经济全球化背景下，服务业开放是新一轮经济增长的内在要求，也是主动对接投资贸易新规则的需要。与此同时，服务贸易也得到迅速发展，在国际贸易中的地位日益突出，成为衡量一个国家或地区国际竞争力的一项重要标准。然而大陆地区的产业结构仍处在工业化中后期阶段，第二产业仍然是经济增长的主导产业，第三产业在经济中所占的比重虽逐年上升，但产业结构仍呈现出"二三"并重的局面。1978 年以来，第二产业所占比例保持在 48.2% 和 41.3% 之间，第一产业和第三产业则出现此消彼长的过程，2013 年大陆第一、第二、第三产业增加值占 GDP 比重分别为 10.0%、43.9% 和 46.1%，第三产业在经济中的比重才首次超过第二产业。近年来，大陆不断推出促进服务贸易发展的举措，服务贸易出口额不断增长，但是一直改变不了逆差的局面，且逆差额日益扩大，2014 年已达到 1 501 亿美元。[①]

相比之下，中国台湾地区服务贸易发展迅速，近年来服务进出口的规模都有所增长，且顺差增幅明显。据联合国贸发会议统计，2007 年以前，中国台湾地区服务贸易净出口额一直为负，直到 2008 年台湾地区服务贸易才成功扭转了逆差的局面，之后顺差额逐年扩大，至 2014 年已达 459.4 亿美元，如表 8 - 3 所示。

---

① 资料来源：国家统计局，http://www.stats.gov.cn/。

表8-3　　　　2007～2014年中国大陆、中国台湾地区服务贸易进出口额　单位：亿美元

地区	项目	2007年	2008年	2009年	2010年	2011年	2012年	2013年	2014年
中国大陆	出口额	1 222.1	1 471.1	1 441.9	1 714.9	1 847.6	2 161.5	2 080.5	2 335.1
	进口额	1 301.2	1 589.2	1 592.3	1 940.1	2 389.1	2 820.6	3 315.8	3 836.1
	差额	-79.1	-118.1	-150.4	-225.2	-541.5	-659.0	-1 235.3	-1 501.0
中国台湾	出口额	333.0	368.5	317.9	403.6	459.3	490.4	511.9	571.6
	进口额	349.6	350.1	298.2	378.9	420.4	426.3	425.8	459.4
	差额	-16.6	18.4	19.7	24.7	38.9	64.1	86.1	112.2

资料来源：根据联合国贸发会议（UNCTAD）数据整理计算所得。

为了更明确中国大陆与中国台湾地区两地服务贸易竞争力差异及国际地位，本书拟依据大陆与台湾地区两地整体服务贸易和分行业服务贸易数据，采用显示性比较优势指数（RCA）对两地的服务贸易竞争力进行测算，同时与美国、英国、中国香港、新加坡和韩国的服务贸易竞争力进行对比分析。之所以选取这些国家和地区作为比较对象，是考虑到美国和英国是世界上十分发达的经济体，能够代表服务贸易的国际领先水平，而中国香港、新加坡、韩国与中国台湾同为“亚洲四小龙”，经济联系密切，具有相似性，也存在一定的竞争威胁。

服务贸易显示性比较优势指数有如下计算公式：

$$RCA_i = (X_i/X_j)/(X_w/X) \qquad (8-1)$$

其中，RCA_i 表示 i 国（地区）服务贸易显示性比较优势指数；X_i 表示 i 国（地区）服务的出口额；X_j 表示 i 国（地区）所有商品和服务的出口总额；X_w 代表世界范围内服务的出口总额；X 代表世界所有商品和服务的出口总额。通常认为，如果 RCA 指数大于 2.5，说明该国（地区）服务贸易具有极强的国际竞争力；RCA 介于 1.25 和 2.5 之间时，说明该国（地区）服务贸易具有很强的国际竞争力；RCA 指数介于 0.8 和 1.25 之间时，则说明该国（地区）服务贸易具有较强的国际竞争力；如果 RCA 值小于 0.8，则认为该国（地区）服务贸易国际竞争力较弱。2014年各国（地区）分行业服务贸易显示性比较优势指数（RCA）计算结果如表8-4所示。

表 8 - 4 2014 年各国（地区）分行业服务贸易显示性比较优势指数（RCA）

国家或地区	运输	旅游	建筑	保险	金融	专利使用、特许费	通信、计算机和信息	个人、文化和休闲
中国大陆	0.38312	0.43928	1.36609	0.33417	0.10394	0.02167	0.42175	0.03694
中国台湾	0.74850	0.75830	0.31451	0.33242	0.18501	0.18653	0.24899	0.32766
美国	0.95138	1.44737	0.25475	1.26868	2.11515	4.45746	0.75595	0.16658
英国	1.17791	1.07085	1.07694	7.36184	5.20113	1.43140	1.31187	2.58071
中国香港	1.25596	1.17327	—	0.33571	1.55354	—	—	—
新加坡	1.92636	0.63558	0.68136	1.23404	2.02063	0.43303	0.47426	0.49777
韩国	1.20377	0.47653	5.17668	0.17001	0.11004	0.56163	0.20456	0.68573

资料来源：根据联合国贸发会议（UNCTAD）数据整理计算所得；—代表该年数据无法获得。

从表 8 - 4 的 RCA 指数来看，在所讨论的 8 大类服务行业中，中国大陆仅建筑的 RCA 指数大于 1，其余各行业均小于 0.8，其中专利使用、特许费 RCA 指数为 0.02167，个人、文化和休闲为 0.03694，金融为 0.10394，显示出极弱的竞争力，但大陆在建筑、通信、计算机和信息行业相比台湾地区更具有国际竞争力。中国台湾地区在运输、旅游、金融、专利使用、特许费、个人、文化和休闲行业国际竞争力略强于大陆地区，但与美国、英国、中国香港、新加坡和韩国相比各行业较为落后，各行业国际竞争力较强的仍然集中在美国、英国，特别是英国在保险、金融、个人、文化和休闲服务行业，美国在专利使用、特许费的 RCA 指数超过了 2.5，表现出极强的国际竞争力。

通过上述分析得知，中国大陆地区服务贸易比较优势主要集中在建筑这类劳动与资源密集型行业，但是通信、计算机和信息行业作为知识、技术密集型行业已经得到了应有的重视和发展，开始具有一定的竞争力。尽管中国台湾地区大多数行业优于大陆，但与美国、英国以及"亚洲四小龙"其他三个经济体相比，各服务行业较为落后，需要有所作为。中国大陆与中国台湾地区服务贸易国际竞争力存在差异，双方服务贸易形成较强的互补性。为提升中国大陆与台湾地区的服务贸易国际竞争力，两地需要根据各自服务贸易现有特点采取不同的对策。大陆地区服务贸易的发展基础薄弱，应给予服务业更多的重视，推出有利于服务贸易整体发展的政策，如在财政、金融等环节上予以支持等。台湾地区则应努力优化服务贸易结构，有重点地发展一些知识、技术密集型服务部门。两地服务贸易国际竞争力存在的差异，也使双方服务贸易形成了较强的互补性。2013 年 6 月签署的《海峡两岸服务贸易协议》为中国大陆和台湾地区服务领域创造了十分有利的贸易与投资环境。因此，两地应充分把握机遇，从而实现优势互补与合作，推动两岸服务贸易共同快速发展，提升国际竞争力。福建作为 21 世纪海上丝绸之路核心区和第二批揭牌的自贸园区之一，应该更好发挥两岸交流的纽带作用，以福建自贸区和台湾自经区现代服务业对接为突破口，推动两岸服务贸易共同快速发展，提升两岸服务业的国际竞争力。

四、福建自贸区与台湾自经区现代服务业对接的路径

对接台湾地区是福建自贸区建设至关重要的一环，福建自贸区与台湾自经区两区的现代服务业若能实现无缝对接，将会释放出巨大能量，带动相关产业的发展，辐射海峡两岸。

（一）推进两区航运、物流对接合作

物流具有贸易的重要支撑功能，没有便利快捷的物流支持，贸易就无从谈起。福建自贸区建设不仅给物流业发展提供了良好机遇，也提出了新的要求。德国汉堡港、新加坡自由港、中国香港自由港将顾客的要求放在首位，根据用户的需求，提供了柔性化的港口物流服务，对进出的船只和货物给予最大限度的自由，使其有条件成为航运物流中心。提供中高端服务是航运中心的核心竞争力，福建自贸区的发展，也应重视航运保险和融资、海事法律及仲裁服务、船舶注册、船舶检验及注册、船舶技术标准服务、船舶租赁、航运机构/协会、航运媒体与出版、航运信息咨询等多方面的高端服务。

积极鼓励中国台湾地区先进物流企业入驻自贸区，借助入驻自贸区的先进物流企业在生活必需品、冷链物流、市内配送等方面的丰富经验，将其融入相关产业链条中，从而完善福建物流产业结构。加强两岸冷链物流合作，建设两岸冷链物流中心，建立两岸冷链物流行业标准互认体系，实行快速通关模式，以台湾地区的农产品、海产品和食品类为主的专业冷链

物流为重点，开展加工、包装、储存、检测、运输和配送物流业务，构建集进口、国内定点采购、储存、交易、展示、配送一体化的冷链物流产业链。

积极推动厦门港与台湾自经区自贸港区（高雄港、台中港等）对接，引进台湾地区大型港口、航运企业，建立两岸港口互为"喂给港"的局面，形成两岸港口优势互补。借鉴自经区自贸港区"前店后厂"的运作模式，形成以厦门港为"前店"，区外保税区等为"厂商"的运作模式，强化厦门港与产业链接关系，带动与临港关联的产业发展。利用中国台湾亚太转运中心以及"六海一空"自由经济示范区优势，吸引全国往来两岸甚至欧美的快件货物以厦门、平潭为口岸，通过台湾中转，积极打造立足两岸、链动全球的跨境电商物流服务平台，推动厦门、平潭成为东南国际快件及跨境电商货物集散转运中心。

（二）推进两区金融服务对接合作

金融领域的开放是国务院赋予自贸区的重要任务，福建自贸区必须根据中央的整体部署，吸收香港特区等地的成熟经验，在风险可控的前提下，对人民币资本项目下可兑换、利率市场化和人民币跨境业务等金融领域进行先行先试。紧密结合"一带一路"国家战略，切实推进厦门两岸区域性金融服务中心建设。全面鼓励和支持台湾地区金融业在厦门独资或合资设立营业性分支机构，拓展台湾地区金融资本进入厦门的渠道。大力发展金融旅游，即依托中国香港地区、中国台湾地区成熟的国际金融市场，特别是在国家政策允许下发展国内金融业所不能设计或性价比比较差的金融产品（如个人储蓄险、私人银行业务等）的开发、营销和买卖，从而达到吸引国内外一流金融机构特别是台湾地区金融机构进驻自贸区。发展跨境人民币贷款业务和双向资金池业务，尝试拓展台湾地区银行人民币资金运用渠道，促进两岸人民币跨境双向流动。积极建设两岸人民币清算中心，鼓励与台湾地区金融机构建立结对两岸货币清算业务。目前，建行、农行、平安银行三家银行的总行已分别在厦门成立"对台人民币清算中心"。台湾地区24家银行已与厦门16家银行签订人民币代理清算协议，并开设41个人民币代理清算账户，累计清算424亿元人民币。台湾银行已在福州片区选址，即将入驻。

在框架协议下，允许自贸区内大陆的商业银行从事代客境外理财业务时，可以投资符合条件的台湾金融产品。允许台资金融机构以人民币合格境外机构投资者方式投资自贸区内资本市场。探索允许台湾地区的银行及其在大陆设立的法人银行在福建省设立的分行参照大陆关于申请设立支行的规定，申请在自贸试验区内设立异地支行。重点建设两岸金融商贸集聚区，以加强闽台金融合作为纽带，以促进闽台金融产业对接为先导，着力推进金融改革和创新发展，打造出一个健全、完善、高效的两岸区域性金融产业体系和闽台金融领域合作的试验区，加强金融服务业相关方面的投资建设，使其逐步发展成为对台重要的支柱型产业。到2020年有望将两岸金融服务中心打造成为两岸金融产业集聚中心、新台币兑换中心、台资企业和台商特色金融服务中心。

组建海峡碳交易所，大力发展碳金融。碳金融是连接能源金融和环境金融的"桥梁"，上海、天津和广东三个自贸试验区都高度重视发展碳金融。上海自贸试验区依托上海环境能源交易所，设立系列政策性碳基金，建立面向长三角的区域性碳排放市场，建设碳现货与碳期货交易交易中心，主导全国碳金融发展。天津自贸试验区依托天津排放权交易所，建立面向京津冀的跨区域碳市场和面向环渤海的区域性碳交易市场。广东自贸试验区依托深圳排放权交易所，发展碳期货市场，打通碳排放现货市场与期货市场通道，占领碳金融产品的国际价格制定权。"十三五"时期福建省发展重化工业面临"碳排放"约束，生态文明先行示范区建设又面临"碳汇"的价值实现，发展碳金融不仅可培育经济新增长点，也能为生态文明建设创造条件。建议研究设立两岸合作的海峡碳交易所，把厦门、南平低碳城市试点纳入碳交易体系，整合"海丝"沿线国家等碳金融资源。兴业银行作为国内首家赤道银行，在节能减排项目的绿色信贷方面有一定基础，可以依托兴业银行联合其他投资者组建，开发碳市场产品和碳交易平台，开展碳市场服务、节能市场服务和配额市场服务。

（三）推进两区跨境电商产业集聚发展

以现有福州、平潭跨境贸易电子商务试点为基础，设立跨境电商综合试验区，复制杭州经验，构建六大体系和两大平台，即企业、金融机构、监管部门的信息共享体系，一站式在线金融服务体系，全程可验可测可控的智能物流体系，分类监管、部门共享和有序公开的电子商务信用体系，以及为企业经营、政府监管提供服务保障的统计监测体系，风险防控体系，以及线上"单一窗口"和线下"综合园区"两个平台。目前，三个片区跨境电商企业 580 多家。借助高雄、台北、台中、桃园和松山等地航空运力和港口运力，利用台湾地区密集的国际航线，以全球海外仓为网络支撑，大力发展面向全球大宗货物和零售商品的贸易，推动两区跨境电商产业集聚发展，打造跨境电商生态圈，构建两区电商企业共同参与国际竞争新平台。

（四）推进两区旅游服务对接合作

依托自贸区的政策，福州、厦门、平潭片区应积极开拓旅游电子商务新模式，做好"互联网＋旅游"，建立旅游电商产业发展平台，吸引旅游企业入驻，打造旅游生态圈。允许台湾地区的导游、领队经自贸区旅游主管部门培训认证后换发证件，在自贸区执业。自贸区旅游行业协会应充加强与台湾地区旅游界的沟通，紧密对接台湾地区旅游业，鼓励大陆游客来到自贸区游玩后，直接坐船去台湾旅游，台湾地区的游客也更多地通过自贸区到大陆旅游。重点发展"厦门＋台湾环岛＋香港"等海峡特色邮轮旅游，开发厦门、平潭经中国台湾至东南亚、日韩、大洋洲等地区的邮轮航线，建设临港邮轮旅游商业集聚区、国际邮轮旅客集散中心。积极开发平潭南岛语族文化、海丝文化、地方戏曲文化等海岛特色文化旅游，引进台湾地区专才参与平潭管理和建设，可以按照台湾地区薪资标准支付薪酬，同时按相关政策给予租房购房、个税缴纳和社保医保等方面的福利待遇，为他们提供施展才能的空间和平台。福州片区琅岐生态旅游发展区充分发挥台湾地区允许马祖岛离岛开发国际旅游的政策优势，重点发函滨海旅游，设立口岸离境免税店和台湾地区小商品交易市场。

（五）推进两区医疗的对接合作

台湾地区长期以来致力于医疗人员培育、医疗体系维护、医疗资源分配，医疗人才济济，是发展医疗产业国际化的良机。台湾地区应进行法规松绑，简化就医入境程序，提升大陆尤其是福建人士来台就医的意愿，在台湾自经区建立医疗产业园，致力于发展观光医疗，开发养生、保健等行程，使顾客能于来台期间享受台湾地区优质服务。引进台湾地区专业医疗机构入驻福建自贸区，探索对接台湾地区保健制度，允许台湾地区医疗专业技术人员按照大陆执业管理规定在自贸区内从事医疗相关活动，进一步优化从台湾地区进口部分保健食品、化妆品、医疗器械、中药材的审批程序，积极推进台湾地区医疗资源落地自贸区。目前已有12家台资医疗机构和医疗生物技术企业落户平潭，82名台湾技师在平潭备案或执业。

（六）推进两区教育、文创的对接合作

鼓励台湾地区学前教育机构在自贸区独办、联办或共同管理示范幼儿园，引进先进管理经验、教材、教学玩具和其他教学资源，推动台湾地区高校在自贸区开设分校，引进台湾地区优质师资。台湾地区在文创领域有丰富的经验，目前超过90%的台湾地区优质文创人员还没有进军大陆，在出版、影视、动漫、游戏等方面，台湾地区文创产品还无法被视作"内版"，受到外资配额限制，而由于审批程序烦琐、耗时长，产品通过审批上映时，已无利可图，福建自贸区若能在知识产权保护、简化审批流程等方面先行一步，必将抢得发展先机。

闽台两岸自由经贸区有必要相互开放，对接合作，集聚发展航运、物流、金融、跨境电商、旅游、医疗、教育、文创等服务业产业集群，为两岸经济进一步深化合作提供一个新的平台，促进两岸产业共同升级发展。

五、结语

在两岸经济往来与合作历史的进程中，中国大陆于20世纪80年代中期开始就以特殊经济园区（台商投资区）方式鼓励与吸引台商投资、技术转移、人才引进，促进两岸经济合作与发展。20多年来，大陆先后规划与设立了许多两岸经济特（园）区，包括台商投资区、海峡两岸农业合作试验区、台湾地区农民创业园、海峡西岸经济区、平潭综合实验区、昆山两岸产业合作试验区等。这些园区的设立，主要是大陆单方面推进两岸经济特（园）区合作，没有台湾地区方面的配合，没有两岸的协商，还不是真正意义上的两岸之间经济特（园）区的对接与合作。长期以来，基于"拒统"的政治考量及怕"被矮化"，台湾当局一直不愿意与福建进行正式、平等的交往与合作，闽台间的很多合作事项既无法在"两岸两会"层面形成新的协议，更无法像粤港澳那样通过一个又一个的"补充协议"来"固化"合作的成果。

近年来，大陆方面不断呼吁两岸经济特（园）区对接与合作。在当前两岸共推自贸区发展的背景下，福建自贸区和台湾自经区不可避免地将形成一定的竞争态势，如何在自贸区以现代服务业对接为突破口进而全面推进闽台现代服务业对接具有非常重要的意义。福建自贸区和台湾自经区有必要相互开放，对接合作，以便于减少竞争、协同发展，促进产业分工合作。福建自贸区与台湾自经区以现代服务业对接为推手，共同拓展国际市场，不仅会有效刺激台湾地区当前"闷经济"局面，启动台湾地区经济发展的新引擎，为台湾地区加入区域经济整合创造良好的条件，加速两岸经济融合，促进闽台经济一体化，给产业界带来实实在在的红利，对于福建来说，则有助于福建省产业转型升级，为大陆企业进入台湾地区创造条件。

附录一

中国在全球生产网络中的角色演进：
基于解耦争论的研究

一、引言

自 20 世纪末以来，以产业间垂直分工为特征的东亚雁行发展模式日趋衰落，越来越多最终产品的生产不是完全在单一经济体内完成，而是根据价值链的延伸被跨国公司分散在最有效率和成本最低的国家或地区进行。伴随着东亚生产网络的形成与快速发展，东亚地区与世界其他地区的经济发展紧密联系起来，形成了遍布全球的生产网络。

全球生产网络（global production network，GPN）一直是中国出口增长的主要驱动力，中国以及以中国为核心的东亚生产网络区域内贸易的迅猛发展使得学术界盛行东亚区域已成为独立于传统发达经济体，可自我维持增长驱动力的观点，即解耦理论。支持解耦理论的文献有辛广和王云永（Shin，Kwanho & Wang，Yunjong，2004）、阿图科拉拉和科派汶（Athukorala，P. & Kohpaiboon，A.，2009）以及何东和廖伟（D. He & W. Liao，2012）等。辛广和王云永（Shin，Kwanho & Wang，Yunjong，2004）认为，当东亚区域内贸易的份额上升时会发生解耦现象，阿图科拉拉和科派汶（Athukorala，P. & Kohpaiboon，A.，2009）认为，产生解耦论的主要原因是东亚区域内贸易持续增长以及东亚各国对区域经济长期增长保持乐观态度，何东和廖伟（D. He & W. Liao，2012）认为，亚洲解耦现象部分基于自身的区域一体化。

也有一些学者对解耦理论持否定态度，他们认为解耦理论不现实，代表性的文献有何东、张莉莲和常建（D. He，L. Cheung & J. Chang，2007）、何帆（2008）、斯蒂芬·罗奇（Roach，S.，2009）、刘中伟（2014）等。何东、张莉莲和常建（D. He，L. Cheung & J. Chang，2007）认为，东亚经济与美国结构性脱钩需满足更加多元化的出口市场、具备政策自主性尤其是货币政策独立、国内金融市场不受美国金融体系的影响三个条件，而在可预见的未来，东亚商业周期不可能与美国脱钩，在长期也不具备与美国脱钩的潜力。何帆（2008）指出，"东亚经济在1997年金融危机之后，不仅没有在增加内需方面有显著改善，反而越来越依赖外需，尤其在美国市场。"斯蒂芬·罗奇（Roach，S.，2009）认为，解耦理论基于传统的横向专业化分工，随着垂直专业化分工的迅速发展，尤其是中国和其他东亚国家在全球生产网络中日益重要的地位，基于横向专业化的贸易流量分析会导致错误的推论。

本文将聚焦于解耦争论，通过使用WTO、UN Comtrade和WITS数据库最新的贸易数据对全球生产网络下零部件贸易和最终产品组装贸易进行深入分析，以此厘清全球生产网络的发展是否使得以中国为核心的东亚生产网络与全球经济存在解耦关系。本文结构如下：第二部分介绍本文的贸易数据统计方法，第三部分从商品构成的角度深入分析中国生产网络贸易，第四部分从地理分布的角度深入探讨以中国为核心的东亚生产网络与全球经济是否存在解耦关系，第五部分是结论。

二、贸易数据统计方法

自耶茨（Yeats，A.，2001）以来，学者们广泛使用零部件贸易来描绘全球生产网络贸易。之后，生产网络贸易从零部件贸易进一步扩大为最终产品组装贸易。然而这两者在生产网络贸易中的重要性依国家不同而不同，即使同一国家不同时间也会呈现出不一样，因此，我们无法使用单一的零部件贸易作为不同国家不同时间生产网络贸易的衡量指标，本文将生产网络贸易界定为包括零部件贸易和最终产品组装贸易。

其中，零部件贸易数据可通过按经济大类分类（classification by broad economic categories，BEC）与国际贸易标准分类（standard international trade classification，SITC）进行转换获得。BEC把国际贸易商品分为7大类、19个基本类，同时，按商品的最终用途分为初级产品、中间产品和最终产品。

其中，中间产品又分为半成品和零部件，最终产品又分为资本品和消费品。SITC 第三次修订版（SITC Rev. 3）贸易数据把国际贸易商品分为 10 部门、67 章、261 组、1 033 分组、3 118 个基本项目，最早可以追溯到 1992 年。BEC19 个基本类与 SITC Rev. 3 的所有基本项目有一一对应关系。

然而，目前学术界并没有形成将国际贸易标准分类数据精确地转换为最终产品组装贸易数据的方法，为了获得最终产品组装贸易的数据，本文借鉴阿瑟考罗拉和瑞文希尔（Athukorala, P. & Ravenhill, J., 2016）用总贸易额和零部件贸易额的差估算最终产品组装贸易数据的方法，聚焦全球生产网络贸易程度较深的一些产品类别，深入分析这些产品类别的最终产品组装贸易数据。

根据已有的研究文献，本文选取了如下十四种产品类别进行分析：发电机械设备 SITC71、个别工业专用机械 SITC72、金属加工机械 SITC73、一般工业机械 SITC74、自动资料处理仪器 SITC75、电信和录音设备 SITC76、电气机械 SITC77、道路车辆 SITC78、其他运输设备 SITC79、旅游用品 SITC83、服装及衣服配件 SITC84、鞋子 SITC85、专业和科学用仪器 SITC87、摄影仪器 SITC88。其中，SITC83、SITC84 和 SITC85 属于消费者驱动生产网络产品，其余十一种产品类别属于生产者驱动生产网络产品。假定所有这些产品类别从开始生产至成品阶段无法仅在一个国度内完成，这些产品类别的总贸易额和零部件贸易额的差为最终产品组装贸易数据。不过很显然，这些产品类别的估计结果并没有包括世界贸易的所有最终产品组装贸易。例如，家具、服装和运动物品等各项杂项制品也有最终组装产品的外包。

三、中国生产网络贸易的商品构成

改革开放以来，中国作为世界贸易大国的地位快速上升，甚至超越了德国和日本。在 1990 年，中国商品出口额仅为日本出口额的 1/5，2004 年，中国首次超越日本成为世界第三大出口国，三年后又超越美国成为世界第二大出口国，2009 年开始，中国超越德国成为世界第一大出口国，2016 年出口额高达 21 189 亿美元。

伴随着出口的显著扩张，中国出口商品的构成出现了巨大的变化，由初级产品为主转变为制成品为主，制成品在出口总额中的份额由 20 世纪 70

年代末的 40% 上升为 90 年代末的 90%，而世界平均水平仅为 70% 左右。附表 1 – 1 描绘了分解为零部件，组装产品和总生产网络产品的中国制成品 1992 年、2007 年和 2016 年的出口情况。从统计结果来看，中国生产网络产品总出口从 1992 年的 379 亿美元上升为 2016 年的 12 860 亿美元，约占制成品出口的 65%。在生产网络产品中，相较于零部件，组装产品在整个期间占了较大的份额，1992 年高达 93%，2007 年和 2016 年均为 81%，这反映了中国在全球生产网络中主要充当组装中心的角色。然而，零部件所占份额在这 1992 ~ 2016 年间也出现了上升，从 7% 上升为 28%，体现了国内生产基地地位的深化。

附表 1 – 1　　　　　　　　中国生产网络产品出口的商品构成　　　　　单位：%

产品	零部件			组装产品			总生产网络产品		
	1992 年	2007 年	2016 年	1992 年	2007 年	2016 年	1992 年	2007 年	2016 年
（a）生产者驱动生产网络产品	100	100	100	36.3	75.5	77.9	40.8	80.2	82.1
发电机械设备（71）	9.6	4.0	5.0	1.4	1.5	1.7	2.0	2.0	2.8
个别工业专用机械（72）	7.1	3.4	2.9	1.4	1.9	2.5	1.8	2.2	2.8
金属加工机械（73）	1.5	1.0	0.5	0.6	0.4	0.4	0.7	0.5	0.5
一般工业机械（74）	14.5	12.6	10.1	2.3	4.6	6.2	3.1	6.1	7.8
自动资料处理仪器（75）	4.3	22.1	7.2	2.9	21.5	14.2	3.0	21.6	13.5
电信和录音设备（76）	5.3	11.5	4.3	10.6	20.8	25.2	10.2	19.0	21.6
电气机械（77）	42.6	32.2	26.6	6.1	13.1	16.3	8.7	16.8	20.6
道路车辆（78）	8.8	10.5	9.9	2.6	3.9	2.7	3.1	5.1	4.9
其他运输设备（79）	3.8	1.0	0.7	2.2	2.1	2.5	2.3	1.9	2.2
专业和科学用仪器（87）	2.0	1.5	1.5	1.0	4.5	4.6	1.0	3.9	4.1
摄影仪器（88）	0.5	0.1	0.1	5.2	1.4	1.6	4.9	1.1	1.3
（b）消费者驱动生产网络产品	0	0	0	63.7	24.5	22.1	59.2	19.8	17.9
旅游用品（83）	0	0	0	4.2	1.8	2.4	3.9	1.4	2.0
服装及衣服配件（84）	0	0	0	47.4	18.6	15.2	44.1	15.0	12.3
鞋子（85）	0	0	0	12.0	4.1	4.5	11.2	3.3	3.7
总计（a + b）	100	100	100	100	100	100	100	100	100
总计（十亿美元）	2.6	147.7	355.8	35.3	621	1 041.9	37.9	768.7	1 286

资料来源：UN Comtrade 数据库。

此外，20世纪90年代初，中国生产网络产品的出口主要为消费者驱动生产网络产品，其在总生产网络产品中所占份额为59.2%，产品组合大量集中在传统劳动密集型制成品，其中服装及衣服配件（SITC84）解释了44.1%的生产网络产品总出口。之后生产网络产品出口逐渐转为生产者驱动生产网络产品，且生产者驱动和消费者驱动生产网络产品在总出口中所占份额之间的差距越来越大，到2016年，生产者驱动生产网络产品大大超过消费者驱动生产网络产品，在总生产网络产品中所占份额高达82.1%，其中信息技术产品（SITC75，76和77）解释了55.7%的生产网络产品总出口。非常有趣的是，虽然2016年消费者驱动生产网络产品在总生产网络产品中的份额下降为17.9%，服装及衣服配件（SITC84）依然解释了较大的出口份额，为12.3%。

20世纪90年代以来，亚洲工厂逐步形成，同时随着中国经济的发展，中国日渐成为东亚生产网络的重要结点和枢纽，中国和其他东盟各国从东盟发达经济体日本以及"亚洲四小龙"进口零部件和中间产品并完成组装，然后将组装完成的最终产品销往世界市场。附图1-1描绘了中国零部件出口在零部件进口和生产网络产品总出口中的份额情况，从图中可以看出，1995年以来，中国零部件出口一直小于零部件进口，但是零部件出口在零部件进口中所占份额呈逐年上升趋势，从1995年的52.9%上升为2016年的80.4%，零部件出口在生产网络产品总出口中的份额也出现了小幅度的上升，从1995年的14.1%上升为2016年的27.7%。由此可见，中国在全球生产网络中依然主要充当最终产品组装中心的角色，但是零部件的双向贸易（进口和出口）已经成为中国参与全球生产网络的一个重要特征。

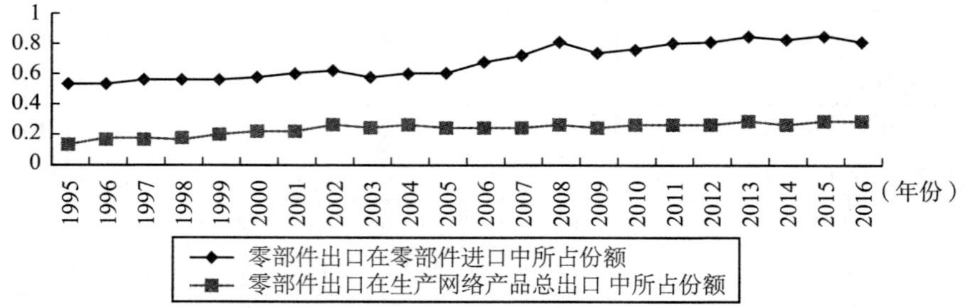

附图1-1　中国零部件出口在生产网络产品总出口中的份额

资料来源：UN Comtrade数据库。

虽然中国已成为东亚生产网络贸易的核心，但众多研究认为，中国仍处于价值链的底端。从 OECD – WTO 数据库中的 TIVA 数据来看，中国 1995 年贸易增加值中国内价值含量为 989.9 亿美元，2011 年上升为 13 369 亿美元，但是从国内价值含量占总出口的比例来看，1995 年为 69%，2011 年为 67.9%，下降了 1.1%，低于 OECD 国家的平均水平，是 G20 国家的最低水平。

四、中国生产网络贸易的地理分布

从中国生产网络产品的总出口来看，出口目的国呈现出多元化的趋势，虽然流向日本和美国、加拿大、德国、法国等北美、欧盟发达国家的出口份额出现了下降，不过这些国家依然吸收了接近 40% 的中国生产网络产品总出口，其中流向美国的份额最大，为 19.4%。而流向东南亚、南亚、西亚、中亚、非洲和拉美这些发展中国家的生产网络产品出口份额几乎都出现了上升，吸收了接近 15% 的中国生产网络产品总出口，其中流向印度的份额最大，为 2.5%，新加坡次之，为 2.0%。中国生产网络产品减少对日本、北美和欧盟发达国家的出口，增加对东南亚、南亚等发展中国家的出口，并非是对日本、北美和欧盟发达国家脱钩，仅仅是中国对发达市场出口已相对饱和。

除了吸收中国大量的生产网络产品出口，美国也吸收了中国 18% 的零部件出口，仅次于东亚的日本、韩国 19.6% 之后，德国、法国、意大利、荷兰和比利时这 5 个欧盟国家吸收了中国 7.5% 的零部件出口，巴西、墨西哥吸收了 3.6% 的中国零部件出口，澳大利亚吸收了 1.8%，伊朗也吸收了 1.8%，印度吸收了 1.9%，新加坡、马来西亚、泰国、印度尼西亚和菲律宾这 5 个东南亚国家吸收了 7.5%。可见，中国的零部件出口遍及世界各国（见附表 1 – 2）。

附表 1 - 2　　中国生产网络产品出口目的国构成（1992 年、2007 年、2016 年）　　单位：%

国家	零部件			组装产品			总生产网络产品		
	1992 年	2007 年	2016 年	1992 年	2007 年	2016 年	1992 年	2007 年	2016 年
东亚：日本	9.9	10.0	9.8	9.9	10.2	10.6	9.9	8.1	6.4
韩国	1.0	1.9	9.8	1.6	1.7	11.1	0.5	3.4	4.4
东南亚：新加坡	1.9	1.1	1.1	3.2	0.8	0.9	0.8	2.8	2.0
马来西亚	1.0	1.1	1.8	2.1	1.0	1.9	0.0	1.6	1.5
泰国	1.0	1.0	1.8	1.6	1.0	1.9	0.4	0.8	1.4
印度尼西亚	1.8	0.2	1.8	3.5	0.1	1.9	0.3	0.7	1.1
菲律宾	0.2	1.0	1.0	0.3	1.1	1.0	0.1	0.5	0.9
南亚：印度	0.1	1.0	1.9	0.2	0.9	1.7	0.0	1.6	2.5
西亚：阿富汗	0.0	0.0	0.0	0.0	0.0	0.0	0.0	0.0	0.0
伊拉克	0.0	0.0	0.0	0.0	0.0	0.2	0.0	0.1	0.3
伊朗	1.8	0.2	1.8	3.6	0.2	2.0	0.2	0.4	0.7
中亚：哈萨克斯坦	0.1	0.0	0.0	0.1	0.0	0.0	0.1	0.6	0.4
大洋洲：澳大利亚	1.0	1.0	1.8	1.2	0.0	1.9	0.8	1.4	1.5
北美：美国	17.7	10.1	18.0	24.5	8.9	17.7	12.0	19.5	19.4
加拿大	1.0	0.2	1.8	2.1	1.0	1.9	0.0	1.5	1.1
欧盟：德国	1.8	1.9	1.9	0.8	1.5	1.5	2.6	4.5	3.4
法国	0.2	1.0	1.8	0.6	1.0	1.9	0.8	1.9	1.2
意大利	1.0	1.0	1.8	0.9	1.0	1.9	1.0	1.4	1.2
荷兰	1.0	1.0	1.8	1.3	0.6	1.5	0.8	3.9	3.2
比利时	0.0	0.2	0.2	0.0	0.1	0.1	0.0	0.7	0.5
非洲：南非	0.0	0.2	0.2	0.0	0.1	0.1	0.0	0.6	0.6
拉美：巴西	0.2	1.0	1.8	0.4	1.0	2.0	0.0	0.9	0.9
墨西哥	0.1	1.0	1.8	0.0	1.0	1.9	0.2	1.1	1.7
总计（%）	42.6	34.6	64.0	56.5	31.7	65.8	30.9	58.0	56.4

　　注：由于数据的可获得性，同时考虑到 2007 年底全球金融危机爆发后全球贸易下滑，本书选取了 1992 年、2007 年和 2016 年三个时间节点来研究中国生产网络产品出口目的国构成。

　　资料来源：UN Comtrade 数据库和 WITS 数据库。

　　在进口方面，2016 年从东亚日本和韩国进口的零部件最多，占比

28.3%，但相比于1992年33.6%来说出现了下降，从东南亚进口的零部件出现上升，从1992年的1.6%上升为12.6%，从欧盟的德国、法国、意大利、荷兰和比利时进口的零部件占比20.5%，与1992年持平，从北美的美国、加拿大进口的零部件占比9.9%，相比于1992年的15.2%出现了下降。可见，中国零部件进口对东亚和东南亚的依赖性在增强，但是从欧盟和北美进口的份额依然不可忽视（见附表1-3）。

附表1-3　中国生产网络产品进口国构成（1992年、2007年、2016年）　单位：%

国家	零部件			组装产品			总生产网络产品		
	1992年	2007年	2016年	1992年	2007年	2016年	1992年	2007年	2016年
东亚：日本	28.9	10.4	17.7	28.8	9.7	18.4	23.2	17.8	12.8
韩国	4.7	10.3	10.6	6.2	10.0	10.0	1.4	13.3	14.6
东南亚：新加坡	1.0	1.0	1.1	1.2	0.9	1.0	0.4	1.9	1.6
马来西亚	0.5	9.0	9.1	0.6	9.5	9.7	0.1	3.9	4.8
泰国	0.1	1.0	1.1	0.1	0.8	0.9	0.1	2.7	2.5
印度尼西亚	0.0	0.1	0.1	0.0	0.1	0.1	0.0	0.5	0.3
菲律宾	0.0	9.0	1.1	0.0	9.5	1.0	0.0	4.2	1.8
南亚：印度	0.0	0.1	0.1	0.0	0.1	0.1	0.0	0.1	0.2
西亚：阿富汗	0.0	0.0	0.0	0.0	0.0	0.0	0.0	0.0	0.0
伊拉克	0.0	0.0	0.0	0.0	0.0	0.0	0.0	0.0	0.0
伊朗	0.0	0.0	0.0	0.0	0.0	0.0	0.0	0.0	0.0
中亚：哈萨克斯坦	0.0	0.0	0.0	0.0	0.0	0.0	0.0	0.0	0.0
大洋洲：澳大利亚	0.5	0.2	0.0	0.6	0.2	0.0	0.3	0.2	0.1
北美：美国	10.1	9.9	9.7	9.1	10.1	9.8	12.2	7.3	8.9
加拿大	5.1	0.2	0.2	6.8	0.2	0.2	1.2	0.4	0.4
欧盟：德国	9.9	2.0	17.3	10.4	1.5	18.7	8.8	7.0	8.1
法国	5.2	1.0	1.8	6.3	0.9	1.8	2.9	1.9	1.5
意大利	5.2	1.0	1.0	5.8	1.0	0.9	3.8	1.3	1.3
荷兰	0.6	0.1	0.2	0.5	0.1	0.1	0.7	0.4	0.4
比利时	0.0	0.1	0.2	0.0	0.1	0.2	0.3	0.2	0.2
非洲：南非	0.0	0.0	0.0	0.0	0.0	0.0	0.0	0.0	0.0

续表

国家	零部件			组装产品			总生产网络产品		
	1992 年	2007 年	2016 年	1992 年	2007 年	2016 年	1992 年	2007 年	2016 年
拉美：巴西	0.1	0.2	0.0	0.1	0.2	0.0	0.0	0.1	0.3
墨西哥	0.1	1.0	1.8	0.1	1.0	1.9	0.0	0.4	0.9
总计（%）	71.8	56.5	73	76.6	55.9	74.8	55.1	63.8	60.9

资料来源：UN Comtrade 数据库和 WITS 数据库。

根据世界贸易组织（WTO）测算，2005 年中国就已经成为亚洲零部件贸易的核心，而日本的地位出现边缘化。从 2005～2016 年中国与亚洲国家间零部件贸易占双边贸易量的比重来看，零部件在进口贸易中所占比例远高于其在出口贸易中的比例，尤其以韩国、日本、马来西亚等国为甚。

在贸易流量分析中，通常使用贸易密集度指数表示双边贸易关系的紧密程度。贸易密集度指数（trade intensity index，TII）由布朗（Brown）于 1947 年提出，后经小岛清等做了改进，该指数表示为：

$$TI_{ij} = \frac{\dfrac{X_{ij}}{X_i}}{\dfrac{M_j}{M_w - M_i}}$$

其中，TI_{ij} 表示国家 i 与国家 j 之间的贸易密集度指数；X_{ij} 表示国家 i 向国家 j 的出口；X_i 表示国家 i 的总出口；M_j 表示国家 j 的总进口，$M_w - M_i$ 为世界总进口减去国家 i 的总进口。如果 $TI_{ij} > 1$，表示国家 i 向国家 j 的出口大于依据国家在世界贸易中的份额所预期的出口，两国的贸易关系密切；若 $TI_{ij} < 1$，则表示两国之间的贸易关系不密切。根据 WTO 和 UN Comtrade 数据库的可得数据，我们计算了 2010～2016 年东亚生产网络各国（中国除外）与中国以及东亚生产网络各国与美国的贸易密集度指数，如附表 1－4 和附表 1－5 所示。

附表 1－4 和附表 1－5 的计算结果表明，东亚生产网络各国与中国的贸易关系都很密切，贸易密度指数要高于东亚生产网络各国与美国的贸易密度指数，可见，中国已逐渐成为东亚生产网络的核心，但是美国依然是东亚生产网络国家出口的主要目的地，部分东亚生产网络国家如中国、日本、韩国和菲律宾与美国的贸易关系很密切。

附表 1 - 4　　　　2010～2016 年东亚生产网络国家（中国除外）
与中国的贸易密集度指数

国家	2010 年	2011 年	2012 年	2013 年	2014 年	2015 年	2016 年	均值
日本	2.06	1.99	1.77	1.69	1.71	1.68	1.74	1.80
韩国	2.53	2.32	2.28	2.28	2.22	2.33	2.32	2.33
新加坡	1.12	1.08	1.08	1.13	1.20	1.35	1.30	1.18
马来西亚	1.39	1.38	1.29	1.30	1.16	1.28	1.27	1.30
泰国	1.36	1.40	1.63	1.59	1.63	1.91	—	1.59
印度尼西亚	1.10	1.18	1.16	1.20	0.97	0.99	1.18	1.11
菲律宾	1.22	1.34	1.21	1.20	1.26	1.08	1.11	1.20

资料来源：WTO 和 UN Comtrade 数据库。

附表 1 - 5　　2010～2016 年东亚生产网络国家与美国的贸易密集度指数

国家	2010 年	2011 年	2012 年	2013 年	2014 年	2015 年	2016 年	均值
中国	1.29	1.27	1.24	1.23	1.21	1.17	1.20	1.23
日本	1.18	1.21	1.36	1.47	1.44	1.41	1.41	1.58
韩国	1.18	1.21	1.36	1.47	1.44	1.41	1.41	1.35
新加坡	0.50	0.44	0.43	0.47	0.46	0.48	0.49	0.47
马来西亚	0.74	0.67	0.69	0.65	0.66	0.68	0.73	0.69
泰国	0.81	0.77	0.79	0.81	0.82	0.80	—	0.80
印度尼西亚	0.71	0.66	0.62	0.70	0.74	0.78	—	0.70
菲律宾	1.15	1.20	1.14	1.20	1.12	1.08	1.11	1.14

资料来源：WTO 和 UN Comtrade 数据库。

五、结　论

本文聚焦于解耦争论，通过使用 WTO、UN Comtrade 和 WITS 数据库最新的贸易数据，从商品构成和地理分布两个角度深入探讨以中国为核心的东亚生产网络与全球经济是否存在解耦关系。

20世纪90年代以来,中国日渐成为东亚生产网络的重要结点和枢纽,中国在东亚生产网络中主要充当最终产品组装中心的角色,但是零部件的双向贸易也成为中国参与生产网络的一个重要特征。从中国生产网络产品的总出口来看,出口目的国呈现出多元化的趋势。中国零部件的出口也遍及世界各国,另外,中国从东亚和东南亚进口零部件的依赖性在增强,但是从欧盟和北美进口零部件的份额依然不可忽视。

从贸易密集度指数来看,东亚生产网络各国与中国的贸易密度指数要高于与美国的贸易密度指数,但是美国依然是东亚生产网络国家出口的主要目的地,部分东亚生产网络国家如中国、日本、韩国和菲律宾与美国的贸易关系很密切。

综上可见,以中国为核心的东亚生产网络与全球经济不存在解耦关系,而是与生产网络外的美国、欧盟等国家双向依赖关系更为加强。驱动中国和东亚生产网络国际分工的动力仍然在生产网络外部,以中国为核心的东亚生产网络依然缺乏推动区域内贸易与经济发展的内需市场。

附录二

福建省生产性服务业集聚
水平的测度及特征分析

　　生产性服务业是现代服务经济的核心与重要组成部分，贯穿于制造业全产业链的众多环节。作为知识、技术密集型的高附加值服务业，生产性服务业在生产领域发挥的作用不断变迁，由最初的"润滑剂"到"生产力"再到如今的"推进器"。生产性服务业快速提高了制造业产品的附加值，逐渐成为区域经济增长的动力源泉[1]。政策层面上，发展生产性服务业已逐步上升为国家战略，中央政府陆续出台了相关的政策措施，将"拓展生产性服务业"作为经济增长方式转变和产业结构升级的重要内容，并明确提出"大力发展现代物流业""有序拓展金融服务业""规范提升商务服务业""培育壮大高技术服务业"等政策主张。

　　从空间布局上看，生产性服务业的集聚分布特征越来越明显。生产性服务业的空间集聚现象已经成为经济发展进程中的典型事实，并成为缓解日益严峻的资源和环境约束、实现价值链跃迁、推动城市化和经济结构转型的重要途径。生产性服务业集聚还可以通过专业化分工、降低交易成本等途径提高制造业生产率。在我国，生产性服务业主要集中在东部沿海地区和发达城市，从而呈现出一定程度的非均衡性。2017年福建省政府工作报告指出："着力培育服务型制造的新模式和新业态，引领产业向价值链高端提升，推动我省制造业与服务业深度融合，促进制造业提质增效和创新发展。"

　　然而，目前国内针对生产性服务业集聚的文献，其研究层面范围较宽，主要停留在整体层面，对于省市等区域性生产性服务业集聚的考察较少，有关福建省的研究则更为薄弱，还有很大的研究空间。本文以福建省生产性服务业为研究对象，在探讨福建省生产性服务业发展现状的基础上，通过选择合适的集聚测度指标，从总体水平、行业视角和区域视角三个维度来分析福建省生产性服务业的集聚水平以及其特征，为促进福建省生产性服务业集聚良性发展及其与制造业的深度融合提供有力的佐证。

一、福建省生产性服务业发展现状

(一) 生产性服务业内涵的界定

伴随着生产性服务业的日益发展，对于生产性服务业的内涵，学术界逐渐取得较为一致的观点，认为生产性服务业是其他产品或服务生产的中间投入服务，而非市场化的最终消费服务。即从服务的对象来看，生产性服务业主要是为其他产业提供服务的，而非为消费或家庭提供服务；从服务的功能来看，生产性服务业是产品和服务生产的中间投入，在生产中扮演着中间服务的功能，是中间需求性服务。

虽然学者们对生产性服务业的界定逐渐清晰，但在生产性服务业涉及哪些部门方面依然存在着不同见解，且还存在着较大的差异性。学者往往只根据统计资料的可获得性及自身研究需要而对生产性服务业进行界定。本文中生产性服务业行业的划分以 2017 年修订的国民经济行业分类（GB/T4754－2017）为准，包括交通运输、仓储和邮政业（G），信息传输、软件和信息技术服务业（I）、金融业（J）、房地产业（K）、租赁和商务服务业（L）、科学研究和技术服务业（M）六个行业[2]。

(二) 福建省生产性服务业发展现状

1. 生产性服务业对 GDP 增长的贡献逐年上升。

2005 年以来，福建省生产性服务业迅速增长，其增加值的增长速度高于 GDP 增加值的增长速度，生产性服务业对 GDP 增长的贡献呈现出逐年上升的趋势。2005 年 GDP 增加值为 6 568.93 亿元，至 2016 年上升为 28 519.15 亿元，增长了 4.34 倍，同期生产性服务业增加值由 1 233.28 亿元上升为 6 849.94 亿元，增长了 5.55 倍。而生产性服务业增加值在 GDP 增加值中的比重由 2005 年的 18.77% 上升为 2016 年的 24.02%。如附图

2-1所示。

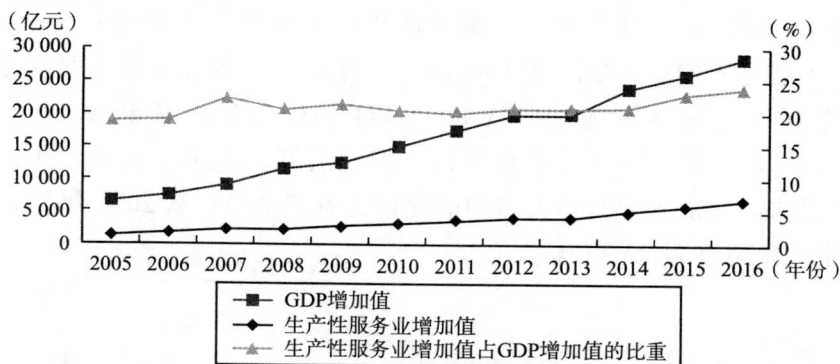

附图 2-1　福建省生产性服务业增加值及其在 GDP 增加值中的比重

资料来源：《福建省统计年鉴》。

　　生产性服务业是服务业的重要组成部分，生产性服务业增加值在服务业增加值中的比重总体呈现出上升趋势。2005年生产性服务业增加值在服务业增加值中的比重为48.8%，2008年上升为56.5%，随后由于全球金融危机的爆发，生产性服务业受到较大冲击，在服务业增加值的比重呈现出下降趋势，但是自2012年开始生产性服务业发展出现了回温，之后持续上升，至2016年在服务业增加值中的比重又重新高达55.64%。如附图2-2所示。

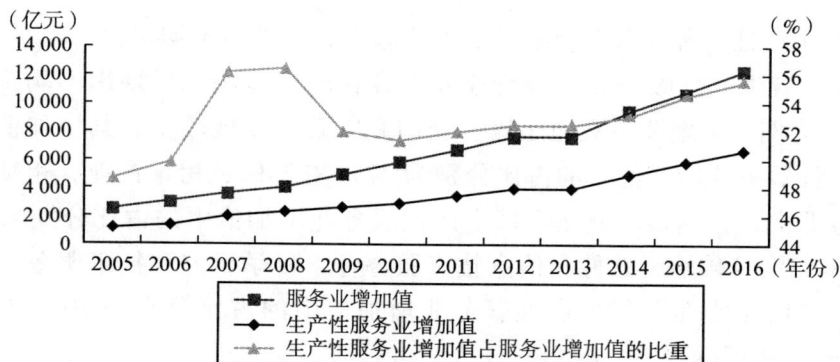

附图 2-2　福建省生产性服务业增加值及其在服务业增加值中的比重

资料来源：《福建省统计年鉴》。

2. 解决就业的能力增势不明显，集中在传统服务业。

与批发和零售、住宿和餐饮等传统服务业相比，生产性服务业解决就业的能力稍弱，生产性服务业在服务业从业人员中的比重较小，解决就业的能力增势也不明显。如附图 2-3 所示，生产性服务业从业人员在全部从业人员中的比重略有增长，从 2005 年的 10.58% 增长到了 2016 年的 13.03%，2011 年、2012 年有所下滑，但之后开始上升。此外，生产性服务业从业人员在服务业从业人员中的比重也有所增长，从 2005 年的 28.3% 增长到了 2016 年的 33.60%。

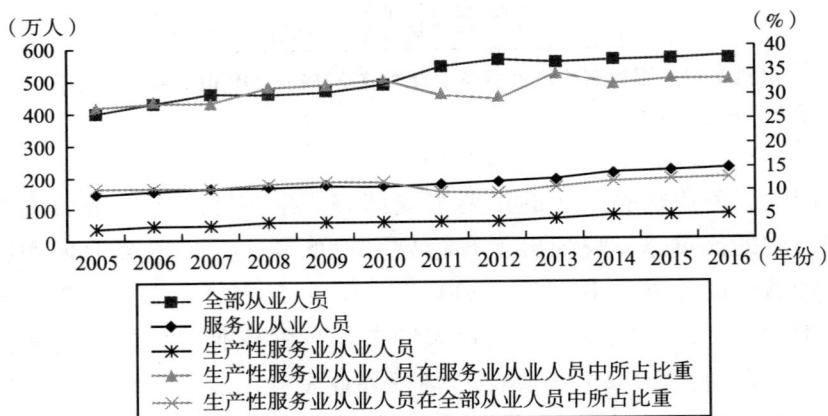

附图 2-3　福建省生产性服务业从业人员状况

资料来源：《福建省统计年鉴》。

3. 生产性服务业各分行业发展差距较大，呈现出不均衡。

福建省生产性服务业各分行业发展存在较大差距，呈现出不均衡。以 2016 年为例，金融业，交通运输、仓储和邮政业发展较快，其增加值在全部生产性服务业增加值中的占比分别为 27% 和 25%；房地产业，租赁和商业服务业次之，其增加值在全部生产性服务业增加值中的占比分别为 18% 和 16%；信息传输、软件和信息技术服务业，科学研究和技术服务业发展较慢，其增加值在全部生产性服务业增加值中的占比分别为 10% 和 4%，如附图 2-4 所示。

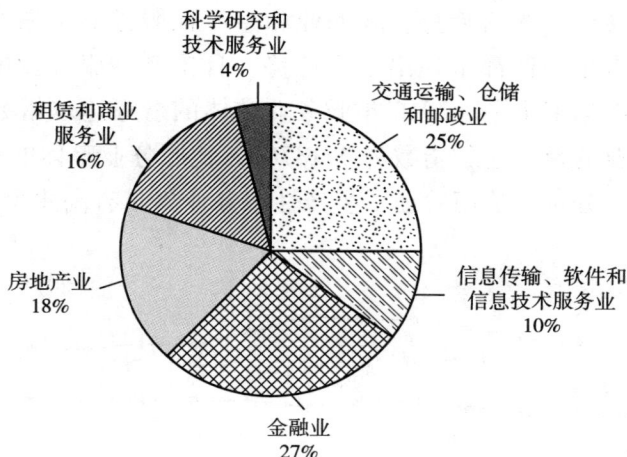

附图 2－4 2016 年福建省生产性服务业各行业增加值占比

资料来源:《福建省统计年鉴》。

二、福建省生产性服务业集聚水平测度与分析

结合福建省生产性服务业数据的可获得性,本文将使用赫芬达尔指数(H)、空间基尼系数(G)和区位熵(LQ)从总体水平、行业视角和区域视角来测算福建省生产性服务业的集聚状况。

(一)福建省生产性服务业集聚的总体变化趋势

接下来我们将使用赫芬达尔指数(H)来测度 2003 年以来福建省生产性服务业集聚水平的总体情况。赫芬达尔指数是国际认可的反映专业化集聚程度的测算指标,等于某产业市场份额的平方和,其计算公式为:

$$H = \sum_{i=1}^{n} S_i^2 = \sum_{i=1}^{n} \left(\frac{X_i}{X} \right)^2$$

上式中,X_i 为第 i 城市某产业的就业人数,X 为全省某产业的就业人数总和,n 为城市数,福建省一共包括 9 个地级及以上城市,分别为福州、厦门、莆田、三明、泉州、漳州、南平、龙岩和宁德。一般来说,H 值越大,表明产业集聚水平越高。

从附图 2－5 可以看出,以赫芬达尔指数衡量的福建省第二产业集聚水平相比于服务业、生产性服务业来说都更高,但从 2012 年以来第二产业集聚水平开始呈现出下降的趋势。服务业和生产性服务业集聚水平虽然低于第二产业集聚水平，但都呈现出上升趋势，且生产性服务业的集聚水平高于服务业整体的集聚水平。2016 年服务业整体的赫芬达尔指数为 0.15345，而生产性服务业的赫芬达尔指数为 0.18700，比服务业整体的赫芬达尔指数高出 21.86 个百分点，从而验证了生产性服务业集具有高集聚性的特点。

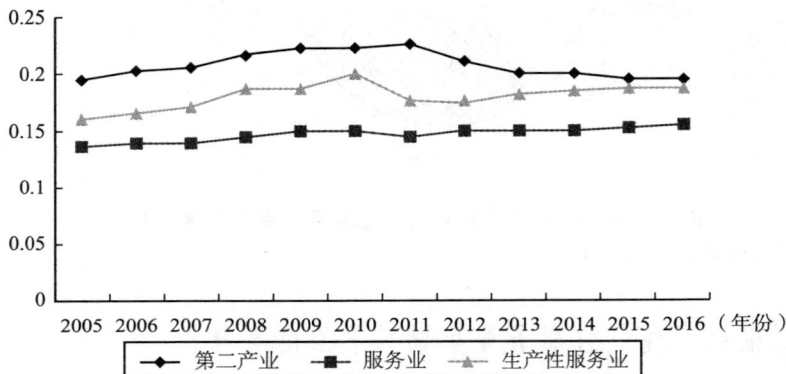

附图 2 - 5 2005 ~ 2016 年福建省第二产业、服务业和生产性服务业赫芬达尔指数比较
资料来源：《中国城市统计年鉴》（2006 ~ 2017）。

（二）福建省生产性服务业集聚的行业差异性分析

本文采用空间基尼系数（G）来测度福建省生产性服务业各分行业的集聚水平。克鲁格曼（Krugman）在基尼系数的基础上，提出空间基尼系数的概念，其计算公式为[3]：

$$G = \sum_i (s_i - x_i)^2$$

本式中，G 表示空间基尼系数，s_i 表示 i 地区某行业就业人数在全国该行业就业人数中所占的比重，x_i 为该地区总就业人数在全国总就业人数中所占的比重。本文中 s_i 指的是福建省各地市某行业就业人数在福建省该行业总就业人数中所占的比重，x_i 表示福建省各地市总就业人数在福建省总就业人数中所占的比重。$G=0$ 表示行业在空间上的分布是平均的。某行业的 G 越趋近于 0，表明该行业在空间上的分布越平均；某行业的 G 越趋近于 1，表明该行业在空间上分布越不均衡，很有可能集中在一个或几个地区，从另一角度表明该行业的集聚水平较高。

本书对 2005 ~ 2016 年福建省 6 个生产性服务业的空间基尼系数进行了计算（见附表 2 - 1），计算结果表明，生产性服务业各分行业的集聚水平呈现出较大的差别，从平均值上来看，集聚水平最高的行业是科学研究、技术服务和地质勘查业，2005 ~ 2016 年空间基尼系数平均值达到了0.12905，集聚水平较高的行业是租赁、商务服务业和房地产业，2005 ~2016 年空间基尼系数平均值分别达到了 0.07814 和 0.07394，这些行业均为高知识密集型行业，因为高知识密集型行业的企业聚集在一起更有利于形成技术外溢效应、产业关联效应和社会网络效应。集聚水平最低的行业是交通运输、仓储和邮政业，金融业，信息传输、计算机服务和软件业，2005 ~ 2016 年空间基尼系数平均值分别为 0.04154、0.02768 和 0.02479。交通运输业集聚水平较低，这主要是由于交通运输各业务领域、各地区信息化发展不平衡，资源共享难、互联互通难、业务协同难，而且该行业需要与服务对象紧密接触，需要与服务的对象在位置上尽可能地靠近，有利于节约企业成本。金融业，信息传输、计算机服务和软件业虽然目前集聚水平较低，但上升速度明显，尤其是信息传输、计算机服务和软件业，2005 ~ 2016 年间上升速度为 166%。

附表 2 - 1　　　2005 ~ 2016 年福建省生产性服务业的空间基尼系数

年份	交通运输、仓储和邮政业	信息传输、计算机服务和软件业	金融业	房地产业	租赁和商务服务业	科学研究、技术服务和地质勘查业
2016	0.03140	0.03442	0.02814	0.03336	0.04452	0.10329
2015	0.02984	0.03418	0.01899	0.01975	0.03935	0.10755
2014	0.03126	0.02267	0.02111	0.02917	0.04640	0.10837
2013	0.06681	0.02666	0.02493	0.03420	0.08225	0.12266
2012	0.05698	0.01363	0.02169	0.05421	0.04576	0.16567
2011	0.04860	0.02503	0.03585	0.07002	0.08181	0.17435
2010	0.01989	0.03047	0.03350	0.09042	0.15138	0.19379
2009	0.05220	0.02804	0.03223	0.10261	0.16796	0.15597
2008	0.04750	0.02776	0.03514	0.16456	0.11286	0.11877

年份	交通运输、仓储和邮政业	信息传输、计算机服务和软件业	金融业	房地产业	租赁和商务服务业	科学研究、技术服务和地质勘查业
2007	0.04409	0.02198	0.03031	0.08187	0.06148	0.10552
2006	0.03918	0.01968	0.02806	0.07702	0.05301	0.10343
2005	0.03072	0.01294	0.02224	0.13003	0.05088	0.0892

资料来源：《中国城市统计年鉴》（2006～2017）。

（三）福建省生产性服务业集聚的区域差异性分析

空间基尼系数虽然揭示了福建省生产性服务业各分行业集聚水平的差异，但是该指数没有考虑到各分行业集聚水平在福建省的具体布局。为了解决这一不足之处，接下来我们采用区位熵（LQ）来分析各服务业分行业集聚水平的区域差异性。

行业的区域集聚是指某一行业在特定的地理区域形成集聚效应的过程，本文采用区位熵（LQ）来描述福建省生产性服务业各分行业的区域集聚特征，其计算公式为[4]：

$$LQ = \frac{X_{ij}}{Y_i}$$

式中，X_{ij}为 i 地区 j 行业的产值或就业人数占 j 行业全国产值或就业人数的比例，Y_i 为 i 地区总产值或就业人数占全国总产值或就业人数的比例。本文 X_{ij} 指的是福建省各市 j 行业的产值或就业人数占 j 行业福建省产值或就业人数的比例，Y_i 指的是福建省各市总产值或就业人数占福建省总产值或就业人数的比例。一般以 1 作为划分标准，当某市某行业 LQ 大于 1 时，说明该市该行业相比于其他市其他行业具有比较优势，若 LQ 大于 2，则优势十分突出。通常，只有 LQ 大于 1 时才能说明该行业具有区域集中倾向[5]。

本文对福建省 9 个地级及以上城市 2016 年生产性服务业区位熵进行了计算，计算结果见附表 2 - 2。就 2016 年而言，厦门、龙岩、南平和福州在交通运输、仓储和邮政业中呈现出集聚比较优势，厦门区位熵为 1.95039，龙岩为 1.33932，南平为 1.21303，福州为 1.06835。宁德、南平、漳州、三明在信息传输、计算机服务和软件业形成集聚优势，宁德区位熵为

3.06916，南平为2.16579，漳州为1.60004，三明为1.17587。三明、南平、龙岩、宁德和漳州在金融业形成集聚优势，三明区位熵为2.26693，南平为2.21315，龙岩为1.90523，宁德为1.81823，漳州为1.14719。厦门、福州、漳州和南平在房地产业形成集聚优势，厦门区位熵为1.55085，福州为1.28645，漳州为1.22027，南平为1.00799。龙岩、福州和厦门在租赁和商务服务业形成集聚优势，龙岩区位熵为2.47661，福州为1.88616，厦门为1.09345。福州、南平和三明在科学研究、技术服务和地质勘查业形成集聚优势，福州区位熵为2.24789，南平为1.47539，三明为1.03788。区位熵计算结果表明福建省各地市生产性服务业集聚优势正在形成，且其地理分布不均衡。

附表2-2　　　　　福建省各地市2016年生产性服务业区位熵

各地市	交通运输、仓储和邮政业	信息传输、计算机服务和软件业	金融业	房地产业	租赁和商务服务业	科学研究、技术服务和地质勘查业
福州	1.06835	0.96957	0.98934	1.28645	1.88616	2.24789
厦门	1.95039	0.82024	0.60928	1.55085	1.09435	0.93423
莆田	0.47013	0.52125	0.94340	0.56943	0.24285	0.32205
三明	0.87600	1.17587	2.26693	0.50818	0.65742	1.03788
泉州	0.35040	0.56880	0.59447	0.50188	0.28690	0.18336
漳州	0.70062	1.60014	1.14719	1.22027	0.60387	0.82388
南平	1.21303	2.16579	2.21315	1.00799	0.93144	1.47539
龙岩	1.33932	1.00916	1.90523	0.90226	2.47661	0.94252
宁德	0.94909	3.06916	1.81823	0.73689	0.71497	0.78259

资料来源：《中国城市统计年鉴》（2017）。

从附图2-6可以得出，生产性服务业各行业区位熵大于1形成集聚优势最多的城市是南平，有5个行业；其次是福州和龙岩，各有4个行业；接着是厦门、漳州和三明，有3个行业；然后是宁德，有1个行业；泉州和莆田未形成有集聚优势的生产性服务行业。该结果与福建省经济发展程度不一致，表明了福建省一些经济较为发达的城市，例如，泉州，其生产性服务业还有很大的发展空间。

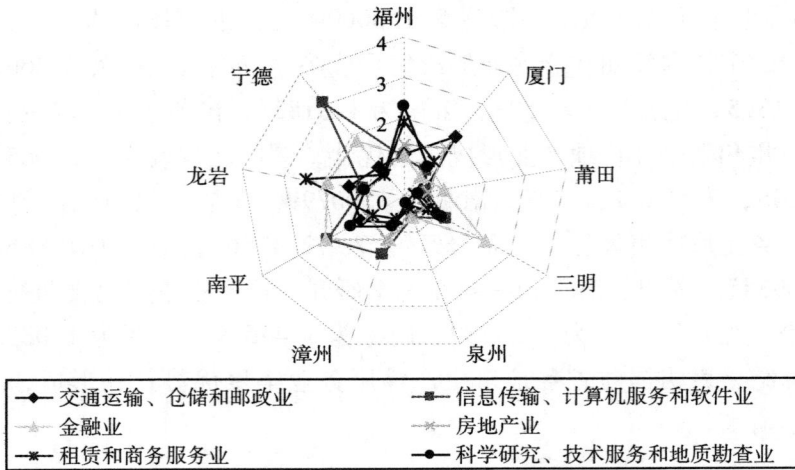

附图 2－6　福建省各地市 2016 年生产性服务业区位熵雷达图

资料来源：《中国城市统计年鉴》（2017）。

三、研究结论与启示

本文采用空间基尼系数（G）、赫芬达尔指数（H）和区位熵（LQ）从总体水平、行业视角和区域视角测度了福建省生产性服务业的集聚水平。测度结果表明：自 2005 年以来，福建省生产性服务业集聚水平有了较大幅度的提高，高于服务业整体的集聚水平，正逐渐趋近于第二产业。从行业视角来看，生产性服务业各分行业的集聚水平呈现出较大的差别，知识密集型服务业集聚水平最高，如科学研究、技术服务和地质勘查业，租赁和商务服务业。从区域视角来看，各地市生产性服务业集聚优势正在形成，但地理分布不均衡，一些地市生产性服务业发展潜力巨大。例如，泉州，其以第二产业为主产业结构，2016 年生产性服务业各分行业区位熵均小于 1，生产性服务业发展不具有集聚优势，远远滞后于第二产业，和经济总量不匹配，生产性服务业发展还有很大的上升空间；而厦门依托其地理环境优势，在新一轮的房地产业上升态势中表现抢眼，其房地产业 2016 年区位熵高达 1.55085；福州科学研究、技术服务和地质勘查业成为全省的翘楚，2016 年区位熵高达 2.24789；租赁和商务服务业中龙岩和福州发展态势比较好，2016 年区位熵分别为 2.47661 和 1.88616，处于全省前列。

　　由于不同地区存在地理、人文、经济、社会环境上的差异以及不同的生产性服务业提供的服务产品功能和服务对象存在差异，生产性服务业发展的行业差异和区域差异将长期存在。生产性服务业的集聚发展主要依靠市场自由调配，但不能忽视政府的导向和规划，应充分发挥政府在产业规划、产业政策方面的引导作用。福建省各地市政府应按照区域特点、产业定位和发展需要，推进服务业集聚区的整体规划，鼓励优质社会资本投资具有比较优势的生产性服务业，因地制宜，发挥生产性服务业集聚区的辐射带动作用，推进生产性服务业集聚区与工业集中区的产业对接，进而带动该地区的就业、人均收入、消费等提高。

参 考 文 献

[1] 白清：《生产性服务业促进制造业升级的机制分析——基于全球价值链视角》，载于《财经问题研究》2015年第4期。

[2] 班蕾：《中美服务贸易竞争力比较》，载于《特区经济》2018年第11期。

[3] 曹辉：《中国经济开放度的研究与探讨》，载于《中国市场》2018年第1期。

[4] 曹贤忠、张化文：《芜湖市生产性服务业空间集聚特征研究》，载于《现代城市研究》2013年第4期。

[5] 陈波：《中国自贸区：开放创新，多点开花》，载于《中国经济报告》2018年第11期。

[6] 陈红霞、李国平：《中国生产性服务业集聚的空间特征及经济影响》，载于《经济地理》2016年第8期。

[7] 陈宏、程健：《"一带一路"建设与中国自贸区战略协同对接的思考》，载于《当代经济管理》2019年第1期。

[8] 陈俊艺：《关于构建福建省开放型经济新体制的研究》，载于《发展研究》2017年第1期。

[9] 陈立泰、张祖妞：《我国服务业空间集聚水平测度及影响因素研究》，载于《中国科技论坛》2010年第9期。

[10] 陈丽娴、魏作磊：《服务业开放优化了我国经济增长质量吗》，载于《国际经贸探索》2016年第12期。

[11] 陈明、魏作磊：《服务业开放打破中国制造业"低端锁定"了吗》，载于《经济学家》2018年第2期。

[12] 陈万灵、王俊巧：《广东自由贸易试验区服务业开放度评估——基于负面清单的研究》，载于《广东外语外贸大学学报》2018年第1期。

[13] 陈秀英：《制造业投入服务化对制造业价值链攀升影响的实证研究》，载于《经济问题探索》2017年第11期。

[14] 陈秀英、刘胜：《"21世纪海上丝绸之路"沿线国家服务贸易竞争力分析》，载于《首都经济贸易大学学报（双月刊）》2018年第2期。

[15] 陈杨：《金砖国家生产性服务贸易国际竞争力研究》，载于《广东社会科学》2017年第6期。

[16] 陈意新、马超平：《广东自贸区对接"海上丝绸之路"的跨境金融创新研究》，载于《金融教育研》2017年第3期。

[17] 程大中：《中国参与全球价值链分工的程度及演变趋势》，载于《经济研究》2015年第9期。

[18] 迟福林：《改革开放40年建立与完善社会主义市场经济体制的基本实践》，载于《改革》2018年第8期。

[19] 崔卫杰：《以新理念迎接服务业开放新局面》，载于《中国国情国力》2017年第4期。

[20] 戴军：《承接"一带一路"沿线国家和地区服务外包中的地方政府推动作用研——以苏州市为例》，载于《对外经贸》2018年第2期。

[21] 戴翔：《在扩大服务业开放中发展更高层次开放型经济》，载于《国家治理》2018年第12期。

[22] 单玉丽：《福建自贸区的战略定位》，载于《学术评论》2015年第1期。

[23] 邓世专：《中国在全球价值链中的作用——基于零部件产品视角》，载于《经济问题》2015年第11期。

[24] 范黎波、刘瀚龙：《印度服务经济的启示：寻找中国服务业的新思路与方向》，载于《清华管理评论》2016年第7~8期。

[25] 冯凯、李荣林：《负面清单视角下上海自贸区服务业开放度研究》，载于《上海经济研究》2019年第6期。

[26] 付聪：《广东自贸区金融改革现状及未来建议》，载于《现代经济信息》2017年第9期。

[27] 干春晖、王强：《上海自贸试验区对接服务"一带一路"建设研究》，载于《科学发展》2018年第12期。

[28] 高敬峰、张艳华：《中国出口中的国内增加值与要素报酬解构》，载

于《世界经济研究》2014 年第 7 期。

[29] 耿楠：《服务外包，为发展中国家带来怎样的机遇》，载于《世界知识》2015 年第 17 期。

[30] 管驰明、高雅娜：《我国城市服务业集聚程度及其区域差异研究》，载于《城市发展研究》2011 年第 18 期。

[31] 何春华：《中国自贸区与"一带一路"倡议对接融合路径研究》，载于《经济研究》2018 年第 12 期。

[32] 洪联英、黄汝轩：《上海自贸区的功能定位反思及其调整——基于平台经济理论框架的分析》，载于《国际商务研究》2017 年第 1 期。

[33] 胡晨光、厉英珍：《中国自贸区建设回顾、问题与展望》，载于《中国发展》2019 年第 4 期。

[34] 胡心宇：《国际服务贸易限制性措施的现状和影响——基于 STRI 的分析》，载于《对外经贸实务》2016 年第 11 期。

[35] 黄靖怡：《中国服务贸易国家竞争力及影响因素研究》，载于《湖北科技学院学报》2015 年第 1 期。

[36] 黄小满：《福建自贸区背景下加强两岸服务贸易合作的思考》，载于《海峡科学》2015 年第 5 期。

[37] 金荣学、卢忠宝：《我国服务业集聚的测度、地区差异与影响因素研究》，载于《财政研究》2010 年第 10 期。

[38] 敬艳辉：《全球服务外包产业发展现状和趋势》，载于《全球化》2018 年第 12 期。

[39] 鞠建东、余心玎：《全球价值链上的中国角色——基于中国行业上游度和海关数据的研究》，载于《南开经济研究》2014 年第 3 期。

[40] 康真：《新形势下中国放型经济的新调整》，载于《新经济》2018 年第 24 期。

[41] 李鸿阶：《福建自贸区的对台特色》，载于《学术评论》2015 年第 1 期。

[42] 李俊：《迈向服务经济时代的开放型经济发展趋势与战略转型》，载于《国际贸易》2016 年第 8 期。

[43] 李连友、魏宇方舟：《全面开放新格局下提升服务业开放及竞争力的路径研究》，载于《理论探讨》2019 年第 4 期。

［44］李猛:《中国自贸区服务与"一带一路"的内在关系及战略对接》,载于《经济学家》2017年第5期。

［45］李天柱、刘小琴、李潇潇:《对当前"制造业服务化"研究的若干理论辨析》,载于《中国科技论坛》2018年第6期。

［46］李燕:《以服务型制造促进我国产业迈向全球价值链中高端》,载于《发展研究》2018年第6期。

［47］李怡:《"一带一路"下的中国自贸区建设》,载于《中国外资》2018年第6期。

［48］李中:《我国制造业服务化发展对策研究》,载于《经济界》2017年第3期。

［49］连南杰:《制造业服务化提升产业价值链》,载于《中国工业评论》2015年第11期。

［50］梁学成:《服务价值链视角下的服务业多元化发展路径探究》,载于《中国软科学》2016年第6期。

［51］廖梓添、陈梓杰、何晓琳、杨正喜:《中国自贸区负面清单探究——基于4个版本负面清单的分析》,载于《管理观察》2018年第16期。

［52］林凤霞、刘仁庆:《中国制造业服务化的模式选择与对策研究》,载于《中州学刊》2017年第11期。

［53］林桂军、邓世专:《亚洲工厂及关联度分析》,载于《世界经济与政治》2011年第11期。

［54］刘斌、魏倩、吕越、祝坤福:《制造业服务化与价值链升级》,载于《经济研究》2016年第3期。

［55］刘辉煌、雷艳:《中部城市生产性服务业集聚及其影响因素研究》,载于《统计与决策》2012年第8期。

［56］刘倩:《天津自贸区融资租赁产业创新及对京津冀协同发展的贡献》,载于《中国市场》2017年第22期。

［57］刘祥和、曹瑜强:《"金砖四国"分工地位的测度研究——基于行业上游度的视角》,载于《国际经贸探索》2014年第6期。

［58］刘中伟:《东亚生产网络、全球价值链整合与东亚区域合作的新走向》,载于《当代亚太》2014年第4期。

［59］刘重力、赵颖:《东亚区域在全球价值链分工中的依赖关系——基于

TiVA 数据的实证分析》，载于《南开经济研究》2014 年第 5 期。

[60] 罗芳：《"一带一路"与我国自贸区开放》，载于《东北亚经济研究》
2017 年第 6 期。

[61] 罗军：《服务化发展与制造业全球价值链地位——影响机制与门槛效
应》，载于《当代财经》2018 年第 11 期。

[62] 罗清和、曾婧：《"一带一路"与中国自由贸易区建设》，载于《区域
经济评论》2016 年第 1 期。

[63] 马超平：《广东自贸区对接"海上丝绸之路"可行性及经济效应分
析》，载于《中国商论》2016 年第 26 期。

[64] 马弘、李小帆：《服务贸易开放与出口附加值》，载于《国际经济评
论》2018 年第 2 期。

[65] 马曼：《自贸区与"一带一路"建设对接途径、问题和对策》，载于
《国际金融》2018 年第 9 期。

[66] 孟薇：《开放型服务经济的发展路径与对策研究》，载于《经济论坛》
2017 年第 4 期。

[67] 秦莹：《中国服务贸易发展：特征、形势与建议》，载于《对外经贸
实务》2018 年第 9 期。

[68] 邵金菊、姜丽花：《全球价值链视角下印度服务外包产业升级分析》，
载于《轻工科技》2015 年第 9 期。

[69] 申远、汪鑫、申俊龙：《中国（上海）自贸区负面清单管理模式创新
效应分析》，载于《河海大学学报》（哲学社会科学版）2017 年第
8 期。

[70] 沈丹阳：《我国构建开放型经济新体制与推动建设开放型世界经济》，
载于《世界经济研究》2017 年第 12 期。

[71] 盛斌、黎峰：《中国开放型经济新体制"新"在哪里？》，载于《国际
经济评论》2017 年第 1 期。

[72] 盛斌、马斌：《中国经济学如何研究开放发展》，载于《改革》2016
年第 7 期。

[73] 盛斌、马盈盈：《中国服务贸易出口结构和国际竞争力分析：基于贸
易增加值的视角》，载于《东南大学学报》（哲学社会科学版）2018
年第 1 期。

[74] 施竞澄：《服务外包及其在新形势下的发展趋势分析》，载于《中国市场》2018 年第 17 期。

[75] 孙柏林：《现代制造发展的新趋势：制造业服务化》，载于《自动化技术与应用》2017 年第 36 卷第 1 期。

[76] 孙湘湘、周小亮：《服务业开放对制造业价值链攀升效率的影响研究——基于门槛回归的实证分析》，载于《国际贸易问题》2018 年第 8 期。

[77] 唐海燕、张会清：《中国崛起与东亚生产网络重构》，载于《中国工业经济》2008 年第 12 期。

[78] 唐永红、王勇：《海峡两岸自由经贸区对接合作研究》，载于《台湾研究》2015 年第 3 期。

[79] 王飞剑：《中国服务贸易国际竞争力研究》，载于《合作经济与科技》2018 年第 5 期。

[80] 王斐兰：《"一带一路"倡议下中国国际服务外包产业竞争力分析和发展对策研究》，载于《景德镇学院学报》2019 年第 2 期。

[81] 王冠凤：《上海自贸区现代服务业应对经济新常态协同创新发展研究》，载于《发展研究》2016 年第 2 期。

[82] 王丽、韩玉军：《中国服务贸易竞争力与服务业开放度的国际比较》，载于《海峡科学》2016 年第 8 期。

[83] 王爽：《全球价值键下我国生产性服务贸易发展：机理、特征与对策》，载于《宏观经济研究》2016 年第 10 期。

[84] 王晓红：《推动服务外包价值链向高端跃升》，载于《中国国情国力》2017 年第 10 期。

[85] 王晓红：《我国服务外包产业的转型升级与创新发展》，载于《中国社会科学院研究生院学报》2019 年第 1 期。

[86] 王莹：《天津自贸区融资租赁业发展的对策建议》，载于《产权导刊》2016 年第 1 期。

[87] 王勇：《台湾"自由经济示范区"规划建设及对两岸区域经济合作的影响》，载于《台湾研究集刊》2014 年第 6 期。

[88] 王珍珍：《中国自贸试验区积极融入"一带一路"建设研究——内涵、基础、实践及路径探讨》，载于《全球化》2016 年第 8 期。

[89] 吴飞霞：《中国服务贸易出口竞争力影响因子分析》，载于《广西财经学院学报》2015 年第 4 期。

[90] 夏先良：《当前深化负面清单制度改革的重大意义》，载于《学术前沿》2018 年第 7 期。

[91] 谢家泉、林越、徐莎莎、李丽雯：《构建广东自贸区国际金融风险防范体系》，载于《金融经济》2017 年第 16 期。

[92] 许和连、成丽红、孙天：《离岸服务外包网络与服务业全球价值链提升》，载于《世界经济》2018 年第 6 期。

[93] 许金菁：《基于区位商指数模型的服务业集聚度指数测算》，载于《统计与决策》2016 年第 6 期。

[94] 许翔宇、孙希华：《世界服务贸易格局与中国服务贸易发展研究》，载于《合作经济与科技》2018 年第 4 期。

[95] 许志瑜、张梦、马野青：《全球价值链视角下中国服务贸易国际竞争力及其影响因素研究》，载于《国际贸易》2018 年第 1 期。

[96] 闫云凤：《中日韩在全球价值链中的地位和作用——基于贸易增加值的测度与比较》，载于《世界经济研究》2015 年第 1 期。

[97] 杨杰：《中国 35 个行业全球价值链嵌入位置与增值能力关系研究——兼与美日韩的对比》，载于《国际经贸探索》2016 年第 9 期。

[98] 杨志远，谢谦：《负面清单管理模式提高了上海自贸区服务业开放水平吗?》，载于《国际贸易》2016 年第 11 期。

[99] 姚战琪：《服务业开放度视角下中国攀升全球价值链研究》，载于《学术论坛》2018 年第 4 期。

[100] 姚战琪：《全球价值链背景下提升中国服务业真实开放度研究》，载于《河北学刊》2019 年第 1 期。

[101] 姚战琪：《中国服务业开放度测算及其国际竞争力分析》，载于《国际贸易》2018 年第 9 期。

[102] 尹翔硕、郎永峰：《中国与 FTA 伙伴国/地区贸易密集度及互补性分析》，载于《南开学报》第 2011 年第 4 期。

[103] 于锦荣、陈爱生：《江西省生产性服务业发展规模、结构及集群状况研究》，载于《企业经济》2011 年第 10 期。

[104] 袁辛、熊熊、王晓宇：《天津自贸区利用融资租赁发展资本市场的

思路与建议》，载于《经济研究导刊》2018 年第 30 期。

[105] 原小能：《全球服务价值链及中国服务业价值链的位置测度》，载于《云南财经大学学报》2017 年第 1 期。

[106] 曾旒缙：《天津自贸区推动融资租赁产业参与"一带一路"建设的创新优势及建议》，载于《未来与发展》2016 年第 10 期。

[107] 詹荣富：《物流金融："金融＋互联网＋物流"三因子互动契合分析——基于广东自由贸易试验区金融创新》，载于《现代商业》2017 年第 1 期。

[108] 张斌涛、肖辉、陈寰琦：《基于中国省级面板数据的服务业开放"经济增长效应"的经验研究》，载于《国际商务——对外经济贸易大学学报》2017 年第 3 期。

[109] 张红霞：《全球服务价值链的发展及贸易规则再审视》，载于《宁夏党校学报》2018 年第 3 期。

[110] 张建华：《上海自贸区服务"一带一路"倡议：基于国情的制度创新》，载于《上海对外经贸大学学报》2019 年第 5 期。

[111] 张良强、李乃正：《福建自贸区背景下闽台产业合作策略探讨》，载于《海峡科学》2015 年第 5 期。

[112] 张琼：《中国服务外包机遇与挑战》，载于《中国外资》2019 年第 6 期。

[113] 张威：《转换开放型经济发展动能的路径研究》，载于《理论学刊》2018 年第 3 期。

[114] 郑杨：《上海自贸区金融改革的维度》，载于《中国金融》2017 年第 12 期。

[115] 周伯温：《天津自贸区发展融资租赁业务优势分析》，载于《对外经贸》2019 年第 5 期。

[116] 周汉民：《我国四大自贸区的共性分析、战略定位和政策建议》，载于《国际商务研究》2015 年第 7 期。

[117] 周彦霞、牛猛：《国际服务外包与全球价值链地位提升：一个文献综述》，载于《商业经济研究》2017 年第 7 期。

[118] 周迎洁、刘小军、过晓颖：《中国自贸区服务业开放制度创新研究——基于迪拜、新加坡经验的启示》，载于《当代经济》2016 年第 1 期。

［119］朱福林：《我国承接"一带一路"服务外包助推服务业开放新格局》，载于《全球化》2018 年第 10 期。

［120］邹剑锋：《提升我国出口贸易国内增加值的影响因素研究》，载于《价格月刊》2017 年第 2 期。

［121］Alexander J. Yeats. Just How Big Is Global Production Sharing ［J］? World Bank Policy Research Working Paper，1998.

［122］Amiti M，Wei S J. Service Offshoring and Productivity：Evidence from the US ［J］. World Economy，2009，32 (2)：203 – 220.

［123］Ang J B，Mckibbin W J. Financial Liberalization，Financial Sector Development and Growth：Evidence from Malaysia ［J］. Journal of Development Economics，2007，84 (1)：215 – 233.

［124］Antras P.，Chor D. and Fally T. Measuring the Upstreamness of Production and Trade Flows ［J］. American Economic Review，2012，(3)：412 – 416.

［125］Antras P. and Chor D. Organizing the Global Value Chain ［J］. Econometrica，2013，81 (6)：2127 – 2204.

［126］Arndt，S. W. and Kierzkowski，H. . Fragmentation，New Production Patterns in the World Economy ［M］. Oxford University Press，2001.

［127］David Hummels，Jun Ishii and Kei – Mu Yi. The Nature and Growth of Vertical Specialization in World Trade ［J］. Journal of International Economics，2001 (54)：75 – 96.

［128］Deardorff. Fragmentation in simple trade models ［J］. The North American Journal of Economics and Finance，2001 (12).

［129］Dee P and Hanslow K. Multilateral Liberalisation of Services Trade ［J］. Ssrn Electronic Journal，2002，295 – 298 (8)：74 – 77.

［130］Egger，H and Egger，P. On Market Concentration and International Outsourcing ［J］. Applied Economics Quarterly，2003，49 (1)：49 – 64.

［131］Fally T. Production Staging：Measurement and Facts ［R］. Working Paper，2012.

［132］Francis Ng and Alexander Yeats. Production Sharing in East Asia：Who Does What for Whom，and Why? ［R］. World Bank Policy Research Working Paper，1999，No. 2197.

[133] Francois J F. , Manchin M and Tomberger P. Services Linkages and the Value Added Content of Trade [J]. World Bank Policy Research Working Paper, 2013, NO. 6432.

[134] Francois J F. and Hoekman B. . Services Trade and Policy [J]. Journal of Economic Literature, 2010: 642 – 692.

[135] Francois J F. and Woerz J. Producer services, Manufacturing Linkages and Trade [J]. Journal of Industry, Competition and Trade, 2008, 8 (3 – 4): 199 – 229.

[136] Francois J F. Trade in Producer Services and Returns due to Specialization under Monopolistic Competition [J]. The Canadian Journal of Economics, 1990, 23 (1): 109.

[137] Fujita M. , Krugman P. and Venables A. The Spatial Economy: Cities, Regions and International Trade [M]. Cambridge, the MIT Press, 1999.

[138] Gary Gereffi, John Humphrey and Timothy Sturgeon. The Governance of Global Value Chains [J]. Review of International Polictical Economics, 2005, 12 (1), 78 – 104.

[139] Gary Gereffi, Karina Fernandez – Stark. The Offshore Services Value Chain: Developing Countries and the Crisis [J]. The World Bank Development Research Group Policy Research Working Paper, 2010, No. 5262.

[140] Gary Gereffi. Global Value Chains, Development and Emerging Economies [R]. UNU – MERIT Background Papers for the UNIDO, Industrial Development Report, 2016.

[141] Gereffi, G. and Korzeniewicz, M. Commodity Chains and Global Capitalism [M]. London: Praeger, 1994.

[142] Gereffi G, Kaplinsky R. The Value of Valu Chains [J]. IDSBulletin, 2001, 32 (3): 1 – 81.

[143] Guillaume Daudin, Christine Rifflart, Danielle Schweisguth. Who Produces for Whom in the World Economy [J]? OFCE Document de travail, 2009, No. 18.

[144] Johnson R C and Noguera G. Accounting for Intermediates: Production

Sharing and Trade in Value Added [J]. Journal of International Economics, 2012, 86 (2): 224 – 236.

[145] Johnson R C and Noguera G. Fragmentation and Trade in Value Added over Four Decades [R]. National Bureau of Economic Research, 2012.

[146] Jones R W and Kierzkowski H. The Role of Services in Production and International Trade: A Theoretical Framework. The Political Economy of International Trade [M]. Basil Blackwell, 1990.

[147] Joseph Francois and Julia Woerz. Producer Services, Manufacturing Linkages and Trade [R]. Tinbergen Institute Discussion Papers, 2007, NO. 07 – 045/2.

[148] Jukka Ruotinen. Essays Services: Difficulties and Possibilities [D]. Helsinki School Economies, 2008.

[149] Keeble D. and Nacham L. Why do Business Service Firms Cluster [R]. Working Paper. Cambridge, 2001.

[150] Kei – Mu Yi. Can Vertical Specialization Explain the Growth of World Trade [J]? Journal of Political Economy, 2003, 111 (1): 52 – 102.

[151] Kenji Suganuma. Upstreamness in the Global Value Chain: Manufacturing and Services [J]. IMES Discussion Paper, 2013, No. 2016 – E – 2.

[152] Khan M A, Qayyum and Ghani E. Trade Liberalisation, Financial Sector Reforms and Growth with Comments [J]. Pakistan Development Review, 2006, 45 (4): 711 – 731.

[153] Kiyota Kozo, Oikawa Keita and Yoshioka Katsuhiro. Global Value Chain and the Competitiveness of Asian Countries [R]. RIETI Discussion Paper Series, 2016, 16 – E – 080.

[154] Kogut, B. Designing Global Strategies: Comparative and Competitive Value-added Chains [J]. Sloan Management Review, 1985 (26), 15 – 28.

[155] Laike Yang. Production Sharing in East Asia: China's Position, Trade Pattern and Technology Upgrading [R]. Berlin Working Papers on Money, Finance, Trade and Development, 2014, No. 07.

[156] Markusen J, Rutherford T F and Tarr D. Trade and Direct Investment in Producer Services and the Domestic Market for Expertise [M]. Trade Poli-

cies for Development and Transition, 2017.

[157] Mattoo A, Rathindran R and Subramanian A. Measuring Services Trade Liberalization and Its Impact on Economic Growth: An Illustration [J]. Journal of Economic Integration, 2006, 21 (1): 64 – 98.

[158] Ming Ye, Bo Meng and Shang-jinWei. Measuring Smile curves in Global Value Chains [R]. IDE Discussion paper, 2015, No. 530.

[159] Mitsuyo Ando. Fragmentation and Vertical Intra-industry Trade in East Asia [J]. North American Journal of Economics and Finance, 2006, 17 (3): 257 – 281.

[160] Moulaert Frank and Gallouj Camal. The Locational Geography of Advanced Producer Service Firms: The Limits of Economies of Agglomeration [J]. The Service Industries Journal, 1993, 13 (4).

[161] Nordås H K and Kim Y. The Role of Services for Competitiveness in Manufacturing [R]. Paris: Organisation for Economic Co-operation and Development, 2013.

[162] Nordås H K and Rouzet D. The Impact of Services Trade Restrictiveness on Trade Flows [R]. Paris: Organisation for Economic Co-operation and Development, 2015.

[163] Norihiko Yamano, Bo Meng and Kiichiro Fukasaku. Fragmentation and Changes in the Asian Trade Network [J]. ERIA Policy Brief, 2011, No. 2011 – 01.

[164] Porter, M. E. Competitive Advantage—Creating and Sustaining Superior Performance [M]. The Free Press, New York, 1985.

[165] Prema-chandra Athukorala and John Ravenhill. China's Evolving Role in Global Production Networks: The Decoupling Debate Revisited [R]. Australian National University Working Paper, 2016, No. 12.

[166] Prema-chandra Athukorala. Measuring the Impact of China's Exports Growth on its Asian Neighbours [R]. ADB Working Paper Series on Regional Economic Integration, 2010, No. 56.

[167] Rainer Lanz and Andreas Maurer. Services and Global Value Chains: Some Evidence on Servicification of Manufacturing and Services Networks

[R]. WTO Staff Working Paper, 2015, No. ERSD – 2015 – 03.

[168] Raphael Kaplinsky and Jeffery Readman. Globalization and Upgrading: What Can (and cannot) be Learnt from International Trade Statistics in the Wood Furniture Sector [J]. Industrial and Corporate Change, 2005, 14 (4): 679 – 703.

[169] Raphael Kaplinsky and Mike Morris. A Handbook for Value Chain Research [J]. Prepared for the IDRC, 2001: 38 – 39.

[170] Richard Baldwin, Tadashi Ito and Hitoshi Sato. Portrait of Factory Asia: Production Network in Asia and its Implication for Growth-the "Smile Curve" [R]. IDE – JETRO Joint Research Program Series, 2015, No. 159.

[171] Richard Baldwin and Javier Lopez – Gonzalez. Supply – ChainTrade: A Portrait of Global Patterns and Several Testable Hypothesis [R]. NBER Working Paper, 2013, No. 18957.

[172] Richard Baldwin. Supply-chain Trade: A Portrait of Global Patterns and Several Testable Hypotheses [J]. NBER Working Paper Series, 2013, No. 18957.

[173] Robert C. Johnson, Guillermo Noguera. Accounting for Intermediates: Production Sharing and Trade in Value – Added. Manuscript. Dartmouth College, 2011.

[174] Robert Koopman, William Powers, Zhi Wang and Shang – Jin Wei. Give Credit Where Credit is Due: Tracing Value Added in Global Production Chains [R]. NBER Working Paper, 2010, No. 16426.

[175] Robert Koopman, Zhi Wang and Shang – Jin Wei. Estimating Domestic Content in Exports When Processing Trade is Pervasive [J]. Journal of Development Economics, 2012, 99 (1): 178 – 189.

[176] Robert Koopman, Zhi Wang and Shang – Jin Wei. How Much of Chinese Exports are Really Made in China [J]? NBER Working Paper, 2008, No. 14109.

[177] Robert Koopman, Zhi Wang and Shang – Jin Wei. Tracing Value – Added and Double Counting in Gross Exports [J]. The American Economic Re-

view, 2014, 104 (2): 459 - 494.

[178] Ronald W. Jones, Henryk Kierzkowski and Chen Lurong. What does Evidence Tell Us about Fragmentation and Outsourcing [J]. International Review of Economics and Finance, 2005, 14 (3): 305 - 316.

[179] Ronald W. Jones, Henryk Kierzkowski. The Role of Services in Production and International Trade: A Theoretical Framework [C], in Ronald Jones and Anne Krueger (eds), The Political Economy of International Trade, Basil Blackwell, Oxford, 1990.

[180] Satoshi Inomata. A New Measurement for International Fragmentation of the Production Process: An International Input - Output Approach [R]. IDE discussion paper, 2008, No. 175.

[181] Satoshi Inomata. Trade in Value Added: An East Asian Perspective [R]. ADBI Working Paper Series, 2013, NO. 451.

[182] Soukhakian, B. Financial Development, Trade Openness and Economic Growth in Japan: Evidence from Granger Causality Tests [J]. Int. J. Econ. Perspect, 2007, 1 (3): 118 - 127.

[183] Sven W. Arndt. Globalization and the Open Economy [J]. North American Journal of Economics and Finance, 1997, 8 (1): 71 - 79.

[184] Taehyun Kwon and Jai - Won Ryou. Global Value Chains of East Asia: Trade in Value Added and Vertical Specialization [J]. Asian Economic Journal, 2015, 29 (2): 121 - 143.

[185] Thiago Henrique Carneiro Rios Lopes and Cleiton Silva de Jesus. Financial Liberalization and Economic Growth: The (Ir) relevance of the Democracy Context [J]. Journal of Economic Studies, 2015, 42 (2): 207 - 223.

[186] Victor Duggan, Sjamsu Rahardja and Gonzalo Varela. Service Sector Reform and Manufacturing Productivity: Evidence from Indonesia [R]. Policy Research Working Paper, 2013 (1), No. 6349.

[187] Whalley J. Assessing the Benefits to Developing Countries of Liberalisation in Services Trade [J]. World Economy, 2004, 27 (8): 1223 - 1253.

[188] Yoke Fong Kong and Richard Kneller. Measuring the Impact of China's Exports Growth on its Asian Neighbours [R]. Prepared for the 14th ETSG

Conference at Leuven, Belgium, 2012: 13 – 15.

[189] Zhi Wang, Shang – Jin Wei, Xinding Yu and Kunfu Zhu. Characterizing Global Value Chains: Production Length and Upstreamness [J]. NBER Working Paper Series, 2017, No. 23261.

[190] Zhi Wang, Shang – Jin Wei, Xinding Yu and Kunfu Zhu. Measures of Participation in Global Value Chains and Global Business Cycles [J]. NBER Working Paper Series, 2017, No. 23222.

[191] Zhi Wang, Shang – Jin Wei and Kunfu Zhu. Quantifying International Production Sharing at the Bilateral and Sector Level [J]. NBER Working Paper Series, 2013.

[192] Zhi Wang, William Powers and Shang – Jin Wei. Value Chains in East Asian Production Networks: An International Input – Output Model Based Analysis [J]. USITC Working Paper, 2009, No. 2009 – 10 – C.

[193] Zhi Wang and Shang – Jin Wei. What Accounts for the Rising Sophistication of China's Exports? China's Growing Role in World Trade [J]. Chicago: University of Chicago Press, 2010: 63 – 104.

[194] Zhi Wang and William Powers. Value Chains in East Asian Production Networks—An International Input – Output Model Based Analysis [R]. U. S. International Trade Commission Office Of Economics Working Paper, 2009, No. 2009 – 10 – C.